"21世纪的美国与世界"丛书（06）
Series on the United States and the World in the 21st Century

中美关系中的网络政治研究

蔡翠红 著

Cyberpolitics in U.S.-China Relations

復旦大學出版社

复旦大学美国研究中心
"21世纪的美国与世界"丛书

主编　吴心伯（复旦大学美国研究中心）

编委（以姓氏笔画为序）
　　　　刘中民（上海外国语大学中东研究所）
　　　　宋国友（复旦大学美国研究中心）
　　　　陈东晓（上海国际问题研究院）
　　　　杨　毅（国防大学）
　　　　信　强（复旦大学美国研究中心）
　　　　徐以骅（复旦大学美国研究中心）
　　　　黄　平（中国社会科学院欧洲研究所）
　　　　黄仁伟（上海社会科学院）
　　　　崔立如（中国现代国际关系研究院）

丛书总序

复旦大学美国研究中心推出的"21世纪的美国与世界"丛书,旨在深入研究进入21世纪以来美国在政治、经济、社会、文化等方面的发展变化,美国在世界上的地位和影响力的变化,美国与世界关系的变化,以及这些变化所带来的复杂影响。

21世纪是世界加速变化的世纪,对于美国来说尤其如此。进入21世纪以来,美国政治极化的加剧使得美国政治机器的运行成本上升,效率下降,公众和精英对美国政治制度的信心大打折扣。一场突如其来的金融危机和经济危机使美国经济遭受了自20世纪30年代大萧条以来最严重的打击,经济复苏缓慢而乏力,就业形势空前严峻。贫富差距的增大、贫困人口数量的上升使得以中产阶级为主的社会结构面临巨大挑战,"茶党运动"和"占领华尔街运动"的兴起宣泄着来自左右两端的不满。美国向何处去? 这是一个重大的问题,答案只能向未来寻找。

进入21世纪以来,美国在世界上的地位和影响力也在发生重要变化。在21世纪第一个十年里,美国占世界经济的比重从30%左右下降到20%左右,美国的国际经济优势在下降。阿富汗战争和伊拉克战争使美国在军事上付出了巨大代价,也削弱了美国的战略优势。中国、印度、巴西等新兴国家的快速崛起和俄罗斯的战略复兴,加速了国际政治格局的多极化趋势,美国在后冷战时代一度在国际事务中操控全球的好景不再。虽然在可预见的将来,美国仍将是世界综合实力最强的国家,但美国的优势地位和国际影响力都不可避免地逐步走低,在某些情况下甚至会加速下滑。可以肯定的是,21世纪美国在世界上的地位和影响力将远逊于它在20世纪创造的纪录。

就美国与世界的关系而言,奥巴马的执政意味着重要调整的开始。奥巴马总统不仅致力于结束旷日持久而代价高昂的伊拉克、阿富汗战争,而且要为美国介入世界事务制定新的准则。美国要更多地依赖外交等非军事手段处理外部挑战。要尽力避免在海外开展大规模的军事行动,除非面对的问题关系到美国的重要利益,并且这个问题是可以用军事手段解决的。美国的盟友应该加强自身力量,在处理它们面临的各种挑战中承担更大的责任。对于新兴大国,要更多地利用国际机制和国际规范来影响它们的行为。在很大程度上,奥巴马开启了美国的战略内向进程。这不仅是受两场不成功的战争的影响,而且也是基于对美国自身力量变化以及国际力量对比变化思考的结果。

美国的上述变化无论是对自身还是对世界都将产生重大影响。对中国的美国研究者来说,及时、深入和全面地研究这些变化,将使我们更好地把握美国以及世界的发展趋势;客观、准确地分析这些变化所产生的种种影响,有助于我们妥善应对外部环境的变化。在21世纪,中国的力量将进一步增长,国际影响力会大大提高,这是毋庸置疑的。但是在新的时代环境下,中国如何发展自己的力量?如何发挥国际影响力?对这些重大问题的思考需要我们拥有开阔的视野、远见和敏锐的思维,而深入、系统地研究21世纪的美国与世界将对此大有裨益。

复旦大学美国研究中心向来注重对当代美国政治、经济、社会以及对外关系的研究,一些研究成果得到国内外学术界的重视和好评。出版这套丛书,既反映了我们长期以来的学术关注,也是要为国内美国研究界提供一个展示和交流的平台,欢迎学界同仁积极为这个平台提供相关的优秀研究成果,共同推动对21世纪美国的深入研究。同时,也真诚地希望大家为这套丛书的成长献计献策。

吴心伯
2014年7月于复旦大学

目 录

绪论 ………………………………………………………… 1

第一章　国际关系中的网络政治 …………………………… 13
第一节　国际关系中网络政治的作用途径与模式 ……… 14
第二节　网络政治在国际关系中的象限：权力、身份、
　　　　规则 ……………………………………………… 22
第三节　国际关系中的网络政治治理困境 ……………… 30

第二章　中美网络政治现实：竞争、冲突与合作 …………… 38
第一节　中美网络空间竞争：网络无政府状态下的
　　　　博弈 ……………………………………………… 39
第二节　中美网络空间冲突：网络主权与网络空间
　　　　开放性之间的矛盾 ……………………………… 47
第三节　中美网络空间合作：网络的全球性与
　　　　"共同命运"之唤 ……………………………… 54

第三章　中美网络政治实质：网络地缘政治的逻辑与表现 …… 64
第一节　网络地缘政治的浮现 …………………………… 66
第二节　中美博弈中的网络地缘政治逻辑 ……………… 76

第四章　中美网络政治议题：网络政治化背景下的美国意识形态扩张 ……………………………………………… 99
第一节　美国意识形态扩张的网络政治化路径 ………… 100
第二节　美国意识形态扩张的网络政治化动力 ………… 110

第五章　中美网络政治议题：中美关系中的网络安全与治理问题 …………………………………………………… 117
第一节　中美对网络安全环境的认知差异与治理困境 ………………………………………………………… 118
第二节　中美双边关系中的网络安全问题及矛盾焦点 ………………………………………………………… 140

第六章　网络政治分析的战略视角：中美两国的网络空间战略选择 ……………………………………………… 158
第一节　美国网络空间先发制人战略及演变 …………… 158
第二节　中国网络空间渐进稳定战略定位与选择 ……… 179
第三节　中美网络空间战略比较：目标、手段与模式 …… 197

第七章　网络政治分析的话语视角：以中美网络战叙事为例 ………………………………………………………… 220
第一节　网络安全环境的话语建构与网络战叙事 ……… 222
第二节　不同主体视角下的网络战叙事 ………………… 227

第三节　网络战叙事的产生动因 …………………… 238

**第八章　网络政治分析的信任视角：中美网络空间的
　　　　　战略互信** …………………………………… 246
　　第一节　网络空间战略互信概述 …………………… 246
　　第二节　中美网络空间战略互信的现状与表现 …… 249
　　第三节　中美网络空间战略互信缺失的原因分析 … 264

**第九章　网络空间命运共同体框架下的中美新型大国
　　　　　关系** ………………………………………… 272
　　第一节　网络空间治理的大国责任 ………………… 272
　　第二节　网络空间命运共同体的内在逻辑与路径选择
　　　　　　………………………………………………… 290
　　第三节　网络空间命运共同体框架下的中美新型大国
　　　　　　关系之构建 ……………………………… 304

结语 ……………………………………………………… 330
主要参考文献 …………………………………………… 338
后记 ……………………………………………………… 348

绪　论

自 2013 年以来,网络问题逐渐成为中美关系里最为重要和敏感的议题之一。早在 20 世纪末,美国学者小约瑟夫·奈就曾指出,"恰似核优势是构成旧时代联盟领导的关键,信息优势将构成信息时代的关键"①。我国学者阎学通也指出,中美竞争的核心不再是核问题而是网络问题,因为"网络问题将取代核武器问题成为中美竞争的核心,核武器只是军事领域的竞争,而网络则与军事领域和民用领域都相关,就像空气、水、电、煤气一样"②。"世界上没有哪个双边关系比美中关系更能深刻影响未来国际政治。而在这个双边关系中,没有哪个议题像网络安全一样快速升温,并且在很短的时间内造成了种种摩擦。"③时至今日,网络信息技术所带来的巨大效益,以及对社会未来发展的引领作用,使得信息网络综合

---

① Joseph S. Nye Jr. and William A. Owens, "America's Information Edge", *Foreign Affairs*, 1996, Vol.75, No.2, p.27.
② 吴挺:《"大国游戏":网络将取代核弹成为中美战略竞争核心?》(2015 年 10 月 13 日),澎湃网,https://www.thepaper.cn/newsDetail_forward_1384473,最后浏览日期:2018 年 12 月 28 日。
③ Kenneth G. Lieberthal and Peter W. Singer, *Cybersecurity and U.S.-China Relations*, February 2012, Brookings Institution, https://www.brookings.edu/wp-content/uploads/2016/06/0223_cybersecurity_china_us_lieberthal_singer_pdf_english.pdf, retrieved December 25, 2018.

实力迅速攀升为一国综合国力的基本构成要素和国家战略竞争力的重要评价指标,对信息资源的控制和利用已经成为国家参与国际政治、控制或影响国际环境的重要手段。

一、网络政治化趋势及表现

网络空间问题逐渐被政治化。这里所谓的"政治化",是一种国际政治领域的现象。它是指一种国际交流的技术性问题,逐渐演变成为国际政治舞台上的议题。政治化,一般有两层含义,一是政治性过程,二是政治性结果[①]。对于技术性问题的政治化,大致包含三个发展阶段且呈现上升的趋势:首先,国际方面将技术性议题提上研究日程;其次,国家之间针对信息技术、网络技术达成了合作共识的意见,将技术合作上升到了政治合作的高度;最后,技术作为国家与国家之间竞争实力的主要体现,将其作为政治问题来看待,显得十分有必要[②]。

网络政治化指的是网络被广泛地作为政治工具以及政治工具广泛网络化的趋势。一方面,网络政治化源于网络与政治系统的关联。网络在国家政治安全结构中占据了重要的地位。网络空间已经成为国家政治系统的重要组成部分。网络不仅是人们获知政治信息的工具,也是人们交换政治意见的场所,是社会公共领域的典型代表。哈贝马斯认为,公共领域就是市民可以自由表达及沟通意见,以形成民意或共识的社会生活领域[③]。而政治公共领域

[①] 薄澄宇:《网络安全与中美关系》,中央党校国际政治专业博士学位论文,2015年,第50—51页。
[②] 同上。
[③] 张锦华:《公共领域、多文化主义与传播研究》,台湾正中书局1997年版,第16页。

被哈贝马斯视为一种"由大众媒体编造和传播的整合文化"①。网络作为一种大众传媒,参与了政治公共领域的生成,其功能主要包括政治参与、议程设置、舆论监督、政治沟通、政治控制等②。可见,网络对于政治公共领域继而对国家政治安全结构具有重要的意义。

另一方面,网络空间本身也成为一个类"政治系统"。网络空间首先是一个信息技术系统,以此为基础它已经成为一个信息传播系统,并且已成为一个经济信息系统,最终成为融经济信息、政治信息、文化信息于一体的社会系统。戴维·伊斯顿(David Easton)用"环境-输入-输出-反馈-流动"五个部分进行政治系统分析,网络空间也可以参照这种分析模式。针对网络动员而言,网络空间是政治系统"环境",网络动员就类似"输入"环节,而接受动员的网民行为类似于"输出"环节,网民动员者也不断地根据"输出"项的"反馈"重新调整"输入",这样整个网络社会政治系统就不断地"流动"起来。③

网络政治化在国内层面表现尤甚。网络政治化不仅表现为一些专业网站的时事化和小众网站的政治化趋势,而且表现为网民关注焦点的政治化倾向,抑或"泛政治化"倾向。随着网络成为实现公民知情权、参与权、表达权和监督权的重要平台,经济事件、民生事件等日益呈现出政治化趋势。网民已经不满足于单纯对热点日常事件和民生话题的关注,而是逐渐转向以参政议政为目的的政治性和社会性话题。网络的发展也推动了局部问题全局化、个

---

① [德]哈贝马斯:《公共领域的结构转型》,曹卫东译,学林出版社1999年版,第46页。
② 张昆:《大众媒体的政治社会化功能》,武汉大学出版社2003年版,第115—125页。
③ 张雷、刘力锐:《网民的力量:网络社会政治动员论析》,东北大学出版社2012年版,第130页。

体问题公众化、普通问题政治化的趋势,人们将经常关注的社会经济现象习惯性地与政治相联系,或者把与政治毫不相关的经济、科学、艺术、体育等各个领域的问题等牵扯入政治因素,这不仅使普通问题政治化,而且出现了"泛政治化"的思维倾向[①]。同时,各种政治传播也从传统媒体向网络媒体转移,网络媒体已经成为受众面最广的政治工具。

在国际层面,网络政治化同样有广阔的市场。网络政治化的国内层面和国际层面相互作用,国内层面刺激了国际层面的网络政治化的发展,而国际层面的炒作又助推了国内层面的网络政治化。不仅网络空间成为各种国际政治斗争的类系统,各种舆论炒作、政治评论等政治信息充斥其间,网络权力争夺也成为各国的重要国家利益,网络外交成为重要的外交形式。而且,各国也纷纷借助网络工具去实现自身的政治目标。特别是西方发达国家利用资金和技术上的优势,在对外输出的各类信息中大量地宣传其政治制度、价值观念和生活方式,通过网络传媒把自身的价值观、政治意识和政治认知编码在整个文化机器中,强制性地灌输给世界,甚至在网上借"民主问题""自由问题""人权问题"等攻击、诋毁和歪曲社会主义制度等,表现出了明显的网络政治化攻势。毋庸置疑,网络政治化最典型的案例是美国借助网络空间的意识形态扩张。

二、国际关系中的网络政治概念及议题

国际层面的网络政治化促进了国际关系中的网络政治的诞生。什么是"网络政治"是我们首先要回答的问题。早在 1998 年,

---

① 张春华:《网络舆情:社会学的阐释》,社会科学文献出版社 2012 年版,第83页。

戴维·罗斯考夫（David Rothkopf）就指出："新时代的现实政治（realpolitik）①就是网络政治（cyberpolitik），国家不再是唯一的行为者，同时原实力（raw power）可以被信息力所抵消或加强。"②而戴维·波利艾（David Bollier）则在其文章《网络政治的崛起：互联网是如何改变国际政治与外交的》中用了"netpolitik"表示网络政治，并认为网络政治就是"一种力图利用互联网的强大力量来塑造政治、文化、价值观和个人身份的外交形式"③。欧洲学者则喜欢用信息政治（infopolitik）一词来表示基于积极的国际信息交流以及自由且无偏见的信息流动的公共外交新时代④。网络政治还有其他的一些类似称呼，如虚拟政治（virtual politics）⑤、线上政治（politics on the line）⑥，等等。总体而言，网络政治一般被学者用来分析互联网在政治活动中的应用。

本书认为，在国际关系领域，网络政治是国家交往过程与网络空间形成过程的交汇，是信息网络技术对国际政治的影响过程。不管表述为 cyberpolitik，cyberpolitics，还是 netpolitik，或者是

---

① 所谓现实政治，是指"根据对国家实力及国家利益的计算而制定的外交政策"。[美]基辛格：《大外交》，顾淑馨、林添贵译，人民出版社 2010 年版，第 130 页。
② David J. Rothkopf, "Cyberpolitik: The Changing Nature of Power in the Information Age", *Journal of International Affairs*, 1998, Vol.51, No.2, p.326.
③ David Bollier, *The Rise of Netpolitik: How the Internet Is Changing International Politics and Diplomacy*, A Report of the Eleventh Annual Aspen Institute Roundtable on Information Technology, Washington, D. C.: Aspen Institute, 2003, p.2.
④ Philip Fiske de Gouveia and Hester Plumridge, *European Infopolitik: Developing EU Public Diplomacy Strategy*, London: Foreign Policy Centre, 2005. pp.8-9. available at http://www.kamudiplomasisi.org/pdf/kitaplar/EUpublicdiplomacystrategy.pdf, retrieved December 29, 2018.
⑤ David Holmes, *Virtual Politics: Identity and Community in Cyberspace*, London: SAGE publication, 1998.
⑥ William H. Dutton, *Society on the Line: Information Politics in the Digital Age*, Oxford: Oxford University Press, 1999.

infopolitik,国际关系中的网络政治都源于网络空间对国家安全的威胁以及对国际秩序的扰动①。传统国际关系理论都是基于物理空间的国家交往。网络空间一定程度上改变了我们对国家实力和影响力、国际关系和权力政治、国家安全、边境国土等概念的理解,因为网络空间是国家实力的潜在来源,它扩大了国家影响力,创造了新的市场、资源和认知,同时也有对传统力量的加强作用②。

网络和政治的结合正在从"低级政治"(low politcs)向"高级政治"(high politics)发展③。低级政治往往与政治的背景条件和常规决策程序等相关,而高级政治则与国家安全、核心制度、决策系统、国家利益以及隐含价值等相关。当然,低级政治也并不意味着不会引起国家关注。当低级政治中的常规行为累积到一定程度之后就可能成为政治关注点。网络最初和政治并不是结合得很紧密,然而,随着其在政治生活中的重要性上升,网络已经成为国家安全和国家利益的核心之一。

因此,中美关系中的网络政治研究也有广义和狭义之分。从广义上看,可以说,中美关系中的网络政治研究囊括任何受网络影响的中美关系议题,因为网络时代的一切中美关系议题都无法和网络脱离联系,如经济问题、安全问题、外交问题、政治问题、宗教文化问题等。换言之,中美关系中的网络问题某种程度上都是网络政治问题,因为"所有的国际关系都在某种程度上包含了政治含义,不管是隐含的还是外显的"④。网络空间的中美关系同样不能例外,中美关系中的网络政治随之诞生。从狭义上看,中美关系中

---

① Nazli Choucri, *Cyberpolitics in International Relations*, Cambridge, Massachusetts: The MIT Press, 2012, p.3.
② Ibid., p.5.
③ Ibid., p.3.
④ Ibid., p.9.

的网络政治研究则是指和上述高级政治议题相关的,即与国家安全、核心制度、决策系统、国家利益以及隐含价值等相关的议题研究。

本书主要研究对象是狭义的中美网络政治问题,如网络安全问题、网络空间治理问题、网络空间意识形态问题、网络空间权力竞争、网络冲突控制和预防等。但是也同时兼顾了广义的中美网络政治视野,如中美在经贸领域的冲突与合作、中美网络技术合作与共享等。在议题分析的基础上,本书力图从不同的视角分析中美网络政治的影响因素,并探讨其未来演变发展。

三、中美网络政治的源起与演变

随着信息网络技术的飞速发展与普及,作为网络政治问题典型代表的网络安全问题迅速上升为国家安全的关键议题和大国间战略竞争的焦点问题,网络问题也成为中美关系中的核心问题之一。作为有全球影响力的大国,近年来,中美在网络安全领域呈现出竞争、对抗、合作等多重态势,中美战略关系中"非敌非友、亦敌亦友、半敌半友"的复杂特性,均鲜明地呈现并作用于网络空间,使得中美在网络安全关系上威胁、风险与机遇并存。

自中国接入互联网之日起,中美关系中的网络政治问题就开始产生了。1992年,当中国首次向美国国家科学基金会(National Science Foundation,NSF)申请接入互联网时,被美国以安全为由拒绝了,理由是美国担心中国从网上获取其大学和科研机构的情报和科技信息,也有美国议员提出,让社会主义的中国与美国政府之间实现"互联"是不可想象的。之后,美国改变了态度,认为推动中国普及互联网,既可以为美国企业创造市场机会,也可以通过信息自由传播来促进中国接触并融入国际社会,使中国朝着美国所期待的方向发展。然而美国政府的这一目的没有达到,中国的互联网事业迅速发展,中国互联网企业的国际市场竞争力不断提高,中国政府管控网络空间的能力也同时在增强,网络空间问题越来越成为中美关系中的重要问题。

中美关系无法避免网络的影响,例如,和平时期网络上各种文化的交流与争论、冲突时期双方在网络上各种形式的相互攻击,以及网络作为组织工具对中美关系所带来的影响等。从2001年撞机事件引发的中美民间黑客大战、2010年的"谷歌事件"到这些年美国官方和民间不断升温的对中国黑客攻击的影射和指责,再到美国频频以信息自由为基本人权对中国进行施压,甚至将网络自由问题与所谓的人权问题挂钩,可以看出,网络政治因素已经成为21世纪中美关系中的一个重要变量。而美国对网络安全领域的诸多举措也促使我们不得不在中美关系中提升网络政治因素的重要性并思考中国的应对之策。

中美网络空间关系最初建立在互利共赢的基础之上。1994年中国通过美国通讯公司斯普林特(Sprint)接入国际互联网,随后,中国的互联网市场开始对外开放,微软、思科、谷歌、甲骨文等众多美国企业纷纷来华开展业务,它们在获取丰厚利润的同时也促进了中国互联网产业的快速发展。中国总体上接受了美国在互联网架构、协议、技术等方面的要求和安排,也不挑战美国在国际网络空间治理中的主导地位,从而形成一种非对称的均衡关系。随着中国互联网规模增大、技术能力增强,中美之间的分歧和矛盾逐步累积起来。

1999年中国驻南斯拉夫使馆被炸事件以后,中美间各种形式的网络冲突逐渐增多。美国方面指责中国政府参与和支持网络窃密、封锁境外网站和限制网络言论自由;中国方面则主要是防范和抵制美国通过互联网影响中国的公众舆论、传播美国的价值观、支持研发绕过防火墙的技术,以及2013年以来被披露的长期大规模侵入中国主干网系统,并通过"棱镜"项目等途径窃取中国的互联网和通信数据等举动。2010年谷歌以抗议中国实行内容审查为由把其搜索引擎业务撤出中国的事件,可以看作中美网络政治关系的均衡被打破的一个重要标志。此后双方政府开始公开指责对方对本国网络安全构成威胁。

近年来,网络安全议题在中美关系中的重要性不断提升,由其引发的分歧和争端时有发生,中美两国发展合作与共同应对的意愿也很清晰。2013年6月,中美元首加州会晤首次就网络安全表达立场,达成合作解决问题的共识,随后7月中美战略与安全对话框架下的中美网络工作组会议在华盛顿召开,双方就两国网络关系、网络空间国际规则、双边对话合作措施等方面进行了磋商,这意味着网络安全已被提升到中美关系的战略高度,双方认识到需要共同探索应对这一新领域中新问题的机制。然而,美国政府仍不断以商业网络窃密、违背网络自由和网络开放等为由指责中国,致使中美网络关系变数不断。2014年5月,美国司法部以窃取商业机密为由对五名中国军人提起诉讼,中国决定中止网络工作组会议,两国网络关系急转直下。2014年11月,中美元首在北京会晤,双方重申合作解决网络安全问题的重要意义。2015年9月22日至25日,中国国家主席习近平对美国进行国事访问,中美如何对话网络安全成为习近平此次访美最受关注的话题之一。经过友好协商,中美就应对恶意网络活动、制定网络空间国家行为准则达成了一致意见,决定建立打击网络犯罪及相关事项高级别联合对话机制①。特朗普上任后,中美之间新建立的"执法与网络安全

---

① 《习近平主席对美国进行国事访问中方成果清单》,《人民日报》,2015年9月26日,第6版。

对话"则继续关注中美关系中的网络问题。中美关系中的网络政治如何演变还有待进一步观察。

四、本书章节安排

不管如何,中美关系中的网络政治问题已经凸显为两国关系的一个重要议题和发展影响因素。本书主要从如下四个方面探讨中美关系中的网络政治问题:一是中美关系中的网络政治问题的理论分析维度和现实分析维度有哪些;二是中美关系中有哪些主要的网络政治议题;三是这些中美关系中的网络政治问题的影响因素主要有哪些;四是如何在实践中推动中美关系中的网络政治问题的解决,并试展望中美网络政治的前景。针对这四方面问题,本书按如下逻辑展开论述。

第一部分从理论和现实两个维度,对中美关系中的网络政治进行总体的描述,共两章(第一至第二章)。第一章是网络政治与国际关系结合的理论分析,重点分析三个问题,即国际关系中网络政治的作用途径与模式、网络政治在国际关系中的表现与影响以及国际关系中的网络政治治理困境。第二章从总体层面分析了竞争、冲突与合作的中美网络空间关系,即从现实层面分析了中美关系中的网络政治总体概况。

第二部分从议题视角出发,对中美关系中的网络政治展开分析,共三章(第三至五章)。第三章分析了中美关系中的网络地缘政治逻辑,指出网络空间是地缘政治的新领域,网络问题从属于地缘政治关系,中美网络博弈正在变成越来越以地缘政治为导向的关系。事实上,第二章、第三章涉及的问题都可以认为是中美关系中的网络政治议题,但是为了有所侧重,本书还选取了两个重要议题,即网络政治化背景下的美国意识形态扩张和中美关系中的网络安全与治理问题。第四章分析了网络政治化在中美关系中的一个突出案例即网络政治化背景下的美国意识形态扩张，并从路径和动力角度解读之。第五章分析了中美关系中的网络安全和治理问题，以国际关系中的网络安全环境为背景，重点分析中美对网络安全环境的认知差异与治理困境、中美双边关系中的网络安全问题及矛盾焦点。

第三部分是中美关系的网络政治影响因素，共三章（第六至八章）。能够对中美关系的网络政治产生影响的因素很多，如网络空间问题本身的性质、中美双方对对方的认知、中美双方各自的网络空间战略定位和选择、中美两国国内的政治环境和制约因素、国际环境和国际社会的影响等。当然，造成当前中美在网络安全领域的分歧和争端的根本原因还是中美总体实力对比和利益诉求的变化在网络空间的反映。囿于篇幅，本部分将略去网络空间问题本身以及国际环境，并将其他影响因素并入三个视角展开分析——战略视角即中美两国的网络空间战略选择、话语视角即中美处理网络问题的安全化话语（以网络战为例）、信任视角即中美网络空间的战略互信问题。第六章分析了中美两国的网络空间战略定位和选择，以及中美网络空间战略在目标、模式与措施方面的相容与矛盾。第七章以中美网络战叙事的结构分析为例，探究了不同主体视角下的安全化话语以及表面和潜在动因。第八章分析了中美网络空间的战略互信，不仅总结了中美网络空间战略互信/互疑的现状与表现，而且也剖析了中美网络空间战略互信缺失的原因。

第四部分即第九章是中美关系中的网络政治前景与展望。本章首先分析了网络空间治理的大国责任，接着分析了网络空间命运共同体的必然性及其与人类命运共同体的关联，并从人类文明、利益、权力与未来等角度剖析了网络空间命运共同体的内在逻辑，最后提出了网络空间命运共同体框架下的中美新型大国关系构建的实践建议。

第一章
国际关系中的网络政治

纵观历史,国际关系一直以来就深深受到技术的影响。16—18世纪航海技术使欧洲的扩张成为可能,19世纪电报成为当时帝国的主要通讯工具,20世纪的国际关系也因飞机、收音机、电视而转型①。而如今21世纪,互联网为我们的世界提供了新的机遇与挑战。网络政治不仅在一国国内开始生根发芽,而且在国际关系领域亦日渐显形。

网络政治所表达的是信息网络技术对真实世界政治的影响。它反映了两个过程的结合:一是围绕"何时何地何人如何得到何物"问题的人类政治交往过程;二是网络空间的形成过程②。在国际关系领域,网络政治则是国家交往过程与网络空间形成过程的交汇,是信息网络技术对国际政治的影响过程。本章拟

---

① Nicholas Westcott, "Digital Diplomacy: The Impact of the Internet on International Relations", Oxford Internet Institute, Research Report 16, July 2008, p.2, https://www.oii.ox.ac.uk/archive/downloads/publications/RR16.pdf, retrieved December 6, 2018.
② Nazli Choucri, "Introduction: Cyber Politics in International Relations", *International Political Science Review*, 2000, Vol.21, No.3, p.243.

对这一过程的影响途径、表现形式以及治理困境进行一些初步理论考察。

第一节 国际关系中网络政治的作用途径与模式

人类的政治主要由两大部分组成,一是人类的政治生活,二是人类对政治生活的认识。网络政治与国际关系的结合点非常广泛。以互联网为代表的信息技术,正不断突破人类认知和想象空间,不断在经济、社会、政治等各行各业掀起深刻的变革,改造经济结构、改观社会生态、改变政治议程并塑造一个全新的数字世界,国际关系的方方面面都因此而烙有网络的印迹,网络政治也因此体现在国家安全关系、政治关系、外交关系等各个领域。如图1-1所示,所有这些网络政治作用的核心机制则在于互联网的传播与组织两大功能,即对政治相关信息的交流传播功能与政治生活中的组织协调功能。互联网不仅是有效的政治传播工具,使政治过程和政治知识得以高效传播,同时也是进行集体活动的强有力的政治组织工具。

一、互联网以信息为媒介的传播功能:不确定性的减少与蝴蝶效应

网络承载的是信息。网络的传播功能是通过信息媒介实现的。互联网促使国家间进行充分的信息交换,从而有助于提供完整的信息并减少不确定性。信息论创始人克劳德·艾尔伍德·香农(Claude Elwood Shannon)曾经给信息下了一个经典定义,"信息是可以减少或消除不确定性的内容"[1]。香农认为,信息具有使

---

[1] Claude Elwood Shannon, "A Mathematical Theory of Communication", *The Bell System Technical Journal*, 1948, Vol.27, p.381.

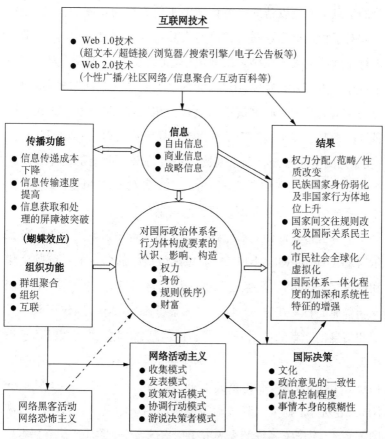

图 1-1 国际关系中的网络政治作用模式

不确定性减少的能力,信息量就是不确定性减少的程度。如果人们对客观事物不了解,对其缺乏必要的认识,往往表现出对该事物的情况"不清楚"或"不确定",就是所谓的不确定性,而当人们通过各种方法了解了该事物的有关情况,对该事物的认识已经比较清楚或完全清楚,不确定性就消除了,也就是获得了关于该事物的信息[①]。充

[①] 崔保国:《信息社会的理论与模式》,高等教育出版社 1999 年版,第 14 页。

分的信息交换可以帮助一方认知关于他方行为意图的信息,使行为体对于相互行为意图的预测与实际行为高度吻合,从而有助于进行正确的决策。在科索沃战争中,北约攻击的目标是为米洛舍维奇作宣传的塞族媒体,但是,北约没有轰炸互联网服务器,也没有切断南斯拉夫互联网的卫星连接。相反,北约采用了让互联网敞开的策略。美国国防部发言人杰姆斯·卢宾(James Rubin)说:"互联网的全面敞开有助于塞族人民看清米洛舍维奇政体践踏人权的暴行的丑恶真相。"①与西方的主流媒体观点相比,塞族人民更愿意相信自己在互联网上看到的信息。

信息变量是政治系统中起决定作用的重要因素。乔治·莫德尔斯基(George Modelski)认为,国际政治中的信息就是国际文化和通信交流,包含了国家之间的一切接触活动,上至外交,下至国家间普通的日常往来②。约瑟夫·奈(Joseph Nye)则根据政治类型和信息创造者的动因,划分了自由信息、商业信息和战略信息三种类型③。这三种信息对于国际关系的影响有所不同,其中战略信息在国际政治领域最具有价值。莫顿·卡普兰(Morton Kaplan)划分了研究国际政治需要关注的国际系统、国家系统、超国家系统、次国家系统和个人五个层次的系统,并提出五个基本变量以描述国际系统或其子系统的状态:系统的基本规则、转化规

---

① David Briscoe, "Kosovo-Propaganda War", *Associated Press*, May 17, 1999.
② [美]詹姆斯·多尔蒂、罗伯特·普法尔茨格拉夫:《争论中的国际关系理论》,邵文光译,世界知识出版社1987年版,第147页。
③ 自由信息是行为体愿意获得(或发送),而无须付出(或取得)经济补偿的信息;商业信息是行为体以一定价格获得或发送的信息;战略信息是那些只有在竞争者不拥有的情况下,才能为行为者提供优势的信息,构成了对竞争者不对称的知识。Robert O. Keohane and Joseph S. Nye Jr., "Power and Interdependence in the Information Age", *Foreign Affairs*, 1998, Vol.77, No.5, pp.81-94.

则、行为体分类、实力和信息,这些变量可以在不同的系统层次上使用①。他认为,准确的信息有助于系统目标的达成,而信息不准确则会起妨碍作用,一个系统(行为体)所掌握的信息对它可能采取的行动有重要影响;系统内部和行为体之间信息沟通渠道的差异会对系统的稳定性和行为体之间的行为产生不同的后果。通过提高国际政治各行为主体处理信息的能力和效率,以互联网为代表的信息革命使各行为主体在国际系统层面上所具备的影响力日益扩大,从而使国际系统的整体价值得到了扩展,推动了国际体系一体化程度的加深和系统性特征的增强。

伊丽莎白·汉森(Elizabeth Hanson)在其2008年的著作《信息革命与世界政治》中也提出了影响决策的四个变量,即文化、政治意见的一致性、信息控制程度、事情本身的模糊性[②]。而互联网则通过信息对主体和结构的"认识、影响、构造"功能对这四个变量产生影响。信息对于主体和结构的功用主要体现在"认识、影响、构造"三个方面:认识是信息的最基本的功能,是事物的运动状态和(状态改变的)方式反映到认识主体的意识中来的过程;影响功能是指主体对信息流的控制和使用,体现在从信息的供给和心理两个层面改变其他主体的决策过程;构造功能反映了信息结构的变动,也是信息过程作用于系统的后果。

与其他信息媒介相比,互联网对国际关系的影响特点在于其对信息处理的"蝴蝶效应"的放大和加速,如摩尔定律(Moore's

---

① 基本规则是描述系统中行为体之间一般关系的规则;转化规则是把一定的基本规则与一定参数值或档次功能联系起来的规则;行为体分类变量说明行为体的机构特征;实力是一个行为体在特定环境中完成一定类别行动的物质能力;信息是实力的一个组成部分,是一种认识上的能力。参见[美]莫顿·卡普兰:《国际政治的系统和过程》,薄智跃译,中国人民公安大学出版社1989年版,第8—11页。

② Elizabeth Hanson, *The Information Revolution and World Politics*, Lanham, MD: Rowman & Littlefield, 2008, p.130.

Law)和梅特卡夫法则(Metcalfe's Law)所反映的效果①。网络无论是在传播的速度和规模、影响的地域范围还是媒体的表现形式等诸多方面都远远超出了以往任何一种形式的大众传媒,在社会和政治动员中充分展现了混沌学所言的"蝴蝶效应"。当某种有影响的事件出现以后,在网络上,各个电子公告栏(BBS)、新闻组(news-group)以及邮件列表(mailing-list)等会迅速作出反应,并以"多对多"(many-to-many)的交流形式在电子空间里引发"一石激起千层浪"的效应。在罗伯特·基欧汉(Robert Keohane)和约瑟夫·奈看来,信息革命最本质的特征和最重要的意义在于信息传递成本的下降②。伴随着信息传递成本以摩尔级数的下降和传输速度以相同的级数提高,信息获取和处理的屏障被突破,越来越多的行为主体可以参与到国际决策过程中。

二、互联网再使用过程的组织功能:群组聚合与网络活动主义

互联网不仅是信息传播工具,它还具有其他传统媒体所不具备的再使用功能,即作为协调行动的强有力的组织工具,具有群组聚合、组织和互联的特有功能。而且,它的廉价性和普遍性使它的作用大大提升。现在,网上各种规模的团体数量已达亿位,它们可以跨越地理空间的障碍联合起来,影响国内外政策。因此,互联网是网络活动主义(internet activism, electronic advocacy, cyberactivism,

---

① 摩尔定律在信息处理技术上指的是计算机芯片的处理能力每 18 个月就翻一番,而价格却减半。梅特卡夫法则是对网络对人类社会价值的描述,网络产生的价值等于其节点数的平方,网络上联网的节点越多,单个节点的价值就越大,网络的价值与联网用户数的平方成正比。
② [美] 罗伯特·基欧汉、约瑟夫·奈:《权力与相互依赖(第 3 版)》,门洪华译,北京大学出版社 2002 年版,第 260 页。

e-activism,networked activism)的有效工具①,特别是当它与其他媒体如广播、印刷及与政策制定者当面交涉等方法结合时。它对囊中羞涩的个人或团体特别重要,因为借助互联网他们可以影响公众意见、筹集资金、形成跨地区联盟等。

网络活动主义指某一组织甚至个人对互联网的常规的、非破坏性的使用,以支持某项议程或行动,包括信息搜索、建立网址并在其中作宣传、通过电子邮件传输电子刊物和信件、网上讨论、协调计划及网友组织等活动,以达到筹款、社区建设、游说和组织活动等目的②。网络活动主义可以分为三大功能类型,一是警醒与倡议类(awareness/advocacy),二是组织与动议类(organization/mobilization),三是行动与反应类(action/reaction)③。互联网有能力挑战政府和主流媒体的统治性话语,并为持异见者在全球传播其观点搭建平台。公民也有机会获取替代性信息。凯文·希尔(Kevin Hill)和约翰·休斯(John Hughes)研究发现,越来越多的

---

① 关于网络活动主义,可以参看 Michael D. Ayers, Martha Mccaughey, eds., *Cyberactivism: Online Activism in Theory and Practice*, New York: Routledge, 2003; Ed Schwartz, *NetActivism: How Citizens Use the Internet*, Cambridge, MA: O'Reilly Media, 1996; Steven F. Hick and John G. McNutt, *Advocacy, Activism, and the Internet: Community Organization and Social Policy*, Chicago: Lyceum Books, 2002; Michael Dartnell, *Insurgency Online: Web Activism and Global Conflict*, Toronto: University of Toronto Press, 2006; Molly Beutz Land, "Networked Activism", *Harvard Human Rights Journal*, 2009, Vol.22, pp.205-244.

② Dorothy E. Denning, "Activism, Hacktivism, and Cyberterrorism: The Internet as a Tool for Influencing Foreign Policy", John Arquilla and David Ronfeldt, eds., *Networks and Netwars: The Future of Terror, Crime, and Militancy*, Santa Monica, CA: RAND Corporation, 2001. Available at https://www.rand.org/content/dam/rand/pubs/monograph_reports/MR1382/MR1382.ch8.pdf, retrieved December 28, 2018.

③ Sandor Vegh, "Classifying Forms of Online Activism: The Case of Cyberprotests against the World Bank", in Martha McCaughey and Michael D. Ayers, eds., *Cyberactivism: Online Activism in Theory and Practice*, New York: Routledge, 2003. pp.71-95.

人变成了"分享信念的网络活动家"①。根据统计,网上政治公民(online political citizens,OPCs)比普通市民成为意见领袖的可能性要大七倍。研究表明,相比普通美国人可能成为意见领袖的比例为10%,69%的网上政治公民有塑造周围亲戚朋友或同事的政策意见的影响力②。网络活动主义者可以通过电子请愿将政策抗议转送给政府或者各种机构,可以通过群发邮件实现游说功能,可以通过互联网组织各种形式的实地抗议。也就是说,网络活动主义的行动可以是纯粹的网上行为,也可以是通过网络组织的现实世界行为,或者是线上和线下两者的结合。通过网络活动主义行动,个人的微小力量得以放大,利益相似的小团体得以相互联系。

在国际关系中,网络活动主义影响国际关系和外交政策的模式主要有五类,分别是收集、发表、政策对话、协调行动,以及直接游说决策者。一是收集模式。互联网好似一个巨大的数字图书馆,其信息多达数十亿万页,而且大部分信息都可免费阅读。网络活动分子可从互联网上了解立法文件、官方政策申明、对某问题的分析讨论,以及其他与他们的使命相关的信息。借助搜索引擎、电子邮件发送单、聊天室与讨论小组等信息收集工具,他们可以找到最终希望能够施以影响的某主要决策者的联系信息、其他意志相似的团体或个人、更多的支持者与合作者,甚至活动组织培训向导等。二是发表模式。从理论上来说,任何人都可以成为触及全球各个角落的网络出版者,可以在网上表达自己的政策建议或对某

---

① Kevin A. Hill and John E. Hughes, *Cyberpolitics: Citizen Activism in the age of Internet*, Oxford: Rowman & Littlefield, 1998, p.88.
② Sandor Vegh, "Classifying Forms of Online Activism: The Case of Cyberprotests against the World Bank", in Martha McCaughey and Michael D. Ayers, eds., *Cyberactivism: Online Activism in Theory and Practice*, New York: Routledge, 2003. pp.71-95.

政策的反对意见,而且也不会因为接受者的人数的增加而增加发表人的费用。他们可以自己决定表达方式和表达内容,而无须依赖于大众媒体。网络活动主义者可以直接通过电子邮件的方式联系新闻部门,可以在网上直接发表自己的意见,还可以建立声像俱全的网页,并由此招揽志同道合者。三是政策对话模式。互联网是政治演说的一大优势场所,也是网络活动主义者赖以改变外交决策的主要工具之一。互联网提供了许多政策对话与政策辩论的互动场所,如电子邮件、新闻小组、网上论坛、聊天室等。四是协调行动模式。活动团体可以利用互联网协调成员行动,并和其他组织和个人保持联络。行动计划可以通过电子邮件传达,或者在网站上公布。尽管电话、传真、普通邮件可以承担同样的功能,但是互联网提供了更便捷、更经济的方式。五是游说决策者模式。随着电子政务的公开,许多决策者都有自己的网络联系方式,这给网络活动分子提供了游说的极好机会。除了直接游说决策者,网络活动分子有时还采取收集签名的方式,以向决策者请愿。例如,在科索沃战争中,加拿大有一个名为"现在就去阻止北约对南斯拉夫的轰炸"的网站,专门用来鼓动加拿大人和其他积极主张停战人士向加拿大总理让·克雷蒂安(Jean Chretien)和其他议会成员发送电子邮件或传真,其中还提供有样信①。以上五种模式多数情况下是同时被利用的。

互联网是一种强有力的信息传播工具。但是,它是否能够成

---

① Dorothy E. Denning, "Activism, Hacktivism, and Cyberterrorism: The Internet as a Tool for Influencing Foreign Policy", John Arquilla and David Ronfeldt, eds., *Networks and Netwars: The Future of Terror, Crime, and Militancy*, Santa Monica, CA: RAND Corporation, 2001. Available at https://www.rand.org/content/dam/rand/pubs/monograph_reports/MR1382/MR1382.ch8.pdf, retrieved December 28, 2018.

为有效的集体行动的组织手段也存在争议。蒂齐娜·泰拉诺瓦(Tiziana Terranova)指出,如果对互联网的易进易出性加以创造性的运用,可以产生一种完全不同的政治。她引证社会学家哈里·克利弗(Harry Cleaver)的说法,把这种虚拟的运动空间称为"水圈"(hydrosphere)———一种流动性很强的空间,"变化不停,只能暂时地形成我们叫作'组织'的凝固体。这些凝固体常常被周围不安分的水流侵蚀,直到它们重新被融入水中"①。然而,事实证明,互联网的传播和组织功能都对国际关系产生了强有力的影响。

第二节　网络政治在国际关系中的象限:权力、身份、规则

国际关系中的网络政治考察的是网络对世界政治的影响。而世界政治的驱动力则包括对权力、财富、身份、秩序(规则)的追求或者保护②。因而,我们可以认为权力、财富、身份和规则是国际政治的四个象限。显然,信息网络技术对这四个象限都有促进或限制作用。因为财富属于权力的一部分,而且我们着重讨论的是网络的国际政治影响,所以我们下面从其他三个象限考察国际关系中网络政治的表现形式。

一、权力的分配、范畴与性质的变化

互联网使权力的分配、权力的范畴与权力的性质都发生了一

---

① Tiziana Terranova, "The Degree Zero of Politics: Virtual Cultures and Virtual Social Movements" (March 16, 2002), NOEMA, https://noemalab.eu/wp-content/uploads/2011/09/terranova_degree_zero.pdf, retrieved December 28, 2018.
② Stuart J. Kaufman, "The Fragmentation and Consolidation of International Systems", *International Organization*, 1997, Vol.51, No.2, pp.173-208.

定改变。其中最重要的改变是对权力分配的改变。查尔斯·库普钱(Charles Kupchan)曾总结道,大多数国际关系学者认为国际关系中权力再分配的起源在于两个方面:一是"生产能力和物质资源在时空维度上的世俗性的扩展";二是"国家为了安全与生存的目的而激发的对权力集中的制衡"①。然而,互联网的诞生改变了权力再分配的传统游戏规则,即非物质资源在虚拟维度上的扩展也可以改变权力再分配。在信息网络时代,以民族国家为主要行为体的国际政治,正在受到越来越多来自跨国公司、非政府组织和国际恐怖主义组织甚至个人的影响。这些新的行为体在与国家争夺各种主导权甚至对抗的斗争中,日益学会了采用一种更为精巧的网络组织方式迅速获取和传递信息以及组织活动,从而获得了与国家行为体在某些层次上的对话能力。以互联网为代表的信息革命使国际决策过程中的参与者和利益相关者大为增加,使国际决策过程更加复杂,并使国家在这一过程中的主宰地位减弱。国家不能再继续以国家中心为基础去排斥和非国家行为体的权力分享,因为信息网络所推动的全球化决定了政府必须与非政府组织和力量合纵连横,以借此来解决各种跨国问题。

信息革命也使国际竞争中权力的范畴从政治、经济、文化、科技等实体领域向虚拟领域拓展。不仅互联网本身是各国关键基础设施的一部分,并从而成为一国硬实力的重要组成,而且通过互联网传播的信息也成为软实力的一部分。如果一个国家控制了信息流,就如同在另外一个时代控制了海洋一样,有学者将这种新型的帝国主义称作数字帝国主义②。根据这种理解,对信息资源的控

---

① Charles A. Kupchan et al., *Power in Transition: The Peaceful Change of International Order*, Tokyo: United Nations University Press, 2001, p.3.
② [美]弗兰克·卢斯夏诺:《数字帝国主义与文化帝国主义》,载曹荣湘主编:《解读数字鸿沟:技术殖民与社会分化》,上海三联书店2003年版,第198页。

制和利用将成为国家参与国际政治、控制或影响国际环境的重要手段。它不仅可以大大扩展国家实力的来源，同时，善用信息技术还可以实现实力的倍增。约瑟夫·奈在《注定领导：美国力量变化了的特性》一书中指出，信息力(information power)与软力量一样是美国外交的力量倍增器(force multiplier)[①]。此外，网络权力也成为新的研究领域。英国政治学家蒂姆·乔丹(Tim Jordan)在其著作《网络权力——网络空间与因特网上的文化与政治》中从政治学角度与社会学角度系统研究了网络权力[②]，认为网络权力是组织网络空间的文化与政治的权力形式，并分别表现在个人活动领地、社会空间和数字王国三个层面。

信息网络时代权力的性质也发生了巨大改变。网络社会的权力不仅呈现出知识化、扁平化和分散化等特点，而且权力组织结构由科层制向扁平化发展，由控制型向分权型发展，决策结构由垂直式向交互式方向发展。阿尔温·托夫勒(Alvin Toffler)在其于1990年年底出版的《权力的转移》一书中就指出，在"信息社会"中知识的地位日益突出，一个以知识为基础的"迥然不同的权力结构"正在形成。他得出一个重要结论："知识本身不仅已经成为质量最高的力量来源，而且成为武力和财富的最重要因素……知识是终端放大器。这是今后力量转移的关键。"[③]在提出"软权力"概念的同时，约瑟夫·奈也提出了"权力转移"的观念，认为权力从

[①] Joseph S. Nye, *Bound To Lead: The Changing Nature Of American Power*, New York: Basic Books, 1991.
[②] Tim Jordan, *Cyberpower: The Culture and Politics of Cyberspace and the Internet*, London: Routeledge, 1999.
[③] [美]阿尔温·托夫勒：《权力的转移》，刘江等译，中共中央党校出版社1991年版，第9页、第28页。

"资本密集"(capital rich)转向"信息密集"(information rich)①。托马斯·弗里德曼(Thomas Friedman)则认为互联网最主要的作用是使全球扁平化,使任何人在任何地方都可以得到相同的信息,使人们可以相互联系或交易。这使得国际分工更加有效,使不同市场的比较优势得到充分发挥,并因此创造了无数的经济机会。当然,他并没有否定其负面因素,因为网络也可能用于诈骗、色情及恐怖活动。他认为,亿贝(eBay)和基地组织都可以使用互联网②。

二、身份的弱化、诉求与全球市民社会的诞生

互联网对民族国家身份的影响是双重的。通过虚拟社区的跨境活动,互联网弱化了传统民族国家作为主要政治忠诚对象的地位。虽然国家也借助互联网力图提高人们对其忠诚度,但仍难抵其相对弱化趋势。信息技术可以刺激一些种族主义、原教旨主义以及各种利益团体的身份诉求,并使民族国家在国际体系中的地位受到挑战。国家从一国边界线内的完全自治主体逐渐变成了国际谈判桌上的一席。在这个谈判桌上,尽管国家依然是国际体系的主要行为者,但是在信息革命中成长起来的各种非国家行为体的影响越来越大。虽然民族国家结构依然存在,大多数人依法参加选举、依法纳税,但是他们的兴趣、忠诚度和活动都可能会在全球和地区层面。这些非国家行为体,特别是依赖网络存在的越

---

① Joseph S. Nye,"Soft Power", *Foreign Policy*, 1990, No. 80, Twentieth Anniversary, p.164.
② Thomas L. Friedman, *The World is Flat: A Brief History of the Twenty-first Century*, New York: Picador, 2007. 转引自 Nicholas Westcott,"Digital Diplomacy: The Impact of the Internet on International Relations", Oxford Internet Institute, Research Report 16, July 2008, p.2, https://www.oii.ox.ac.uk/archive/downloads/publications/RR16.pdf, retrieved December 6, 2018.

境非政府组织力量的增强,代表着全球市民社会的诞生。国家、市场和市民社会的各种行为体在重新平衡。

一方面,非国家行为体借助信息网络获得新生,市民社会向全球化发展。互联网的综合媒体能力、高度互动性和瞬间性加速了跨国沟通、网络社会关系和参与式政治的发展,促进了市民社会的全球化发展和国际社会公共领域的诞生,营造了一种跨国多边的参与情境,提高了公众参与的可能性。在这种情况下,事件或议题更容易成为全球公共领域讨论的对象。而非政府组织运用信息能力的提升使之很有可能主导议题和解决的走向,逐渐摆脱国家中心主义而进入更宽广的全球市民社会的范围,成为跨国多边参与式政治过程的主要机制或力量。互联网还使市民社会规模增长。互联网使从未谋面的人们之间可以因为相同的身份或相同的兴趣聚合在一起,使传统社区或者虚拟社区都有了更加便捷的胶合方式。这种变化带来了两方面影响。一是人们可以更加自由地选择其身份定位,因为他们可以借助互联网更加容易地了解其他相似观点或价值观。二是他们可以借助互联网更加鲜明地表明其身份定位。

另一方面,全球市民社会向虚拟化方向发展,虚拟社区影响力渐增。虚拟社区是网民以群体主体形式参与政治的空间。在网络社会中原本广为分散的个体,会因共同的兴趣或对某一特别事务的共同关注而迅即发出"群体"的声音,并使他们的声音被政府和政治家听到。虚拟社区中的网络政治以现实政治群体为依托,是现实政治群体的扩大、反映和变形。作为一种新形式,它有自己独特的传播模式和特点。虚拟社区中信息交流更加便捷、更加方便,甚至还可以回溯找到历史时段内的相关观点。成员间互动性更强,且不受空间等客观条件所限。信息传播控制者逐渐被信息传播参与者所取代。虚拟社区还存在社区成员"分众化"和"群体极化"现象。虚拟社区的成员可以根据自己的喜好选择社区,最终具有同一喜好或兴趣的网民将聚集在一个社区,人员逐渐向小群体化发展,个性化特征越来越明显,呈现分众化趋势。网络社区又有"群体极化"现象,即如果一开始群体内成员的意见比较保守的话,经过群体的讨论后,决策就会变得更加保守;相反,如果个人意见趋于冒险的话,那么讨论后的群体决策就会更趋于冒险。经研究,网络中的群体极化现象大约是现实生活中面对面时的两倍多[1]。这不仅是网民害怕被孤立或者被疏远的社会心理以及意见领袖对网络事件的推波助澜使然,而且网络的匿名性使得网民在个体身份模糊的状态下容易迷失本身而沉浸于一种"法不责众"的群体心理[2]。此外,与传统政治交往的方式不同,各方在网络空间中都是一个信息代码,影响传统政治交往方式的身份、国籍、文化、资产等在网络空间中都可被抹去,因此在网络空间中容易出现马克思所说的"自由人的联合体"(Free Men's Union)。

三、规则改变与国际关系民主化

信息技术可以引起一些预见的制度变化,如日渐消失的等级界限、不断增长的跨功能团队、更加合作的文化以及更加容易跨越的组织边界等。"互联网的威力和普遍存在以及技术变化的速度,已经颠覆了人类设计和探索其他途径的能力……技术本身必然催生新的制度,尽管新制度未曾经人类设计,也非人类所期待。"[3]对

---

[1] [美]帕特·华莱士:《互联网心理学》,谢影、苟建新译,中国轻工业出版社2001年版,第88页。
[2] 葛琳:《网络舆论与网络群体性事件》,《新闻爱好者》2008年第9期,第20—21页。
[3] [美]简·芳汀:《构建虚拟政府:信息技术与制度创新》,邵国松译,中国人民大学出版社2010年版,第8页。

于国际关系而言,互联网正在改变国家间的交往规则,并引起国际关系民主化的现象。

国际关系顾名思义主要是围绕民族国家间的相互交往活动,在和平时代,外交是处理这种交往活动的最主要形式。国际关系民主化现象其实就是外交民主化(democratization of diplomacy)现象①。互联网使外交日渐民主化,网络技术不仅使更多人参与到外交过程中,而且几乎以指数倍扩大了外交领域范围,可以说,互联网每天都在改变外交规则。外交民主化表现在如下四个方面。一是行为体的增多(multiplication of actors)。互联网提升了非国家行为体参与外交的能力,并促使公共外交进一步发展。二是行为体的多样化(diversification of actors)。无论是宗教团体、人权组织还是其他非政府组织都可能借助互联网的强大力量得以影响外交政策。三是行为体之间的合作(collaboration)增加。互联网的一个基本原则就是合作,正如其当初诞生时作为学术合作网络一样,其中最好的例证就是提供开放型知识的维基百科。四是行为体之间的对立(polarization)也同时增加。互联网使人们的意见可以自由表达,包括相左的意见,同时也使人们非常容易地能够找到与自己拥有相同观点的人群。因此,无论持有多么极端的观点,人们几乎都可以在互联网上找到足够的"证据"或者意见来佐证自己的观点。这就很容易导致"不满情绪全球化"(globalization of grievance)②,从而很难就国内外问题达成一致

---

① Nicholas Westcott,"Digital Diplomacy: The Impact of the Internet on International Relations", Oxford Internet Institute, Research Report 16, July 2008, pp.8-9, https://www.oii.ox.ac.uk/archive/downloads/publications/RR16.pdf, retrieved December 6, 2018.
② Gideon Rachman,"The Clash of Globalisations that Spells Trouble for Davos Man", *Financial Times*, January 29, 2007.

意见。

虽然互联网对外交的具体形式与方法有一定的影响,"网络外交"也是当前讨论比较热烈的一个课题①,但是我们也非常有必要问这样一个问题,即互联网是否真的带来了新的外交方式变革。尼古拉斯·威斯科特(Nicholas Westcott)在给牛津大学互联网研究所的研究报告中总结了互联网对于外交政策的四方面含义,即思想(ideas)、信息(information)、网络(network)与服务递送(service delivery),认为它使传统的外交更加迅捷,并使外交成本下降,特别是针对外国政府和民众的外交活动。但是同时他认为,事实上从某种角度看,互联网仅仅是一种可以强化已有趋势的通信交流方式。尽管人们可以更方便地参与到外交政策的讨论中,但是80%的人们对此并没有兴趣或兴趣很小。外交官是在以不同的方式做相同的事情,而不是在做不同的事情。外交依然主要是各国政府之间的行为,毕竟是政府掌握着法律和权力的终极武器,而最重要的谈判依然需要面对面进行,因为只有面对面才可以建立起决策所需要的信任基础②。因此,网络外交具有依附性③,它无法完全独立于国家和国际组织的实体,无法完全脱离现实世界,而只能作为对传统外交的补充形式存在。此外,虽然有些理论

---

① 网络外交的涵义在此不再赘述,可参见:Evan H. Potter, ed., *Cyber-Diplomacy: Managing Foreign Policy in the Twenty-first Century*, Ithaca: McGill-Queen's University Press, 2002; Elliot Zupnick, *Digital Diplomacy: U.S. Foreign Policy in the Information Age*, Oxford: Westview Press, 1999; Nicholas Westcott, "Digital Diplomacy: The Impact of the Internet on International Relations", Oxford Internet Institute, Research Report 16, July 2008, https://www.oii.ox.ac.uk/archive/downloads/publications/RR16.pdf, retrieved December 6, 2018.

② Nicholas Westcott, "Digital Diplomacy: The Impact of the Internet on International Relations", Oxford Internet Institute, Research Report 16, July 2008, p. 16, https://www.oii.ox.ac.uk/archive/downloads/publications/RR16.pdf, retrieved December 6, 2018.

③ 唐小松:《网络外交及其对国际关系的影响》,《人民日报》,2009年7月9日。

家预言互联网将导致民族国家的消亡,可"最近有一点已经很明确,那就是政府不可能慢慢消亡,尽管研究者已经把注意力转移到超国家(supranational)和亚国家(subnational)的治理结构上"①。互联网不过是现实世界的延伸,虽说在网络空间没有国界之分,但由于现实世界的深度介入,主权观念依然是必要的。所以,虽然互联网所推动的外交民主化现象非常明显,但是否真正推动了外交方式的变革,是否改变了威斯特伐利亚体系还有待进一步研究。

第三节 国际关系中的网络政治治理困境

互联网赋予了许多个体新的政治力量,同时也拓展了全球治理的新领域。这种治理需求主要来自如下四个方面。第一,互联网中几乎没有绝对的控制力量,因此互联网几乎可以被定义为一种无政府状态。第二,互联网本身的结构与特点已经超越了主权的治理范围②。第三,技术的影响是不定性的,是选择的结果。技术不能决定自身的发展路径,也不能保证被理性使用。信息技术终究还是技术,具有工具的性质,可以被用来从善,也可以被用以行恶③。第四,网络空间中存在网络犯罪、网络安全、国际网络纠纷等各种实际问题。这些都给虚拟世界的全球治理带来了巨大的需求与挑战,并呼唤日益规范化的制度行为和组织行为在网络空间中诞生。

---

① [美]简·芳汀:《构建虚拟政府:信息技术与制度创新》,邵国松译,中国人民大学出版社2010年版,第174页。
② Nazli Choucri, "Introduction: Cyber Politics in International Relations", *International Political Science Review*, 2000, Vol.21, No.3, p.257.
③ [美]简·芳汀:《构建虚拟政府:信息技术与制度创新》,邵国松译,中国人民大学出版社2010年版,第11页。

全球治理是一种制度化过程,是"稳定的、有秩序的、社会整合的模式从不稳定的、技术的、松散组织的活动中浮现的过程"①。詹姆斯·罗西瑙(James Rosenau)提出用"没有政府的治理"概括这样一种新的国际政治治理方式,将全球治理定义为在国际政治领域中一系列活动领域里的管理机制,它们虽未得到正式授权,却能有效发挥作用②。这一系列的活动领域自然也包括互联网所代表的虚拟网络政治空间,然而其全球治理却面临着信息技术与制度互动的有限化③,并分别表现为制度行动者、组织结构与制度文化的限度。

一、制度行动者的限度:谁来决定治理规则

信息技术与制度互动的第一个限度是制度行动者的选择。互联网治理的利益相关方有很多,国家、政府、非营利机构、商家、服务提供商、消费者等都在其中有份。而作为治理主体的制度行动者也同样有很多选择,如国际组织、主权国家、跨国行为体、次国家行为体、市民社会、行业机构、网络精英等。

制度行动者的选择与利益不可分离。制度行动者争论的典型案例是互联网域名系统的管理权之争。域名系统是整个互联网稳定运行的基础,域名根服务器则是整个域名体系最基础的支撑点④。

---

① Philip Selznick, "Institutionalism 'Old' and 'New'", *Administrative Science Quarterly*, 1996, Vol.41, No.2, p.271.
② James N. Rosenau and Ernst-Otto Czempiel, *Governance Without Government: Order and Change in World Politics*, Cambridge: Cambridge University Press, 1992.
③ 能提出这一概念,笔者要感谢复旦大学国际关系与公共事务学院制度建设研究中心定期举办的讨论会所激发的思想火花,尤其是 2010 年 12 月 27 日唐亚林教授《技术优化制度:当代中国的治理之道》的报告所给予的启发。
④ 全球网络结构的核心中共有 13 个域名根服务器,1 个为主根服务器,其余 12 个均为辅根服务器。每天域名主根服务器列表会被复制到位于世界各地的其他 12 个服务器上。

目前所有的根服务器均由美国政府授权的互联网名称与数字地址分配机构（The Internet Corporation for Assigned Names and Numbers，ICANN）统一管理，它负责着全球互联网域名根服务器、域名体系和IP地址等的管理工作，并根据与美国商务部达成的谅解备忘录进行运作。为避免美国对互联网管理权的垄断，美国政府曾被要求将互联网管理权交由一个第三方国际性组织。在2003年12月联合国组织召开的日内瓦"信息社会世界峰会"上，发展中国家曾建议把所有ICANN的业务转交由联合国国际电信联盟（International Telecommunication Union，ITU）管理。但美、欧、日等发达国家或地区称这会妨碍信息的自由流通而有违于互联网建立的初衷。2005年7月，美国政府宣布，基于日益增长的互联网安全威胁以及全球通信与商务对互联网的依赖，美国商务部将无限期保留对13台域名根服务器的监控权[1]。然而，美国真正的意图是控制高度发达的信息网络并企图通过信息网络来控制世界[2]。

多利益相关方的制度行动者模式应成为互联网的全球治理的发展方向。2010年9月在立陶宛召开的互联网治理论坛（Internet Governance Forum，IGF）年会上，ICANN主席兼首席执行官罗德·贝克斯特朗（Rod Beckstrom）指出，ICANN应该防止被任何一个利益团体所掌控，尤其指出应防止落入任何一个政府间组织的掌控中[3]。他认为，如果仅由各个国家或某个利益团

---

[1] 邹学强、杨海波：《从网络域名系统管理权看国家信息安全》，《信息网络安全》2005年第9期，第23—24页。
[2] 日本一杂志曾撰文《美国建立了不可动摇的相对优势——以互联网络的统治者称霸》，指出"网络资本主义"的可能。转引自何建良编著：《前所未有的较量：信息化战争》，新华出版社2003年版，第270—271页。
[3] "ICANN Leader Says Multi-Stakeholder Model of Internet Governance Under Threat"(September 14, 2010), ICANN, https://www.icann.org/en/system/files/press-materials/release-14sep10-en.pdf, retrieved December 28, 2018.

体管理互联网，互联网将失去长期发展的潜力和变革的价值。关于未来的决定应反映全世界尽可能广阔范围内人们的观点和智慧，政府间组织、商家、服务提供商、消费者、非营利机构、网络精英等都应该参与到互联网治理讨论中。互联网治理应是一个包括各国网络权属者、运营商、开发商和终端用户等通过互联网协议联系在一起的各方共同参与的决策过程，以确立技术标准、资源分配以及网络活动中人的行为的政策、规则以及争端解决方案等。

二、组织结构的限度：技术目标与组织目标的冲突

信息技术与制度互动的第二个限度在于制度的组织目标与技术目标之间的冲突。技术目标与组织目标的出发点不同。以技术目标为导向的治理是一种去意识形态的基于效率的治理，例如，对互联网使用中降低成本、提高效率、突破时空等目标的追求。而以组织目标为导向的治理则是基于合法性的强化意识形态的治理，例如，对国际和平、社会稳定、政治体系良性运转等目标的追求。

技术目标与组织目标的冲突首先体现在互联网削减权力运营成本的作用与"帕金森定律"的悖反[①]。政府是网络政治治理的重要制度行动者代表。然而根据制度理论，政府使用互联网的方式可能与处经济生活中的主体不同。简·芳汀（Jane Fountain）指出，大幅度的效率增长和成本节省，在经济生活中可以带来丰厚的利润、股票价格的增长和市场份额的扩大，而回报政府的则是预算的减少、人员编制的缩减、资源的节省以及项目的整合。因此，具

[①] 帕金森定律（Parkinson's Law）亦称"官场病"或"组织麻痹病"。1958年，英国历史学家、政治学家西里尔·诺斯古德·帕金森（Cyril Northcote Parkinson）通过长期调查研究，出版了《帕金森定律》一书。他得出结论，在行政管理中，行政机构会像金字塔一样不断增多，行政人员会不断膨胀，每个人都很忙，但组织效率越来越低下。

有讽刺意味的是,工作效率的实质性提高是电子商务发展和工业变革的动力,但对于官僚机构来说,它成了阻止政府使用互联网的消极因素①,尽管有时政府无法抵抗互联网所带来的行政效率的提高。

在网络政治的全球治理中,技术目标与组织目标冲突的最集中体现是技术精英与政治家之间的权力争夺。政治家往往从社会稳定、政治体系良性运行等组织运行角度要求对网络技术的负面影响加以控制,如控制和管理黄色网站、激进主义网站等。技术精英则力求网络技术的快速发展,并以这些管制阻碍技术进步为由来抵制政治家的权力对这个领域的渗透。因此,技术目标与组织目标的相互妥协与有效整合是互联网和网络政治的全球治理方向。只强调组织目标的治理方式可能导致对互联网的利用被过度限制,最终将使其失去使用价值;而只强调技术目标的治理方式将导致社会矛盾甚至社会解体,最终失去网络使用的社会基础。

三、制度文化的限度:价值观的冲突

柏拉图早在其名著《理想国》中就提到,相同的治理制度会因市民的文化特征而变化②。同理,对于网络政治的全球治理也因各国的文化与价值观的差异而变得困难。从微观层面看,当程序、习惯和认知方式被广泛接受且被看作理所当然时,它们就成了制度工具③。因为故事、神话、符号、仪式和世界观等文化因素都可以形成行动者信仰系统的一部分,从而塑造行动者的行为、爱好以

---

① [美]简·芳汀:《构建虚拟政府:信息技术与制度创新》,邵国松译,中国人民大学出版社2010年版,第10页。
② [古希腊]柏拉图:《理想国》,郭斌和、张竹明译,商务印书馆1986年版。
③ [美]简·芳汀:《构建虚拟政府:信息技术与制度创新》,邵国松译,中国人民大学出版社2010年版,第82页。

及对效率的估算等。

互联网作为一种通信工具,其背后代表着各种不同的利益和价值观。因此,作为制度行动者之一,政府总是善于应用互联网来维护其主流的社会价值。在美国,信息技术最普遍的用途是提高经济竞争力和经济效率,并用来宣传诸如平等和自由的民主价值观。2010年1月,国务卿希拉里·克林顿(Hillary Clinton)发表关于"互联网自由"的讲话,表示要将"不受限制的互联网访问作为外交政策的首要任务"[1],互联网被开辟为推行美国价值观的新战场。相反,沙特阿拉伯的王家伊斯兰政府则运用全世界最复杂的一些过滤技术,执行着最苛刻的社会控制[2]。因此,相同的信息技术在不同的文化中可能以迥然不同的方式被采用。又例如,在下一代互联网的研发过程中,发展中国家希望应由各国政府机构参与,而美国则坚持以商业利润为原则,由市场决定方向。不同的价值定位使得虚拟世界的全球治理陷于争论之中。

价值观的冲突其实也是全球治理理论的致命要害之一。在全球治理系统中,世界观和价值观是最重要的建构力量。如果说全球化是全球治理的动力,那"全球共同价值观"就是全球治理的基石和理论基础。如果没有公认的共同价值观作标准和约束,就很难建立有效的全球治理方式[3]。全球治理主张者所推崇的"自由""民主""人权"等共同价值观固然是人类文明的共同财富,但社会制度、发展水平不同的国家和民族,其价值标准也各不相同。因而

---

[1] Hillary Rodham Clinton, "Remarks on Internet Freedom"(January 21, 2010), U.S. Department of State, https://2009-2017.state.gov/secretary/20092013clinton/rm/2010/01/135519.htm, retrieved December 6, 2018.
[2] [美]简·芳汀:《构建虚拟政府:信息技术与制度创新》,邵国松译,中国人民大学出版社2010年版,第31页。
[3] 吴兴唐:《全球治理的置疑性解读》,《当代世界》2007年第12期,第41—43页。

承认并尊重世界的多样性和多元化，承认并尊重文化和价值取向的多样性，在此基础上，平等对话，相互协商，互相借鉴，取长补短，实现"和而不同"的和谐世界是国际关系中的网络政治发展方向。

总而言之，互联网是全球政治变化中不可分割的一个部分。它影响着国家做什么、怎么做、国家之间如何相互联系、谁又参与这种关系。互联网借助其以信息为媒介的传播功能以及其再使用过程的组织功能作用于国际关系，并通过对信息的蝴蝶效应以及网络活动主义途径使国际关系中的网络政治成为研究者的关注点。网络活动主义影响国际关系的模式可以分为五类，分别是收集、发表、政策对话、协调行动、直接游说决策者模式，当然，多数情况下它们以组合状态存在。

除了财富外，网络政治在国际关系的权力、身份、规则象限中都有其存在形式。互联网使权力的分配、权力的范畴与权力的性质都发生了一定改变。互联网刺激了种族主义、原教旨主义以及各种利益团体的身份诉求，弱化了传统民族国家作为主要政治忠诚对象的地位和身份，并推动了市民社会的全球化与虚拟化发展。互联网正在改变国家间的交往规则，并引起国际关系民主化的现象。

然而，不管网络技术发展的程度如何，它毕竟是一个"人造物"，是人类生活和人类政治的一个组成部分，它无法代替人类政治生活的全部。网络政治是对现实世界的一种反映，它具有依附性。互联网的无政府状态特性、治理范畴扩展性、技术影响不定性以及网络空间实际问题的存在都呼唤着网络政治全球治理的出现，但是制度行动者的限度、组织结构的限度、制度文化的限度决定了信息技术与制度互动的有限化，从而导致了网络政治的全球治理困境。

　　针对一直存在国际争端的互联网的全球治理,目前美国主导的结构虽然可以应付当前使用需求,但或许无法应对今后挑战。国际海洋法几十年才得以通过,估计网络政治的全球治理也需要相当的时间才能形成某种新的国际协调框架,并进而推动"和而不同"的和谐世界的诞生。

第二章
中美网络政治现实:竞争、冲突与合作

在第一章的理论分析的基础上,这一章从现实角度集中分析中美关系中的网络政治总体状况,即从宏观角度分析网络空间中的中美关系。"在未来的国际政治中,或许没有比美中关系更重要的国家间关系了。而在两国关系中,没有什么问题像网络安全问题一样,如此迅速地冒出来,并引发了很多摩擦。"[1]从"谷歌事件"到"网络窃密"的指控,从"网络安全最严重威胁"的界定,再到"互联网自由"的人权谴责,美国对中国在这方面的各种无理指责,使中美在网络问题上的摩擦日益频繁。因此,"对这一领域的担忧已经迅速上升到美中关系的最前沿"[2]。有人甚至将中美在网络空间的关系界定为数字版的新冷战。可见,中美关系研究已经无法避免网络因素。事实上,作为最重要的双边关系之一,中美关系在

---

[1] Kenneth G. Lieberthal and Peter W. Singer, *Cybersecurity and U. S.-China Relations*, February 2012, Brookings Institution, https://www.brookings.edu/wp-content/uploads/2016/06/0223_cybersecurity_china_us_lieberthal_singer_pdf_english.pdf, retrieved December 25, 2018.

[2] Ibid.,原文称:"Concerns over this domain (cyberspace) have rapidly moved to the forefront of U.S.-China relations"。

全球网络化进程中出现了新的竞争、冲突和合作态势,尤其是随着中国实力的上升和社会网络化程度的提高,中美关于网络空间的歧义与合作需求都开始扩大。

第一节 中美网络空间竞争:网络无政府状态下的博弈

网络空间的无政府状态是网络空间中美关系发展的重要背景。网络空间具有无政府主义状态的基本特性。对无政府状态的一般理解包括"缺乏中央权威"[1]和"缺乏共同政府"[2],以及某种程度的无序和混乱。网络空间由互联网和信息基础设施构成,没有一个终极的网络事务管理者,所有行为者都可以发表自己的政治言论和政治主张。作为一个全球开放互联的体系,网络空间不存在清晰的国家边界,单个政府不能对其进行有效管理,目前网络治理的国际机制也尚未完善。无论从法律、政策还是从安全角度来看,网络空间都还是一个没有形成全球共同规范的未知领域(uncharted territory),所以无论是权威、透明度还是责任都不是很清晰。因而从某种意义上而言,目前的网络空间如公海和外太空一样,是一个无政府状态的全球公域(global commons)[3]。

在这种无政府状态下,网络空间中的中美关系首先是竞争的

---

[1] Kenneth Neal Waltz, *Theory of International Politics*, Boston Addison Wesley Publishing Company, 1979, p.88.
[2] Robert Axelrod and Robert O. Keohane, "Achieving Cooperation under Anarchy: Strategies and Institutions", in Kenneth A. Oye, ed., *Cooperation under Anarchy*, Princeton University Press, 1986, p.226.
[3] 关于网络空间是不是全球公域的问题,学者有很多争论。一般认为,网络空间兼具了全球公域和主权空间的特征,是一个混合场域。此处仅说明网络空间在某种程度上仍然具备全球公域的一些特征和性质。

关系。这些竞争可以分为两方面,一是针对网络空间无政府状态的治理权之争,二是针对这一电子公所的网络战略优势竞争,包括网络技术优势的夺取、网络军备竞赛和网络话语权竞争等。对于网络这样一个无政府状态下的全球公域,任何一个国家都想捷足先登,抢占高地,并夺取优势①。当然中、美两国也不例外,竞争也由此产生。作为互联网的发源地,美国在技术上、管理上、经济上,甚至在文化上意图统治信息网络。这自然导致其他国家与其在信息网络治理权方面的竞争,例如,针对网络技术规范、网络空间国际行为规则等。

一、网络空间治理权之争

网络治理权之争就在于谁能以何种立场建立一套对自己有利的网络规范,并要求他人依此原则在网络空间里从事活动。网络治理权涵盖结构、功能、文化三个层面。一是对网络空间结构层面的治理。这是早期网络治理的重点,如域名管理、IP 地址分配、网际费用结算等。互联网是美国人发明的,作为互联网运行基础的根服务器、域名体系和 IP 地址资源都由美国政府授权的机构管理和控制,因而在结构层面,美国已然捷足先登。二是对网络空间功能层面的治理,比如针对垃圾邮件、隐私保护、授权访问等安全措施与规则等。三是对网络空间文化层面的治理。随着网络的蔓延和普及,文化层面的治理将越显重要。网络治理权的利益相关方有很多,作为治理主体的制度行动者也同样有很多选择,比如国际

---

① 对此,美国早已提出信息优势(information edge)的概念并谋求长期保持信息优势。参见 Joseph S. Nye, Jr. and William A. Owens, "America's Information Edge", *Foreign Affairs*, 1996,Vol.75, No.2, pp.20-36; Kevin O'Connell and Robert R. Tomes, "Keeping the Information Edge", *Policy Review*, December 2003, pp. 19-37.

组织、主权国家、跨国行为体、次国家行为体、市民社会、行业机构、网络精英等①。而主权国家则是当前国际体系中利益争夺的主要行为者。究竟谁能够在网络治理权这块大蛋糕中分得大块,这决定着谁的利益将得到更多体现。

美国一直谋求掌控全球网络空间发展、治理与安全规则机制主导权。作为互联网核心的发源地,它拥有包括 IP 地址分配等诸多源头服务的控制权。2005 年 6 月,美国商务部发表声明,宣布美国计划永久保持对互联网的监管,成为域名的主人②。尽管在国际社会的压力下,美国商务部下属机构国家电信和信息局于 2016 年 10 月将互联网域名管理权移交总部设在美国加利福尼亚州的非营利性机构"互联网名称与数字地址分配机构"(ICANN),从而结束了对这一互联网核心资源近 20 年的单边垄断。但是 ICANN 作为在美国法律管辖下的机构,仍然受制于美国的监管。国际标准方面,多年来美国通过标准规则控制产业链下游市场,中国自主研发的无线局域网标准在国际申标的进程中多次遭到美方的阻挠,这不仅仅是个别美国企业出于自己的利益而使技术问题政治化的结果,还说明了美国政府不愿在网络国际标准方面被竞争对手赶超。

作为信息化进程的后起之秀,中国在网络空间治理权方面总体处于弱势,但中国争取网络空间治理话语权的立场也是鲜明的。2011 年 9 月 12 日,中国与俄罗斯、塔吉克斯坦和乌兹别克斯坦四国驻联合国代表在第 66 届联大上提出《信息安全国际行为准则(草案)》。这份文件呼吁与"散布旨在宣扬恐怖主义、分离主义和

---

① 蔡翠红:《国际关系中的网络政治及其治理困境》,《世界经济与政治》2011 年第 5 期,第 108 页。
② Kenneth Neil Cukier, "Who Will Control the Internet?", *Foreign Affairs*, 2005, Vol.84, No.6, pp.7-13.

极端主义或破坏其他国家政治、经济和社会稳定的信息"作斗争。同年9月22日,由俄罗斯牵头组织的52国情报部门负责人闭门会议在叶卡捷琳堡召开,俄安全会议和外交部联合起草的《联合国确保国际信息安全公约草案》再次提交会议讨论。这份18页的文件禁止把网络用于军事目的或颠覆他国政权,但仍为各国政府保留了很大的在国家局域网内的行动自由①。2015年1月,中国、俄罗斯、乌兹别克斯坦、吉尔吉斯斯坦、塔吉克斯坦、哈萨克斯坦再次向联合国大会共同提交了新版《信息安全国际行为准则》②。这在某种程度上是中俄等国对美国借助信息网络颠覆他国政治体制企图的抗议,也是争取网络治理权和话语权的努力。

中美网络战略博弈亦日趋激烈。网络已经成为输出软实力、塑造良好国家形象、建立公众互信、协调外交资源、促进国家利益、达到国家战略目标的主要手段。美国、日本、印度等相继推出涉及网络的国家战略,建立国家级网络空间管理机制,并在理念创新和规则制定方面"圈地插旗"、抢占先机。美国尽管在近年有国力衰落的疑虑,但在网络空间仍然保持全球战略的主动态势。在传统的"防御性"战略的基础上,美国已开始试探"网络空间的先发制人"行动战略,力图占据网络威慑(cyber deterrence)的高位③。奥巴马政府一方面将网络关键基础设施升级为国家战略资产,另一

---

① Adrian Croft and Georgina Prodhan, "UK, U.S. Talk Tough on Web Freedom at Cyber Talks"(November 1, 2011), Reuters Website, http://www.reuters.com/article/2011/11/01/us-technology-cyber-conference-idUSTRE7A00EK20111101, retrieved December 29, 2018.
② *International Code of Conduct for Information Security*, Letter dated January 9, 2015 from the Permanent Representatives of China, Kazakhstan, Kyrgyzstan, the Russian Federation, Tajikistan and Uzbekistan to the United Nations addressed to the Secretary-General (January 15, 2015), available at https://ccdcoe.org/sites/default/files/documents/UN-150113-CodeOfConduct.pdf, retrieved December 28, 2018.
③ Will Goodman, "Cyber Deterrence: Tougher in Theory than in Practice?", *Strategic Studies Quarterly*, Fall 2010, pp.102-135.

方面又于 2009 年 6 月成立网络司令部(Cyber Command),全面提升网络攻防能力。2011 年 3 月,美国网络司令部司令基思·亚历山大(Keith Alexander)首次勾画出旨在提升美军网络战能力的五大战略支柱①。同年 5 月,美出台首份《网络空间国际战略》②,内容与目标已从美国自身的网络空间范围扩展到全球网络空间,表明美国已全面展开网络空间竞争与掌控。特朗普政府则于 2017 年 8 月宣布将美军网络司令部升级为美军第十个联合作战司令部,与美国中央司令部等作战司令部平级,以增强国家网络安全防御能力,对敌人形成威慑。

在网络空间的总体战略方面,中国是后来者,尽管 2016 年以来相继发布了《国家网络空间安全战略》和《网络空间国际合作战略》。美国对外关系委员会资深研究员亚当·西格尔(Adam Segal)认为,中美两国正在进行网络空间战略竞争,他认为这从 2011 年 3 月 31 日中国发布的《2010 年中国的国防》白皮书中首次具体提到网络空间可以看出③。此外,还有许多西方学者认为中国正在利用网络战的非对称优势提升其军事竞争力④。

---

① 提升美军网络战能力的五大战略支柱为:将网络空间看作与陆、海、空、天一样重要的作战领域;采用主动的网络防御措施和其他新型防御方法;在国家网络安全战略上,与政府机构和私营部门进行协作;加强与国际伙伴的联系;招募一支网络安全队伍。Elizabeth Montalbano, "Cyber Command Pursues 'Defensible' IT Architecture"(March 21, 2011), Dark Reading, https://www.darkreading.com/risk-management/cyber-command-pursues-defensible-it-architecture/d/d-id/1096756, retrieved December 29, 2018.
② The White House, *International Strategy for Cyberspace*, May 2011, available at https://obamawhitehouse.archives.gov/sites/default/files/rss_viewer/international_strategy_for_cyberspace.pdf, retrieved December 6, 2018.
③ Adam Segal, "China's National Defense: Intricate and Volatile"(April 1, 2011), Council on Foreign Relations, https://www.cfr.org/blog/chinas-national-defense-intricate-and-volatile, retrieved December 28, 2018.
④ Jason Fritz, "How China Will Use Cyber Warfare to Leapfrog in Military Competitiveness", *Culture Mandala: The Bulletin of the Centre for East-West Cultural and Economic Studies*, 2008, Vol.8, No.1, pp.28-80.

二、中美网络空间战略优势竞争

中美网络空间战略优势竞争在具体战术与策略层面首先表现为网络技术优势的夺取。美国非常清楚,任何国家想要保持在信息领域和网络空间的主导权,一个必不可少的条件就是要有先进的网络信息技术作为基础。美国在网络产品、技术和应用协议等方面都占据绝对优势。但是美国也面临着在国家创新能力、增长势头方面的挑战。基于此,美国也从两方面予以应对。一方面,鼓励扶持硅谷和波士顿的 128 号公路沿线这样的基于大学研究机构、政府市场、风险投资、高校培养出的技术工人和新兴企业相结合的信息技术创新基地。另一方面,政府在政策上鼓励创新,调整一系列相关政策如反垄断政策以促进创新;在资金上提供研发资助;在全球范围吸纳信息技术人才;鼓励先进军用技术民用化等。而中国也在信息化浪潮中奋力追赶,并在很多网络技术与安全策略方面力求自主创新(indigenous innovation)。近年来中国在一些关键信息技术领域取得突破,如先进集成电路芯片与光电子器件、高性能计算机与软件、下一代互联网与信息安全、第三代移动通信与无线通信、数字电视与音视频编码、信息技术在产业中的应用等①。随着新技术的不断发展和实际应用的日益普及,中美在未来围绕人工智能、大数据、云计算和芯片等核心技术的竞争也将日益激烈。

其次是网络军事化加速升温,一些外国学者认为中美网络军备竞赛显现②。美国是世界上第一个引入网络战概念的国家。

---

① 邬贺铨:《中国信息技术发展的现状和创新》,《中国信息界》2006 年第 12 期,第 21—22 页。
② Mark Clayton, "The New Cyber Arms Race", *Christian Science Monitor*, March 7, 2011.

2011年5月美国发布的《网络空间国际战略》提出,如遭受严重网络攻击,美国将以武力还击①。2011年7月美国国防部公布的首份《网络空间行动战略》②,则直接将网络空间定位为军事"行动领域",把美国可能遭受的严重的网络攻击定性为战争行为,并进行反制,反制手段既包括动用网络攻击武器,也包括动用传统的军事力量。美国《外交政策》杂志网站刊文称,美军在网络空间的扩张可能会引发网络军备竞赛。如果美军参与攻击性的网络行动,那么其他国家也会跟进③。中国国防部也于2011年5月宣布设立了"网络蓝军"。中国国防部宣布中国"网络蓝军"并不是黑客部队,而是根据训练的需要,为提高部队的网络安全防护水平而设立的。但是美国《时代》周刊网站却称,尽管中国的"网络蓝军"名义上是自卫,但考虑到中国丰富的人才储备和政府慷慨的资金投入,中国有能力在虚拟战场上展开迅速和匿名的攻势,这一臆测令大国间的网络竞争形势日益复杂④。

再次是中美网络话语权的竞争。欧美的网络化程度在全球领先,网络运行规则也由它们主导,在网络信息传播中英语也占据优势。而且,从当前国际网络话语体系看,美国的政治话语不仅似乎成为判断是非的合法标准,而且往往带有攻击性。例如,从

---

① U.S. White House, *International Strategy for Cyberspace*, May 2011, https://obamawhitehouse. archives. gov/sites/default/files/rss _ viewer/international _ strategy_for_cyberspace.pdf,retrieved December 6, 2018.
② U.S. Department of Defense, *Strategy for Operating in Cyberspace*, July 2011, http://www.defense.gov/news/d20110714cyber.pdf, retrieved.
③ David E. Hoffman, "The Cyber Arms Race"(June 1, 2011), *Foreign Policy* (Online), https://foreignpolicy.com/2011/06/01/the-cyber-arms-race/,retrieved December 29, 2018.
④ Chris Gayomali, "China Admits to Assembling a 30-Strong Team of Elite Cyber Commandos"(May 31, 2011), *Time* (Online), http://techland.time.com/2011/05/31/china-admits-to-assembling-a-30-strong-team-of-elite-cyber-commandos, retrieved December 29, 2018.

2007年开始,美国乃至主要西方国家的主流媒体几乎不约而同地开始炒作"中国黑客威胁"的集体行动,将"来自中国的黑客袭击"与"中国政府支持的黑客袭击"划上等号,制造"中国黑客威胁论"①。近两年美国各界频频出现网络空间的"中国威胁论"。美中经济与安全评估委员会前主席拉里·沃策尔(Larry Wortzel)和共和党众议员兰迪·福布斯(Randy Forbes)曾称,"现阶段最恶劣的、可能对美国安全构成最大威胁的网络攻击行为来自中国"②。更有研究人员将中国称为"网络威胁的特洛伊之龙"③,认为中国间谍行为是对美国科技安全的最大威胁。美国《华尔街日报》2012年1月27日还高调亮出《中国的网络盗窃行为是国家政策——必须予以反对》一文,作者美国国家情报局前总监迈克·麦康奈尔(Mike Mcconnell)、国土安全部前部长迈克尔·切尔托夫(Michael Chertoff)、国防部前副部长威廉·林恩(William Lynn)宣称:"中国政府有一项关于在网络空间从事经济间谍行为的政策。"④2012年3月8日,美国国会下属的"美中经

---

① 沈逸:《网络安全与中美安全关系中的非传统因素》,《国际论坛》2010年第4期,第46页。
② Larry Wortzel and Randy Forbes, "Bolster U.S. Cyber Defenses: Make Comprehensive Push Against Global Threats" (May 31, 2010), *Defense News* (Online), http://www.defensenews.com/article/20100531/deffeat05/5310303/bolster-u-s-cyber-defenses, retrieved March 20, 2015.
③ John J. Tkacik, Jr., "Trojan Dragon: China's Cyber Threat" (February 8, 2008), *Backgrounder* (Published by The Heritage Foundation), No. 2106, pp.1-12, https://www.heritage.org/asia/report/trojan-dragon-chinas-cyber-threat, retrieved March 25, 2016.
④ Mike Mcconnell, Michael Chertoff and William Lynn, "China's Cyber Thievery Is National Policy—and Must Be Challenged" (January 27, 2012), *Wall Street Journal* (online), https://www.wsj.com/articles/SB10001424052970203718504577178832338032176, retrieved December 29, 2018. 类似言论还可参见 Michael Evans and Giles Whittell, "Cyberwar Declared as China Hunts for the West's Intelligence Secrets" (March 8, 2010), *Times* (online), https://www.thetimes.co.uk/article/cyberwar-declared-as-china-hunts-for-the-wests-intelligence-secrets-l8gf59j6093, retrieved December 29, 2018.

济与安全评估委员会"(US-China Economic and Security Review Commission)发布的由美国诺斯罗普·格鲁曼(Northrop Grumman)公司撰写的分析报告再次宣称,当台海或南海地区爆发冲突时,中国的网战能力可对美军构成"真正威胁"①。

而受制于软实力的不足、话语自主创新的缺乏,中国的政治和新闻话语体系在国际网络传播体系中不但处于边缘,而且大多处在防御状态。在很多重大事件中,中国在国际传播中的话语很多时候就显得"支支吾吾"②。在这场话语权竞争中,美国目前占据着明显优势。中国作为崛起大国,应更好地利用互联网,释疑对外政策,改善国家形象,讲述能够让国内和国际社会都信服的"中国式叙事",促进国家利益,争取更多网络话语权。

第二节 中美网络空间冲突:网络主权与网络空间开放性之间的矛盾

网络空间中的中美关系不仅是竞争的关系,还是冲突的关系。中美对网络空间的理解存在诸多分歧,例如,经贸领域的政策和技术壁垒、政府行使网络空间管理权的限度、网络监管与审查、互联网自由与基本人权的关系等。这些分歧发生的根本原因在于网络主权与网络空间开放性之间的矛盾,其后果不仅可能对中国的政治稳定构成威胁,而且也放大了中美意识形态和价值观方面的冲突。

---

① Bryan Krekel, Patton Adams and George Bakos, "Occupying the Information High Ground: Chinese Capabilities for Computer Network Operations and Cyber Espionage", prepared for the U.S.-China Economic and Security Review Commission by Northrop Grumman Corp, March 7, 2012.
② 李希光:《网络公众外交平台上的国际话语竞争》,《中国记者》2009 年第 8 期,第 25 页。

网络主权与网络空间开放性之间的矛盾又包括两方面：一是传统主权的可控领域和网络空间两者的不重合性，二是主权国家对网络空间实施权力的意愿与网络空间的开放性之间的矛盾。它们构成了网络空间中美关系冲突的起源。在互联网时代，国际政治已经从地域空间、外太空扩展到网络空间，国家主权也从领土、领空扩展到"信息边疆"和网络空间。主权是国家的根本属性，是一国固有的处理其国内和国际事务不受他国限制和干预的最高权力。国家主权在网络空间的自然延伸，就形成了网络主权，其主要内容就是国家在网络空间的管辖权行使[①]。网络主权体现为对内和对外两个方面，对内体现为国家对其领域内任何信息的制造、传播和交易活动拥有最高权力；对外体现为国家有权决定采取何种方式、以什么样的程序参与国际信息活动，并且有权在网络空间利益受到他国侵犯时采取措施进行保护，决不允许任何外来干涉[②]。然而，网络空间的开放性使得国家信息疆域并非以传统的领土、领空、领海划分。信息边疆也可以说是一个虚无缥缈的概念，因为每一台上网电脑都可被看作信息边疆上的一道关口。这些特性决定了网络主权与网络空间开放性之间的矛盾，并使网络空间中的中美关系呈现冲突的一面。

一、经贸领域的政策和技术壁垒冲突

网络空间中美关系冲突首先体现在经贸领域的政策和技术壁垒方面。中美在网络应用开放、跨境信息流动监管、信息和通信技术行业的外国投资、数字跨境服务、数字版权保护等方面都

[①] 李鸿渊：《论网络主权与新的国家安全观》，《行政与法》2008年第7期，第115—117页。
[②] 杨琳瑜：《网络主权视野下的互联网建设、运用、管理——"谷歌事件"的理性解读及其启示》，《云南行政学院学报》2011年第1期，第105页。

存在一定的矛盾与冲突。例如,由于中美知识产权侵权制度存在较大差异(中国《著作权法》中无间接侵权行为概念),以及网络侵权的难以界定,相对于美国,中国著作权相关法律在现实生活中对著作权人的保护还不够充分,并由此产生一些数字知识产权纠纷。美国还有针对网络审查国家的出口限制条例。2006年2月,众议院就专门提交过 H.R.4780 法案,即《2006 全球网络自由法案》,其中第三编专门指出对互联网限制国家的出口管制,"自本法案颁布之日起 90 天内,国务卿应与商务部长磋商,并发布条令确定恰当的外交政策控制规定与出口许可证制度,使美国辖下的任何人能够了解到,向互联网限制国家的、全部或部分地参与促进互联网审查制度的最终用户出口任何物品,均应遵守联邦法规汇编第十五编第 730—774 条(通常称为《出口管理条例》)之规定"①。

此外,针对中国政治安全的信息技术企业商业纠纷政治化倾向也日趋明显,最典型的案例就是"谷歌事件"②。时任美国国务卿希拉里不仅发表书面声明表示美国政府对谷歌事件的关切,还明确表示支持谷歌公司的决策,批评中国对网络信息的管制,并将中国列入"限制网络自由"的国家。可以说,谷歌公司最终从中国大陆市场退出的决定不乏美国政府的官方授意与支持,其背后蕴藏着奥巴马政府以"谷歌事件"为借口对中国施压而试图实现更多其他利益的动机。

---

① "Global Online Freedom Act of 2006",109th Congress 2d Session H.R. 4780.
② "谷歌事件"中,谷歌公司违背进入中国市场时作出的"同意针对中国法律所禁止的内容对网站进行审查"的书面承诺,最终以受中国政府审查过度为由决定退出中国大陆市场,将搜索服务由中国内地转至中国香港,并借口黑客攻击影射和指责中国政府。美国方面对此解读则较负面,如: Timothy L. Thomas, "Google Confronts China's 'Three Warfares'", *Parameters*, Summer 2010, pp.101-113。

二、政治领域的意识形态和价值观的分歧

在政治方面,网络空间中美关系冲突体现为中美意识形态和价值观的分歧,网络空间成为意识形态较量的新战场,中国传统意识形态和价值观受到前所未有的挑战。以美国为首的西方发达国家从来没有停止过对中国的政治图谋和意识形态渗透。他们公开地将无边界、低成本、高速度的网络视为"中国和平演变的源泉",认为民众"会在这些讨论区接触到不同的政治观点,这将慢慢动摇中共政权对人民的思想控制,对中国政治发展带来一定的冲击和震撼"①。因而,2010年年初,希拉里在关于"网络自由"的演讲中,曾表示"美国以后将把不受限制的互联网访问作为外交政策的首要任务",并首次将互联网自由与传统的四大自由(言论自由、宗教自由、免于贫困的自由、免于恐惧的自由)并列②。2011年年初,希拉里又发表名为"互联网的是与非:网络世界的选择与挑战"的演讲,宣布将投入2 500万美元,以资助技术公司开发互联网访问工具,使身处"压制性国家"的网络活跃分子、持不同政见者和一般公众能够绕过网络检查③。可见,美国在"互联网自由"政策的指导下,从技术、资金以及外交、政治等方面,公开支持和资助某些宣称以"颠覆中国政府"为目标的非政府组织,

---

① 彭前生:《刍论网络政治风险》,《前沿》2010年第7期,第26页。
② Hillary Rodham Clinton, "Remarks on Internet Freedom" (January 21, 2010), U.S. Department of State, https://2009-2017.state.gov/secretary/20092013clinton/rm/2010/01/135519.htm, retrieved December 6, 2018.
③ Hillary Rodham Clinton, "Internet Rights and Wrongs: Choices & Challenges in a Networked World" (February 15, 2011), U.S. Department of State, https://2009-2017.state.gov/secretary/20092013clinton/rm/2011/02/156619.htm, retrieved December 29, 2018.

鼓励私营公司挑战中国的国内法律的做法①，确实对中美关系的良性发展形成了冲击。

中美在网络空间的政治冲突对中国的政治稳定形成了威胁。一方面，西方的网络渗透可能在一些中国公众中引发信仰危机和文化危机。网络打开了言论的阀门。西方的民主观念、政治模式、价值取向、人生态度和生活方式乘势进入，可能对公众的信仰认同和文化认同产生影响，从而可能削弱甚至瓦解形成国家凝聚力和维系社会政治稳定的文化基础。同时，网络不断培育出新的现实群体和虚拟群体，而群体认同的不断加强也使国家权威在人们政治观念中的至高无上的地位面临新的挑战。另一方面，恶意和敌意的网络政治参与较普通的网络渗透具有更大的破坏性。借助互联网的传播功能和组织功能，互联网成为渗透破坏、宣传煽动、操控境内活动的主要途径和重要场所，成为境内外敌对势力和敌对分子进行颠覆破坏活动的手段和工具。网络参与存在"群体极化"现象②，积极的网络政治群体中的极化能使占主导地位的意识形态得到增强，而消极的网络群体极化则可能导致反马克思主义、反社会主义等思潮进一步放大。一定条件诱发下，这种极化会引发群体突破现实政治边界、寻求额外利益的行为，从而威胁国家安全和社会稳定。而且与之相随的网络政治动员的跨地域性、超时空性、超链接扩散性使现实政治运行的风险因素增多，网络政治危机的预测难度加大。

---

① 汪晓风：《美国互联网外交：缘起、特点及影响》，《美国问题研究》2010 年第 2 期，第 107—128 页。
② 网络群体极化现象是指虚拟社区的分众化将思想、政见、价值观和爱好基本相同的个人吸引到一起，加深他们原有的价值观或偏见，从而出现的极化现象。关于网络群体极化研究，可参见戴建华、杭家蓓：《国内网络舆论的群体极化现象研究述评》，《情报科学》2011 年第 11 期，第 1747—1756 页。

三、外交领域的中美网络空间冲突

在外交领域,网络空间也给中美关系带来了冲突,主要包括两方面:一是网络活动所导致的外交冲突以及现实外交冲突行为在网络上的体现;二是由社交网站的屏蔽等监管引起的公共外交屏障冲突。

近年来中美网络外交冲突频频发生,形态多样。中美网络外交冲突和现实中美关系情形类似,可以分为以下三个层面。一是基本理念层面的冲突。近年来,美国将网络自由与人权问题挂钩,频频对中国进行施压。希拉里·克林顿宣称,要让压制互联网自由的国家付出经济代价,并且面临像埃及和突尼斯一样的动乱威胁,甚至提出要陷网络控制国家于"专制者困境"①。二是政策层面的冲突。中国为保护自身民族企业的利益和维持有中国特色的管理方式,对于一些美国互联网公司的在华运作设置了相应的合理条件,从而使得一些美国公司望而却步,这在美国看来即损坏了美国互联网公司的公平竞争机会。另一些公司即使进入了中国市场,也被认为被迫向中国政府提供数据和信息。而美国的一些反制政策,如对于网络信息加密技术的出口限制、对翻墙软件的设计投资等,也一直是网络空间中美关系的冲突源。三是具体热点问题层面的网上冲突。美国在科索沃战争中轰炸中国大使馆事件、美国对台售武问题、中美撞机事件、奥运火炬传递、谷歌事件等冲突中都少不了中美黑客的较量。这些较量中包含的网络民族主义情绪往往无益于外交冲突的解决,相反,由于网络民族主义的非理

---

① Hillary Rodham Clinton, "Internet Rights and Wrongs: Choices & Challenges in a Networked World" (February 15, 2011), U.S. Department of State, https://2009-2017.state.gov/secretary/20092013clinton/rm/2011/02/156619.htm, retrieved December 29, 2018.

性和极端性，可能会影响外交谈判的原则和弹性。但是一般情况下，这些较量也有助于释放一些中美民间敌对和冲突的情绪。

由审查和监管引起的公共外交屏障则是指中国境内不能正常访问部分美国社交网络所形成的中美民间与公众交流的屏障。中国对于这些社交网站的管制主要是源于中美网络治理的不同立场。美国一般从乐观角度看待技术，在发生真正的威胁之前，主张在评估、衡量成本与收益的基础上，实施市场决定论下的应激性和弹性管制。而中国则倾向于从谨慎角度看待技术，认为技术有内在风险，主张从头进行管制和风险管理。

中美对一些概念的理解是不同的。美国人谈到促进"网络安全"一词指的是保护通信和其他重要信息基础设施，而中国的"信息安全"则是一种包括监管在内、含义要广泛得多的概念①。中国政府对待互联网的方式与中医的方式类似，强调互联网是国家的一个有机组成部分，干预过多或过少都是有害的；持续监督是必需的，这样就能知道何时干预，以及以何种力度干预②。中美间的差异主要源于技术发展水平和政治发展阶段的差异。技术方面，两国网络发展的角色不同，美国是发起人，是源头，而中国属于技术扩散方，因而必然采取与发起人不同的战略取向。在政治发展方面，中美社会制度和政治发展阶段不同。在政治制度化程度较低的情况下，超越现实条件启动政治参与进程，不仅会危及政治社会稳定，还极有可能威胁到整个现代化进程。亨廷顿曾经指出：对于正在走向现代化的国家来说，"首要的问题不是自由，而是建立一个合法的公共秩序。人当然可以有秩序而无自由，但不能有自由

---

① Adam Segal, "Chinese Computer Games: Keeping Safe in Cyberspace", *Foreign Affairs*, 2012, Vol.91, No.2, p.15.
② George Yeo and Eric X. Li, "Rise of the Dragon: China Isn't Censoring the Internet. It's Making It Work", *The Christian Science Monitor*, January 23, 2012.

而无秩序,必须先存在权威,而后才谈得上限制权威。"①他认为,政治参与的过分扩大会导致制度超载而引发社会动荡。所以,政治参与和政治稳定之间应保持必要的张力,并逐步推进有序政治参与。

第三节　中美网络空间合作:网络的全球性与"共同命运"之唤

除了竞争与冲突,网络空间的中美关系还是合作的关系。这种合作首先源于网络空间的全球性。网络空间的一个基本特征就是它打破了地域和国家界限,把世界连成了一个"网络地球村"。"国际互联网"一词本身就表明了这种传播体系是超越传统的民族国家边界而被镶嵌在国际生活空间中的技术结构。网络政治本质上是一种全球政治,政治主体、政治对象、政治活动空间都具有全球性。互联网的无政府状态特性、主权超越性、技术影响不定性以及网络空间问题的日益增多都呼唤着网络空间的全球治理②。互联网本质上具有共享性和开放性的特征,这为参与者在网络空间发展和深化合作提供了机遇。中美政府在这一点上表现出了共同的认知和合作意愿。2011年12月,美国时任国务卿希拉里·克林顿在伦敦互联网自由大会上表明,"互联网本身不是消耗性(exhaustible)和竞争性的,一个人对互联网的使用并没有减少其他人的机会"③。

---

① [美]塞缪尔·亨廷顿:《变革社会中的政治秩序》,李盛平、杨玉生译,生活·读书·新知三联书店1989年版,第318页。
② 蔡翠红:《国际关系中的网络政治及其治理困境》,《世界经济与政治》2011年第5期,第107页。
③ Hillary Rodham Clinton, "Remarks at Conference on Internet Freedom" (December 8, 2011), U.S. Department of State, https://2009-2017.state.gov/secretary/20092013clinton/rm/2011/12/178511.htm, retrieved December 29, 2018, retrieved December 28, 2018.

2010年6月8日,中国国务院新闻办公室发布的《中国互联网状况》白皮书也明确提到了积极开展国际交流与合作。因此,无论是从客观上的网络空间特性看,还是从中美的主观认知看,中美之间的协调与合作都成为必需与可能。

网络空间的全球性还使网络信息安全这种非传统安全对世界各国构成了共同威胁,使各国在某种程度上有了"共同命运"。中美在网络空间的共同利益与面临的共同威胁是以合作姿态采取共同立场和行动的基础。网络犯罪、信息安全问题等对世界各国的国家利益都构成了挑战,这些问题的解决需要全世界各国政府联合行动。作为非传统安全问题,网络安全问题不只是个别国家的国内安全问题,而是一个必须通过开展长期、广泛和深入的国际合作,包括各国政府、各种国际组织、民间团体、私营企业和个人之间的充分合作,才有可能解决的国际安全问题。国际合作和发挥不同的利益相关者作用是国际网络安全的路径图的重要组成部分[1]。此外,从行为主体自身来看,即使从美国这一超级大国自身利益出发,国际合作也是必要的,因为只有借助合作,才能有效分担成本,减少其控制全球信息空间在主权和道义上面临的阻力,并实现最大范围的控制,尽管美国希望这种国际合作是美国主导或支配下的不对等合作。

一、网络空间治理的国际制度合作

中美首先可以在网络空间治理的国际制度方面进行合作。国际制度就是有关国家在某一问题上进行合作与协调的机制。而国际制度制定各方的沟通和交流则是协同发生的重要条件。除了在

---

[1] Christine Sund, "Towards an International Road-Map for Cybersecurity", *Online Information Review*, 2007, Vol.31, No.5, pp.566-582.

正式磋商场合,非正式会议、临时会议和私下交流也是沟通和交流的重要场合。

网络空间这些年来的迅速发展是国际社会共同努力创造的成果,是人类共同的财富,加强全球互联网治理一直是世界各国的共同愿望和要求。作为两个举足轻重的大国,中美需共同合作,在遵循《联合国宪章》和其他国际公认的基本准则,以及在维护本国信息领域国家主权、利益和安全的前提下,依据联合国、国际电信联盟有关决议和相关国际公约,共同促进和平利用国际信息网络空间的制度规范和国际政策的制定。中美都派代表参加了历届信息社会世界峰会(World Summit on the Information Society, WSIS)及与互联网相关的一些其他重要国际或区域性会议,中美都是联合国中同意一系列推进网络安全的国际讨论建议的十五国之一,共同参加了历次联合国信息安全政府专家组(United Nations Group of Governmental Experts on Developments in the Field of Information and Telecommunications in the Context of International Security,UNGGE)的讨论。2011年11月1日至2日在伦敦召开的网络空间国际会议(London International Conference on Cyberspace)是首次由政府召集的网络议题国际会议,美国、中国和俄罗斯都派代表参会,美国副总统拜登还通过视频形式向大会的召开表示欢迎并致辞。虽然很难在参会的近60个国家间达成一致,但欧美国家认为这是向制定网络空间国际规则迈出的第一步。中美互联网论坛(US-China Internet Industry Forum)由中国互联网协会、美国微软公司联合主办,旨在促进中美两国互联网业界的交流与合作。2015年9月23日,第八届中美互联网论坛在西雅图举行,来自中美互联网业界、学界和政府部门的一百多名代表与会交流,议题包括互联网服务提供者的社会责任、社交网络发展、互联网治理、网络安全等。该论坛已成为中美在互联网领域沟通合作的重要平台。

中美政府之间的双边互动机制也在不断发展。中美2013年7月8日在战略安全对话框架下设立了中美网络安全工作组并举行了第一次网络工作组会议。虽然2014年5月由于美国司法部对5名中国军人的起诉问题中方决定暂时中止中美网络安全工作组活动,但毕竟中美已经开创了机制性的互动。习近平主席2015年9月成功访美,两国元首在网络安全问题上达成重要共识,双方同意中美打击网络犯罪及相关事项高级别联合对话。首轮对话于2015年12月在华盛顿举行,由中国国务委员、公安部部长郭声琨与美国司法部部长洛雷塔·林奇(Loretta Lynch)、美国国土安全部部长杰赫·约翰逊(Jeh Johnson)共同主持。特朗普上台后,执法及网络安全对话成为中美四个高级别对话机制之一。首轮中美执法及网络安全对话于2017年10月4日在华盛顿举行,由中国国务委员、公安部长郭声琨与美国司法部长杰弗·塞申斯(Jeff Sessions)、国土安全部代理部长伊莱恩·杜克(Elaine Duke)共同主持。

二、应对网络犯罪和网络反恐合作

在应对网络犯罪方面,中美可以发表共同声明、建立信息分享机制,协调网络执法与司法程序等。针对超地域性、国际性趋势越来越强的网络犯罪,中美必须加强相互合作。世界上第一个针对网络犯罪的国际公约《网络犯罪公约》(Convention on Cybercrimes),是由美国与欧盟等主体共同草拟的,目的是寻求应对日益猖獗的网络犯罪问题的措施。对参与《网络犯罪公约》的经验数据的分析表明,国家间的相互依赖和支持是应对网络攻击和网络犯罪的重要条件,而且合作程度越高,网络攻击的应对能力就越强①。

在应对网络犯罪方面,中美已开始一系列国际合作举措,1998年成立的中美执法合作联合联络小组(China-US Joint Liaison Group on Law Enforcement Cooperation,JLG)就是一个很好的例证。2016年11月21至22日,为期两天的中美执法合作联合联络小组(JLG)第十四次全会在北京举行。会议回顾了一年来的执法合作情况,并就双方关注的执法合作问题交换意见,包括反腐败追逃追赃合作、打击网络犯罪、禁毒等诸多热点问题,并规划了下一步合作方向②。中国还参加了国际刑警组织亚洲及南太平洋地区信息技术犯罪工作组(The Interpol Asia-South Pacific Working Party on IT Crime)等国际合作队伍,并先后与美国、英国、德国、意大利等国家举行双边或多边会谈,就打击网络犯罪进行磋商。

中美还可以在网络反恐方面加强合作。美国国土安全部网络安全部前主任布鲁斯·麦康奈尔认为,恐怖组织利用网络进行宣传、招募并策动袭击,是互联网领域面临的新威胁,也是世界各国面临的共同挑战和中美共同面对的问题,中美在互联网领域合作反恐有着巨大的潜力,例如,中美之间可以合作应对恐怖分子利用网络发起的宣传和攻击③。根据2015年首次中美打击网络犯罪及相关事项高级别联合对话,双方达成了五项协议,除了第五项是

---

① Qiu-Hong Wang and Seung-Hyun Kim, "Cyber Attacks: Cross-Country Interdependence and Enforcement" (May 2009), report from National University of Singapore, http://weis09.infosecon.net/files/153/paper153.pdf, retrieved December 28, 2018.
② 《中美执法合作联合联络小组举行第十四次全体会议》(2016年11月23日),中华人民共和国外交部网站,http://www.fmprc.gov.cn/web/wjbxw_673019/t1418000.shtml,最后浏览日期:2018年12月6日。
③ 易明灯:《网络反恐是中美面临的共同挑战——访美国前国土安全部网络安全部主任布鲁斯·麦康奈尔》,《北京日报》,2017年12月15日,第13版。

对下次会议召开时间的确定外,其他四项都给出了具体的合作原则和方针措施:第一,双方同意中美打击网络犯罪及相关事项指导原则;第二,双方同意开展打击网络犯罪等领域的经验交流;第三,双方建立两国打击网络犯罪及相关事项热线,随时就重大紧急网络案件及相关执法合作事宜进行直接沟通,以处理在响应这些请求的过程中可能出现的问题升级;第四,双方同意开展打击网络犯罪案件合作,包括网络传播儿童色情、商业窃密、网络诈骗、利用技术和通信组织策划和实施恐怖活动的案件,并在机制框架内加强各部门在网络保护领域的交流①。

三、网络冲突控制合作

全球信息空间的技术和物理特性、中美关系面临偶发突发事件所带来的不确定性使网络空间中美关系的冲突控制显得格外重要。鹬蚌相争,渔翁得利,能够从中美相争中谋取额外利益的国家与非国家行为体不在少数。这一方面可以通过双方网络战略透明机制实现,另一方面则应建立一定的中美网络危机解决机制,如中美之间建立的打击网络犯罪热线等。中美两国不希望网络空间变得更加"复杂与多变",那么它们就需要加大开放力度②。显然,中国发布的《中国的军事战略》(2015年5月)、《中华人民共和国网络安全法》》(2016年11月)、《国家网络空间安全战略》(2016年12月)和《网络空间国际合作战略》(2017年3月)是中国透明化其

---

① 《中美将建立打击网络犯罪热线 网络反恐成为合作重点》(2015年12月4日),新浪网,http://news.sina.com.cn/o/2015-12-04/doc-ifxmihae8931414.shtml,最后浏览日期:2018年12月28日。

② Adam Segal, "China's National Defense: Intricate and Volatile" (April 1, 2011), Council on Foreign Relations, https://www.cfr.org/blog/chinas-national-defense-intricate-and-volatile, retrieved December 28, 2018.

网络空间战略的具体实践。而始于1997年的中美国防部防务磋商机制的目的之一就是管控危机和风险,并避免误判①。2012年5月中国国防部长梁光烈访问美国,在会晤美国国防部长里昂·帕内塔(Leon Panetta)时,双方亦同意就应对互联网安全威胁进行合作。帕内塔说,为避免将来数字化威胁导致的危机,美中两国共同应对网络安全问题具有极其重要的意义;梁光烈在表示中国是近年来网络入侵的最大受害者之一的同时,也明确表示北京愿意参与加强网络安全的共同努力②。如何将信息空间的中美冲突保持在可接受的范围之内,如何确保避免因为未经授权或纯粹民间的网络袭击,引发两国之间的大规模冲突,将在未来成为中美关系的严峻考验。

据俄罗斯《生意人报》2015年报道,来自中国、俄罗斯、美国、英国、法国、日本、巴西、韩国等20个国家的专家经过三轮磋商,最终就各国应遵守的网络空间初步行为准则达成一致,将相关报告提交给了联合国秘书长③。报告表明,各国必须将网络技术用于和平目的,尤其是不能利用网络攻击他国核电站、银行、交通、供水系统等重要基础设施,以及不能在IT产品中植入"后门程序"。虽然各国关于一些行为准则的共识某种程度上更多是口头而非行动上的措施,不具法律强制力,但是联合国网络空间行为规范报告或成为迈向建立具有法律强制力的国际公约的一步。

---

① 中美国防部防务磋商机制始于1997年。第15次中美国防部防务磋商于2014年11月16日在华盛顿举行。
② "US, Chinese Defense Officials Agree to Work Together on Cybersecurity"(May 8, 2012), Infosecurity Magazine, http://www.infosecurity-magazine.com/view/25654/us-chinese-defense-officials-agree-to-work-together-on-cybersecurity/, retrieved December 28, 2018.
③ 李木子、杨玉鹏:《20国就网络空间准则达成一致》,《环球时报》,2015年8月18日,第3版。

四、信息技术合作与共享

除了制度合作,中美还需要在信息技术方面进行合作与分享。中美两国处于信息化进程的不同阶段,在网络信息领域存在一定的冲突与竞争,但总的说来,网络信息战略的根本出发点都是为本国的信息化进程服务,加强网络的安全利用,从而提高其综合国力。中美在下述网络基本目标方面是一致的:加强网络信息基础设施建设,保证网络信息能够有效、低耗地传输;鼓励工商业界利用网络信息资源提高产品附加值,积极参加全球市场竞争;发展教育和培训,提供训练有素的网络信息人才和信息用户;支持网络信息服务机构的发展,满足日益增长的社会信息需求[1]。所以,基于这些目的的共同性,中美信息网络技术合作能够将成本-收益比例最优化。中美应发挥各自优势和互补性,加强合作,实现互利共赢。美国有技术、人才、资金和经验等方面的优势,中国有世界最大的互联网市场以及信息化进程快速发展的前景。因此,为了推动中美双方在计算机科学和信息技术方面的合作与交流,在中国国家自然科学基金委员会和美国国家科学基金会的共同倡导下,中美计算机科学高峰论坛从 2006 年开始举办[2]。2011 年 10 月 21 日,美国前总统比尔·克林顿(Bill Clinton)在中美联合主办的硅谷高科技创新和创业高峰会议上表示,信息技术领域空间巨大,中美在该领域并非"零和博弈",两国应该创造更多机会分享彼此的创新成果,充分利用信息技术为创

---

[1] 狄娟娟:《试论中美国家网络信息政策》,《科技情报开发与经济》2009 年第 20 期,第 87 页。
[2] 中美计算机科学高峰论坛(US-China Computer Science Leadership Summit),分别于 2006 年 5 月、2010 年 7 月、2010 年 6 月举办过会议。

造就业等服务①。

中美在信息技术方面具有一定的互补性。信息技术是当前创新最活跃、竞争最激烈的领域,也应该是全球协作最为深入的领域。中国市场为全球信息技术产业发展提供了最丰沃的土壤。中国拥有全球最大的用户基础和网民规模,中国巨大的市场空间是全球信息技术产业持续增长的动力源。美国信息技术企业从中国的开放市场中获得了巨大利益与成长机遇。从两国经贸活动来看,近年来中美电子信息制造业的双边贸易额保持显著增长。中美信息技术领域的企业间合作正在孕育更强劲的增长。以智能终端产业为例,从生产制造到产品研发,从整机生产到元器件配套,从市场到技术到资本,中美企业之间的合作无处不在,越来越紧密②。中美两国已成为全球信息技术产业的两大增长极。中美两国在信息技术领域的合作深度和广度将对世界信息技术产业发展产生重要影响。中美双方要秉持开放心态,减少政策壁垒,鼓励双方企业共享信息技术创新的成果,共同解决技术发展难题,发挥互补优势,构建合作共赢的中美信息技术产业生态,为加速全球新一轮科技革命、推动世界经济可持续增长贡献力量。

总而言之,网络空间不仅对传统中美关系形成了冲击,而且还引发了相应的博弈与竞争,如网络空间治理权之争、网络战略优势竞争,以及与之相随的网络技术优势的夺取和网络话语权竞争等。网络事务管理的主权性与网络空间运行的开放性之间的矛盾构成

---

① Bill Clinton,"Opening Keynote Speech at 2011 Silicon Valley Technology Innovation & Entrepreneurship Forum (SVIEF)"(October 21, 2011), SVIEF, http://www.svief.org/english/yqjb/BillClinton.htm, retrieved March 25, 2015.
② 《构建合作共赢的中美信息技术产业生态》(2015年9月23日),中国经济网,http://views.ce.cn/view/ent/201509/23/t20150923_6560457.shtml,最后浏览日期:2018年12月28日。

中美关系网络冲突的根源。网络空间的全球性及世界各国所面临的网络信息安全等共同威胁,促成了中美两国在网络空间的合作,如在网络治理的国际制度建设、应对网络犯罪、技术合作、网络冲突控制等方面。

网络空间的全球行为规范和准则的缺失威胁着全球网络空间的安全,也威胁着主权国家的安全。美国是一个全球网络强国,中国是一个网络大国,并向着网络强国不断发展,中美两国在网络安全领域有着广泛的共同利益和巨大的合作空间。作为两个举足轻重的大国,中美应在遵循《联合国宪章》等国际公认的基本准则以及维护本国网络领域核心利益的前提下,相互合作,共同促进和平利用网络空间的制度规范和国际政策的制定。

第三章
中美网络政治实质：
网络地缘政治的逻辑与表现

在国际政治理论中，地缘政治学占据了非常重要的一席。海权论、陆权论、空权论和天权论等理论流派都属于经典的地缘政治理论。但是，20世纪90年代冷战的结束曾带来了"历史的终结"(End of History)的说法①，加上互联网的全球连通性，许多人认为传统概念的国家和地缘政治已经过时②，起码将网络空间和地缘政治结合在一起研究似乎不太切合实际。这种想法并非毫无根据，因为在大多数人看来，一方面，网络改变了时空距离，信息在网络空间的流动是跨越传统国界的；另一方面，网络空间的一些机制和网络空间利益也同样超越了国家界限，网络空间的国家主权分界线似乎变得模糊，权力也开始分散。此外，互联网发展的早期，

---

① Francis Fukuyama, *The End of History and the Last Man*, New York: Maxwell Macmillan International, 1992.
② Andre Ishii, "Geopolitics, the State, and Cybersecurity in a Globalized World" (March 13, 2016), Geopolitical Monitor, https://www.geopoliticalmonitor.com/geopolitics-the-state-and-cybersecurity-in-a-globalized-world/, retrieved August 20, 2016.

技术精英主导了网络空间治理规范,国家政府基本采取的是自由放任的态度,进而使得乐观主义者认为网络空间应该是不受政府管制的空间,并认为网络空间属于"全球公域",地缘政治概念也不适用于网络空间。

然而,随着近些年的几桩重要网络事件的出现,如斯诺登揭露的棱镜门事件、中美之间关于网络攻击的相互指责,地缘政治概念开始慢慢重新回到西方网络空间研究中,学术圈关于网络空间地缘政治的各种研讨也开始展开①。一些政策变动也佐证了这样的变化。例如,2015年《美国国家安全战略》将大国威胁重新取代恐怖主义成为美国国家安全战略的首要考虑,代表着非传统安全威胁向传统的地缘政治安全威胁的回归;同时,网络威胁也被列在太空安全以及海天安全之前,成为共享空间威胁的首要考虑②。在2016年11月1日英国政府发布的《国家网络安全战略》中,以往所强调的网络空间治理的公私合作关系明显被政府主导所替代③。在这样的背景下,许多学者认为网络空间大国博弈出现了地缘政治回归现象。也正是因为这一原因,才使得普遍存在的网络安全问题在传统地缘政治竞争对手之间显得那么突出,换言之,只有地缘政治对手之间的网络问题才会成为冲突点。基于这些背景,本章旨在分析地缘政治在网络空间的适用性,并剖析中美博弈中的网络地缘政治现象与逻辑。

---

① 例如笔者受邀参加了2016年7月7日在法国巴黎召开的"亚洲的网络空间地缘政治"(Geopolitics of Cyber in Asia)研讨会。
② The White House, *National Security Strategy*, February 2015, https://obamawhitehouse.archives.gov/sites/default/files/docs/2015_national_security_strategy_2.pdf, retrieved December 29, 2018.
③ 这一观点引自笔者2016年11月14日就当时英国刚发布的《国家网络安全战略》对英国卡迪夫大学(Cardiff University)从事网络与国际关系研究的玛德琳·卡尔(Madeline Carr)教授的采访。卡尔教授认为这是这一战略最明显的一个转变。

第一节　网络地缘政治的浮现

传统的经典地缘政治学者一般认为,地缘政治学(Geopolitics)研究的是大国的强权政治与其实施的地理范围之间的关系的学问,是"从空间或地理视角出发的国际关系研究"[1]。按照《大不列颠百科全书》的解释,地缘政治是关于国际政治中地理位置对各国政治相互关系如何发生影响的分析研究,涉及的因素包括国家利益、海上交通线以及战略要地等[2]。美国地缘政治学家尼古拉斯·约翰·斯皮克曼(Nicholas John Spykman)给地缘政治下的定义是,"基于地理因素考虑制定一个国家的安全政策规划"[3]。美国地缘战略家兹比格纽·布热津斯基(Zbigniew Brzezinski)认为:"地缘政治是指那些决定一个国家或地区情况的地理因素和政治因素的相互结合,强调地理对政治的影响。"[4]

一般认为,地缘政治是国家安全与战略的基础。由于在人类社会发展的不同时期交往的内容方式不同,地缘政治呈现不同的阶段性,因而地缘政治学是一种动态发展、与时俱进的理论。有学者认为现代地缘政治学可分为五个发展阶段:争夺帝国霸权、德国地缘政治学、美国地缘政治学、冷战时代、后冷战时代[5]。不同时期不同学者对地缘政治的理解不同,因此产生了不同的理论,

---

[1] Geoffrey Parker, *Geopolitics: Past, Present and Future*, London: Pinter, 1998, p.5.
[2] 《简明大不列颠百科全书》,中国大百科全书出版社1998年版,第596页。
[3] [美]尼古拉斯·斯皮克曼:《和平地理学》,俞海杰译,上海人民出版社2016年版,第6页。
[4] [美]兹比格纽·布热津斯基:《竞赛方案——进行美苏竞争的地缘战略纲领》,刘晓明等译,中国对外翻译出版公司1988年版,第6页。
[5] [美]索尔·科恩:《地缘政治学:国际关系的地理学》,严春松译,上海社会科学院出版社2011年版,第15页。

从阿尔弗雷德·马汉(Alfred Mahan)的海权理论、哈尔福德·麦金德(Halford Mackinder)的大陆心脏说到卡尔·豪雪弗(Karl Haushofer)的生存空间论,从朱利奥·杜黑(Giulio Douhet)的"空权论"到美国斯皮克曼的边缘地带论,从布热津斯基的大棋局和基辛格的大外交到跨世纪的批判性地缘政治学理论,地缘政治学经历了繁荣—低迷—复兴的历史发展过程①。后冷战时代还出现了批判性地缘政治学、情感地缘政治、女性主义地缘政治等主题,但是国家、边境等仍为地缘政治的核心研究方向②。

在地缘政治理论中,"地理"不仅涉及国家、领土、边界等要素,还包括民族、资源、人口等要素,这些要素相互牵制相互影响。领土、边界勾画出国家的地理位置、国土形状和面积大小,而资源、人口等则决定着国家的经济权力、政治权力和未来发展的潜力。作为一项思考治国之术(statecraft)的研究,地缘政治学的中心议题是阐释国家在地理空间的权力关系③。

一、网络空间作为地缘政治新领域之阐释

不可否认的是,与传统的陆海空不同,网络空间不是大自然的产物,而是人工构造的空间。网络空间突破了传统的地理空间的限制,模糊了传统的国家间地理边界,改变了以自然地理空间为依托的传统地缘政治思维,以往的守住自己的国家边境和天空就能拒敌于国门之外的安全思维受到挑战。但是,我们不应忘记的是,互联网的诞生本身就是地缘政治的产物,是冷战期间美

---

① 潘旭明、倪世雄:《21世纪新地缘政治和中美关系》,倪世雄、刘永涛主编:《美国问题研究(第六辑)》,时事出版社2007年版,第21页。
② 宋涛、陆大道等:《近20年国际地缘政治学的研究进展》,《地理学报》2016年第4期,第551—563页。
③ 许勤华:《评批判性地缘政治学》,《世界经济与政治》2006年第1期,第15页。

苏地缘政治斗争的结果。当时美国希望借互联网的前身阿帕网（ARPANet）防止其信息指挥系统遭受苏联的核攻击，互联网也因此被称为"冷战的孩子"[1]。如今，网络空间虽然和最初的阿帕网有所区别，但是它依然具有地缘政治属性，是地缘政治的新领域。

首先，网络空间的地缘政治属性源于网络空间组成架构的地缘属性。尽管互联网活动看似是个人的，但是却镶嵌在一系列物质基础架构、逻辑秩序以及法规制度中[2]。虽然网络空间力量相比于其他形式的力量（如海洋太空力量）更具有无形特征，同时，信息作为网络空间力量的流通形式看似不可触摸的，但是产生信息、承载信息、传输信息和接收信息的硬件都具有物理属性。如链接网络空间的各种海底和陆地光缆、路由器、光纤、服务器、电脑、传感器、导航仪等各种硬件，以及网络公司、研究机构以及计算机应急反应小组（Computer Emergency Response Team，CERT）等都具有物理属性。海底光缆的铺设需要考虑许多地理和政治因素，例如，对跨洋距离的运算以控制成本，对各国过往船只的考虑以防行船对光缆的破坏。通信卫星虽然在天空中，但其地面基站和发射器都是在地面上，确切地说，属于某一个国家的信号收发控制范围。数据中心也同样是有其物理设施并基于一定的物理地点，例如需要靠近能够支持数千台电脑服务器运转的电力资源[3]。而且，随着物联网时代的到来，网络空间的物理基础设施的地缘政治

---

[1] "Internet: A Cold War Baby"(n.d.), HistoryWiz, http://www.historywiz.com/internet.htm, retrieved September 22, 2017.
[2] Ron Deibert, "The Geopolitics of Cyberspace After Snowden", *Current History*, 2015, Vol.114, No.768, p.10.
[3] John B. Sheldon, "Geopolitics and Cyber Power: Why Geography Still Matters", *American Foreign Policy Interests*, 2014, Vol. 36 Iss. 5, p. 288, available at https://www.tandfonline.com/doi/abs/10.1080/10803920.2014.969174, retrieved December 28, 2018.

特性将更加明显。

其次,网络空间的地缘政治属性源于网络空间活动主体的地缘属性。不仅网络空间的许多组成架构都具有地缘属性,而且网络空间的活动主体也有地缘属性,网络力量的使用仍与地缘背景相关。地缘政治属性常可用来分析网络空间行为体的身份、动机与意图[1]。网络空间设施运行者、使用者、管理者、得益者(受害者)都是基于被物理区隔的现实地缘政治空间。戴维·克拉克(David Clark)认为网络空间可以按照重要性递减分为四个层面:一是网络活动参与者,他们参与交流、产生信息、进行决策、执行计划;二是网络空间中存储、传输和变化的信息;三是维持网络空间服务和运转的各种逻辑结构;四是支持逻辑结构的物理设施[2]。其中网络活动参与者即人的重要性最大。人的层面也是社会层面,现实社会中的人还无法脱离传统地缘政治。即使是恐怖分子,也充分利用了网络空间的地缘政治特性来筹款或者招募成员[3],例如,针对一些种族离散人群聚居区进行重点动员。大数据时代的到来也不会改变网络空间活动主体的地缘属性。在大数据的重要构成部分社交媒体、云计算、移动互联中[4],社交媒体和移动互联的活动主体都是从属于一定的地缘政治空间的人。

再次,网络空间的地缘政治属性还源于主权国家在网络空间

---

[1] John B. Sheldon,"Geopolitics and Cyber Power:Why Geography Still Matters",*American Foreign Policy Interests*,2014,Vol.36 Iss.5, p.286, available at https://www.tandfonline.com/doi/abs/10.1080/10803920.2014.969174, retrieved December 28, 2018.
[2] David Clark,"Characterizing Cyberspace:Past, Present and Future",MIT/CSAIL Working Paper, 12 March 2010, p.1.
[3] Gabriel Weimann,*Terror on the Internet:The New Arena*, *the New Challenges*, Washington D.C. United States Institute of Peace Press, 2006.
[4] Ron Deibert,"The Geopolitics of Cyberspace After Snowden",*Current History*, 2015,Vol.114,No.768,p.9.

日益上升的权力。国家日渐增长的权力与影响力是网络空间未来最重要的三个趋势之一①。虽然互联网发展的早期,国家政府基本采取的是自由放任的态度,相应政策规范也较少。因此一些乐观主义者一度认为互联网是一种脱离政府管制的特殊技术。但是,对人们生活影响巨大的任何事物最后都必须接受政府的管制②。网络带来的全球化虽然可能在某些方面改变了国家安全工具,但是事实上国家通过各种手段维持甚至加强了其对内对外的主权③。正如有学者所指出的,关于全球化所带来的国家边界的过时论被夸大,特别是在国家安全方面④。国家是一个适应力很强的机制,其弹性足以应对各种社会的、地区的和全球的变化。而且,不管国家的应对措施多么不完善,国家在网络安全中的地位无法替代,因为只有国家才会最在意网络空间发展带来的政治风险,而政治稳定又是社会和经济稳定发展的前提。物理概念的国家边境的本质是划分了"内部稳定"与"外部干扰因素"的界限⑤。从这个角度看,信息边疆同样是国家致力于安全防范的新的国家疆域。所以,国家会动用国家力量来应对网络威胁,同时网络战争也逐渐浮现出来,而网络战争恰恰是最能体现网络空间地缘政治性的趋

---

① 网络空间未来最重要的三个趋势是:国家日渐增长的权力与影响力、大数据爆炸、网络人口向南转移。Ron Deibert,"The Geopolitics of Cyberspace After Snowden",*Current History*,2015,Vol.114,No.768,p.9.
② Ibid.,p.10.
③ Andre Ishii,"Geopolitics, the State, and Cybersecurity in a Globalized World"(March 13, 2016), Geopolitical Monitor, https://www.geopoliticalmonitor.com/geopolitics-the-state-and-cybersecurity-in-a-globalized-world/, retrieved August 20, 2016.
④ Norrin M. Ripsman and T.V. Paul,"Globalization and the National Security State: A Framework for Analysis",*International Studies Review*,2005,Vol.7,No.2,pp.199-227.
⑤ Iulian F. Popa,"Cyber Geopolitics and Sovereignty: An Introductory Overview",*National and International Security* 2014, Akadémia ozbrojených síl generála Milana Rastislava Štefánika,2014,p.414.

势之一。

地理环境是地缘政治理论架构的基础。网络空间虽然没有固定地缘和实体空间位置,但它可以通过对其他领域的影响改变地缘政治权力的重心。网络已经成为一个新的空间,而不再是传统四大领域的附属物。它既是一个独立的领域,又像一条无形的引线,把以往四大空间领域联结起来,构成多维之间互动互补的动态构造。这个新的网络空间看似非物质的、虚拟的,但是又在物质世界中无所不在①。网络空间不再是一个信息自由交换的乌托邦的地盘,而是地缘政治的新领域,网络空间博弈也无法脱离地缘政治②。网络空间也不再是一个全球公域(global commons),而最多只能算一个具有全球性的领域(global domain)③。网络空间的这些地缘政治特性不仅影响网络入口、网络速度、可靠性,而且影响着网络空间的全球治理④,并进而影响着各国之间的网络空间博弈的性质。

二、网络地缘政治的提出

与以前对陆地、海洋、太空的争夺一样,一场对于网络空间的

---

① 张妍:《信息时代的地缘政治与"科技权"》,《现代国际关系》2001 年第 7 期,第 19 页。
② Leonid Savin, "Cybergeopolitics: Emergent Set of Practices, Phenomenon and Discipline" (December 29, 2014), Geopolitika. ru website, http://www.geopolitica. ru/en/article/cybergeopolitics-emergent-set-practices-phenomenon-and-discipline#.V7Z9f0vqC1I, retrieved August 20, 2016.
③ John B. Sheldon, "The Rise of Cyberpower", in John Baylis, James J. Wirtz, and Colin S. Gray, eds., Strategy in the Contemporary World, 4th edn., Oxford, U. K.: Oxford University Press, 2013, pp.310-311.
④ John B. Sheldon, "Geopolitics and Cyber Power: Why Geography Still Matters", American Foreign Policy Interests, 2014, Vol. 36 Iss. 5, p. 288, available at https://www.tandfonline.com/doi/abs/10.1080/10803920.2014.969174, retrieved December 28, 2018.

地缘政治争夺正在上演①。虽然网络空间博弈中出现了许多非国家行为体,但是民族国家仍然是全球层面上最重要的政治行为体。互联网的最初设想是一个不受阻拦的通信平台。然而,这一设想越来越遥远。网络空间在国际地缘政治格局与国家安全中发挥着越来越重要的作用,各个国家行为体都在设法对信息获取、网络准入等进行控制,网络空间某种程度上正在成为新一轮地缘政治博弈的大舞台,网络地缘政治初现端倪②。

西方学术界曾提出许多名词解释网络空间与地缘政治的关系。有人称之为"信息地缘政治"(Information Geopolitics),认为2014年朝鲜对索尼公司的黑客攻击似乎模糊了政治和网络之间的界限,开启了信息地缘政治的时代③。有人称之为"网络控制的地缘政治"(Geopolitics of Internet Control),强调各个国家对于信息流动的控制之于主权以及世界稳定的重要性④。有人提出"地缘政治2.0"(Geopolitics 2.0)概念并指出其三个变化:从国家到个人、从物理世界到虚拟动员和虚拟力量、从旧媒体到新媒体⑤。有人提出"后现代地缘政治"(Postmodern Geopolitics),认为全球化、信息化以及

---

① Ron Deibert, "The Geopolitics of Cyberspace After Snowden", *Current History*, 2015, Vol.114, No.768, p.9.
② 王玥:《网络地缘政治:定义、特征及其对中国西北边疆安全的影响》,《喀什师范学院学报》2012年第4期,第12页。
③ Chris Bronk, *Cyber Threat: The Rise of Information Geopolitics*, Santa Barbara, CA: Praeger Press, 2016.
④ Ronald J. Deibert and Rafal Rohozinski, "The Geopolitics of Internet Control", *Conference Papers — International Studies Association*, 2007 Annual Meeting, pp.1-38. 类似观点可见:Anthony Smith, *The Geopolitics of Information: How Western Culture Dominates the World*, Oxford, U.K.: Oxford University Press, 1980。
⑤ Matthew Fraser, "Geopolitics 2.0" (October 14, 2009), Real Insitituto Elcano, http://www.realinstitutoelcano.org/wps/portal/rielcano_en/contenido? WCM_GLOBAL_CONTEXT=/elcano/elcano_in/zonas_in/defense+security/ari144-2009, retrieved December 29, 2018.

风险社会的出现使得传统地缘政治向后现代地缘政治转变[①]。更多的学者则直接提出"网络地缘政治"(Cybergeopolitics 或者 Geopolitics of Cyberspace)的概念[②]。网络地缘政治强调网络空间作为一个独立的空间体系而成为地缘政治博弈的新领域,是继海权论、陆权论、空和天权论之后的一个新的地缘政治理论体系,是传统地缘政治在网络时代的继承和发展,其理论核心是"网络权"理论[③]。

网络地缘政治的理论支柱是地缘政治权力与网络技术的关系。作为影响地缘政治的活跃因素,技术对地缘政治的作用主要有两大途径:一是技术通过对国际政治经济关系的影响改变地缘政治;二是技术通过改变地理空间的性质及其政治意义,进而改变地缘政治[④]。其实两条途径的核心都是技术如何通过权力形式影响地缘政治关系。前者是通过改变政治本身改变地缘政治,后者则通过改变空间性质改变地缘政治[⑤]。同样,网络空间不仅是地缘政治竞争的新舞台,还是地缘政治的权力工具与权力基础。

网络空间对于地缘政治的意义主要体现在两个方面。其一,网络力量可以作为权力工具来实现传统地缘政治目标。因为直接的军事打击成本日渐高昂,而且危险很大,国家将越来越多地利用

[①] Gearóid Ó Tuathail, "The Postmodern Geopolitical Condition: States, Statecraft, and Security at the Millennium", *Annals of the Association of American Geographers*, 2000, Vol.90, No.1, p.167.
[②] Leonid Savin, "Cybergeopolitics: Emergent Set of Practices, Phenomenon and Discipline" (December 29, 2014), Geopolitika. ru website, http://www.geopolitica.ru/en/article/cybergeopolitics-emergent-set-practices-phenomenon-and-discipline#.V7Z9f0vqC1I, retrieved August 20, 2016.
[③] 王川:《网络地缘政治:定义、特征及其对中国西北边疆安全的影响》,《喀什师范学院学报》2012 年第 4 期,第 14 页。
[④] 陆俊元:《论地缘政治中的技术因素》,《国际关系学院学报》2005 年第 6 期,第 7 页。
[⑤] 同上文,第 8 页。

网络力量来实现地缘政治目标。阿拉伯之春充分说明了网络技术和政治之间不可分割的联系。但最好的例子莫过于针对伊朗核设施的震网病毒①。2009—2010 年,伊朗指责美国和以色列利用震网病毒攻击其核设施。随后作为报复,据报道,美国认为伊朗黑客发动了一场针对沙特阿拉伯国有石油公司 Saudi Aramco 的大规模攻击,删除了其 30 000 台电脑上的公司关键数据②。朝鲜被认为是 2014 年索尼电影公司黑客事件的幕后指使人。随后据称美国作为报复,攻击了朝鲜的网络并使之失效数天。此外,2007 年爱沙尼亚指控俄罗斯对爱沙尼亚的黑客攻击、2008 年格鲁吉亚指控俄罗斯对格鲁吉亚的黑客攻击等都可以说明网络力量已经越来越多地用来为传统地缘战略服务。

其二,以信息网络技术为基础的网络力量构成各国的综合国力基础,也成为争夺地缘政治权力的基本条件和竞争成败的决定性因素。网络力量改变几乎所有其他领域的博弈特点,改变了外交、经济、文化表达,成为国家之间的竞争核心之一③,网络空间事实上成为技术大国有效控制实体领域的新工具。而且,网络行动可以运用到所有的战争领域:海洋、陆地、天空、太空和网络空间。网络行动是"指挥者武器库中的另一套工具"④。对信息的控制权

---

① Ian Bremmer,"The Geopolitics of Cybersecurity"(January 12, 2011),Foreign Policy, http://foreignpolicy. com/2011/01/12/the-geopolitics-of-cybersecurity/, retrieved August 20, 2016.
② Sameer Patil,"Geopolitical Rivalries in Cyberspace"(February 18, 2016), Gateway House, http://www. gatewayhouse. in/geopolitics-and-cyber-attack-in-ukraine/, retrieved August 20, 2016.
③ John B. Sheldon,"Geopolitics and Cyber Power: Why Geography Still Matters"(November 3, 2014),*America Foreign Policy Interests*, 2014, Vol.36, Iss.5, pp. 291-292, availabe at https://www.tandfonline.com/doi/abs/10.1080/10803920.2014.969174.
④ Eric D. Trias and Bryan M. Bell,"Cyber This, Cyber That … So What?",*Air & Space Power Journal*, 2010, Vol.24, No.1, p.91.

不仅是一种新形式的权力,而且是一种驾驭其他形式的上层权力,制信息权已成为当代和今后地缘政治竞争的高端目标①。任职于美国空军部队的研究人员罗伯特·李(Robert Lee)指出,网络力量对现代战争的作用与以前的空中力量同样具有革命性意义,网络空间博弈决定了今后处于网络优势地位的程度②。正如地缘政治之前强调的海权、陆权和空权一样,网络权力是地缘政治主体之间新的地缘政治格局走向的核心要素之一。这也印证了长期以来地缘政治博弈的公式,即地缘政治主导权意味着对最前沿科技的掌握与对关键地区或区域的控制。

网络地缘政治与传统地缘政治相比,有继承也有变化。"随着全球化时代的到来,全球网络结构的出现以及信息技术的发展与进步使地缘政治的内涵、外延以及逻辑上都出现了相关变化。"③第一,地理空间位置的重要性相对降低。因为网络空间攻击只需要一条畅通的网线即可,与内陆、海洋地形或距离远近无关,实体的地理位置障碍作用基本可以忽略,取而代之的是,网络空间的拓扑关系成为网络地缘政治的新元素。第二,网络地缘政治博弈的非对称性和普及性。传统地缘政治的博弈主体往往是国家行为体,但网络地缘政治的博弈双方可以是现实中实力非对称的个人或组织。这一变化对传统的政治生态有着巨大的影响。第三,国土大小与国家实力的泛对称性消失④。传统的国家综合实力指标体系中,国土面积大小是国家实力的重要象征,国土面积意

---

① 陆俊元:《论地缘政治中的技术因素》,《国际关系学院学报》2005年第6期,第10页。
② Robert M. Lee, "The Interim Years of Cyberspace", *Air & Space Power Journal*, 2013, Vol.27, No.1, p.58.
③ 王勇:《信息技术的地缘政治影响探析》,《情报科学》2009年第4期,第593页。
④ 王川:《网络地缘政治:定义、特征及其对中国西北边疆安全的影响》,《喀什师范学院学报》2012年第4期,第13页。

味着战略纵深和缓冲生存空间的大小,换言之,国土面积与国家综合实力呈现泛对称现象。然而,网络战争无战场的前后方之分,不需要军队调动、后勤保障等,因为不像传统战争那样需要战略纵深,国土与国家实力的泛对称性消失。

第二节 中美博弈中的网络地缘政治逻辑

一些西方学者认为,中美网络博弈开始超越"双边议题导向型"的关系,正在变成越来越以地缘政治为导向的关系,地缘政治的传统逻辑基本都可以用于中美网络空间博弈,地缘政治框架在网络空间出现后依然适用①。地缘政治在本质上是行为体通过控制空间而获取权力和利益的竞争,而竞争的关键在于对空间争夺能力的掌握。因此,地缘政治首先直观地表现为争夺空间的政治,而背后则是空间控制能力的竞争②。同样,中美网络空间博弈不仅仅是对网络空间这一新的地缘政治空间的争夺,更是对网络空间控制能力、影响能力以及网络力量的综合竞争。中美网络空间的博弈本质上就是中美在其他领域的地缘政治博弈的延续③,地缘政治思维与逻辑在中美网络空间博弈中无处不在。

斯诺登事件是中美网络博弈的地缘政治回归思维的催化剂。斯诺登事件前,网络军事化以及国家管控趋势已经存在,但是斯诺

---

① Colin S. Gray, "In Defence of the Heartland: Sir Halford Mackinder and His Critics a Hundred Years On", *Comparative Strategy*, 2004, Vol. 23, No. 1, pp. 9-25.
② 陆俊元:《论地缘政治中的技术因素》,《国际关系学院学报》2005 年第 6 期,第 7 页。
③ John B. Sheldon, "Geopolitics and Cyber Power: Why Geography Still Matters" (November 3, 2014), *America Foreign Policy Interests*, 2014, Vol. 36, Iss. 5, p. 291, availabe at https://www.tandfonline.com/doi/abs/10.1080/10803920.2014.969174.

登事件给这种趋势添加了巨大动力①。如果斯诺登事件之前,美国还能够因其所谓的"互联网自由"而居高临下,那么斯诺登事件则撕下了其面纱,揭露了其在网络安全上双重标准的真面目。而斯诺登所揭露的美国对其他国家甚至盟国领导人的多方位监听严重伤害了国家之间的网络空间互信,使得网络安全问题成为传统地缘政治的核心议题。中美在网络空间上的紧张关系主要集中在几个方面:互联网治理、大规模监控以及网络军事化发展②。这几个方面与地缘政治思维都密不可分。

经典地缘政治理论研究有两个视角:空间视角与权力视角③。这两个视角是解读经典地缘政治理论的出发点,也是构建解读分析框架的基础。事实上,空间视角和权力视角也可以用来分析网络地缘政治博弈。中美博弈的网络地缘政治逻辑的下述六个方面可以分别归属于这两大视角及其结果,它们以立体形式呈现了中美关系的网络地缘政治模型。首先从空间视角看,中美网络空间壁垒与地缘政治空间的重合是事实,而"网络主权"的提出则从概念上默认了网络空间的地缘政治性质。其次从权力视角看,不仅中美网络空间权力争夺重现地缘政治竞争,而且网络军事化趋势加强了地缘政治冲突风险。最后从结果看,在思想认识方面,地缘政治思维构建了中美网络安全话语和政策;在权力格局方面,网络问题逐渐被纳入传统地缘政治格局。由于思想认识属于先导性的,所以下文并不完全按以上叙述顺序展开分析。

---

① Ron Deibert, "The Geopolitics of Cyberspace After Snowden", *Current History*, 2015, Vol.114, No.768, p.15.
② Ibid., p.13.
③ 胡志丁、骆华松、葛岳静:《经典地缘政治理论研究视角及其对发展中国新地缘政治理论的启示》,《热带地理》2014年第2期,第184—190页。

一、地缘政治思维构建中美网络安全话语和政策

网络安全话语虽然不是传统地缘政治的研究内容,但是网络安全话语直接影响着地缘政治的战略和政策选择。事实上,在由吉尔罗德·奥图泰尔(Gearoid O. Tuathail)开创的批判地缘政治学中①,"话语"分析是很重要的地缘政治变量,他将地缘政治的两大要素即地理空间和政治权力话语化,突破了通常所理解的地缘政治学的西方中心视角和物质决定论倾向②,指出了网络时代的大众传媒和市民社会也是生产地缘政治话语的主体,为网络时代的地缘政治研究提供了新视角。

中美网络安全话语无论是在两国国内还是两国之间都未跨越地缘政治思维。首先,中美的网络博弈未脱离国家安全利益、经济利益、政治意识形态、宗教信仰等传统地缘政治目的。而且,网络空间并未改变两者的地缘政治目标。正如20世纪上半叶美国的目标是维持其欧洲及太平洋强国地位一样,美国现在受同样的地缘政治思维的驱动,尽力保持其网络空间霸权的地位③。中国近年来虽然网络空间发展迅速,国民经济、社会发展也深深得益于网络发展,但中国国家利益的优先次序也并未因此改变,国内政治稳定依然位于中国网络空间战略利益之首④。

---

① Gearoid O. Tuathail and John Agnew, "Geopolitics and Discourse: Practical Reasoning in American Foreign Policy", *Political Geography*, 1992, Vol.11, No.2, pp.190-204.
② 葛汉文:《批判地缘政治学的发展与地缘政治研究的未来》,《国际观察》2010年第4期,第42—48页。
③ Noah Rothman, "The Cyber Pearl Harbor and the Inescapable Gravity of Geopolitics" (June 5, 2015), Commentary Magazine, https://www.commentarymagazine.com/american-society/military/chinese-cyber-attack-geopolitics/, retrieved August 20, 2016.
④ Cuihong Cai, "Cybersecurity in the Chinese Context: Changing Concepts, Vital Interests, and Prospects for Cooperation", *China Quarterly of International Strategic Studies*, 2015, Vol.1, No.3, p.481.

其次,两国国内的网络安全话语被地缘政治所塑造。例如,美国的网络安全话语中所体现的脆弱性和威胁①,比如,对不对称性网络威胁的担忧、对竞争对手夺取优势的担心、对自身竞争能力的担忧等。而最典型的莫过于"中国威胁论",认为"对美国国家安全威胁最大的网络攻击来自中国""中国的网络战能力对美军构成真正威胁""中国军队是一系列高级持续性威胁黑客攻击的幕后操纵者"等②。同样,中国的网络安全话语中占据很大一部分的也是美国对网络资源的控制(如ICANN)、对全球网络治理规则的先占性垄断、对别国进行大规模监控等。而用得最多的词语则是美国的网络霸权,甚至有学者似乎认为互联网设计之初就融入了美国的霸权思维,并详细列举了美国网络霸权的实现路径③。

再次,两国网络脆弱性和安全事故常被解读为地缘政治原因。美国的网络安全地缘政治思维尤其严重。2015年美国人事管理局(Office of Personnel Management,OPM)的网络黑客攻击事件中,美国不仅认为中国是幕后指使者,而且虚构出这种可能的行为与中美在南中国海的冲突升级密切相关,甚至宣称这是来自中国的"网络珍珠港"事件④。2016年年初美国学者对美国网络安全形势的预测首先想到的也是地缘政治性质的网络攻击,甚至指出

---

① John B. Sheldon, "Geopolitics and Cyber Power: Why Geography Still Matters", *America Foreign Policy Interests*, 2014, Vol. 36, Iss. 5, p. 286, availabe at https://www.tandfonline.com/doi/abs/10.1080/10803920.2014.969174.
② 蔡翠红:《美国网络空间先发制人战略的构建及其影响》,《国际问题研究》2014年第1期,第45—46页。
③ 杜雁芸:《美国网络霸权实现的路径分析》,《太平洋学报》2016年第2期,第65—75页。
④ Noah Rothman, "The Cyber Pearl Harbor and the Inescapable Gravity of Geopolitics" (June 5, 2015), Commentary Magazine, https://www.commentarymagazine.com/american-society/military/chinese-cyber-attack-geopolitics/, retrieved August 20, 2016.

2016年将是地缘政治网络攻击大年①。同时,美国在解读这些网络安全事故时还有个独特现象,即不区分来自个人和来自政府支持的黑客攻击,硬是把它认为可能来自中国的网络攻击都看成是有政府支持背景的。这种思维的背后显然是地缘政治思维在起作用。

网络安全话语是国家网络相关政策的构建基础。上述这些融入地缘政治思维的网络安全话语同样塑造了中美两国的网络政策,网络政策也逐渐与传统地缘政策相结合。经过研究比对可以发现,美国网络作战的重点与其国家安全战略的地缘政治中心基本一致②。美国国防部2015年的《网络战略》将未来五年网络作战的重点放在中东、亚太和欧洲,并将中国、俄罗斯、伊朗和朝鲜等列为构成网络威胁的重点国家③。而在2015年的《美国军事战略》的第一部分"战略环境分析"中,俄罗斯、伊朗、朝鲜、中国被依次重点列出,并认为这些国家是对美国国家安全利益构成威胁的国家④。两者的高度重合正说明了网络博弈的地缘政治化。

二、中美网络空间壁垒与地缘政治空间的重合

虽然网络空间看似一个乌托邦式的全球通信空间,信息跨越

---

① Dan Holden, "Cybersecurity Predictions 2016: Expect Geopolitical Cyber Attacks in the Wake of the US Presidential Election and the Rio Olympics" (January 5, 2016), Cityam, http://www.cityam.com/231754/cybersecurity-predictions-2016-expect-geopolitical-cyber-attacks-in-the-wake-of-the-us-presidential-election-and-the-rio-olympics, retrieved August 20, 2016.
② 汪晓风:《美国网络安全战略调整与中美新型大国关系的构建》,《现代国际关系》2015年第6期,第20页。
③ U. S. Department of Defense, The Department of Defense Cyber Strategy, April 15, 2015, p.9.
④ U. S. Department of Defense, 2015 National Military Strategy of the United States of America, July 1, 2015, p.2.

国界流动,人们跨越国界交流,但是学者们不无遗憾地看到如今的网络空间壁垒与传统地缘政治空间的重合趋势。这种重合源于下述几个方面。

第一,网络空间的物质基础架构无法脱离传统地缘政治空间。前面已经讲述过网络空间的物质基础架构基本分属各国领土。或许有人会说信息或者说数据是无法界定其来源地的。但是,随着技术的进步,我们看到数据也逐渐具备了地域属性。传统司法领域的"属人"和"属地"原则并不是完全不适用。"属人"原则是指根据数据来源或者数据主体来判断权利行使范围,当然"人"是指泛化的对象,也可能是指物;"属地"原则是指根据数据存在的地理位置来判断①。在"属人"和"属地"原则基础上的领域管辖原则、国籍管辖原则等都逐渐被用于与跨界数据流动有关的犯罪行为管理。

第二,网络技术壁垒与地缘政治空间的重合。这又体现为两方面。一是网络过滤技术和防火墙的应用。各国对于网络空间进入和信息的控制已经成为一种潜规则。网络技术的国内控制甚至被认为是一种"技术主权"(technological sovereignty)②。数年之前,针对中国的网络过滤,许多西方国家都持批评态度。但是,如今看来,许多当时批评中国的国家也开始应用过滤技术和防火墙,从而人为建立了基于 IP 地址的网络空间国家界限③。其实,美国也有类似的网络过滤,只是过滤的内容不同而已。早在 2000 年,

---

① 蔡翠红:《云时代数据主权概念及其运用前景》,《现代国际关系》2013 年第 12 期,第 58—65 页。
② Ron Deibert, "The Geopolitics of Cyberspace After Snowden", *Current History*, 2015, Vol.114, No.768, p.13.
③ Helas Vuo, "The Geopolitics of Networks" (December 10, 2015), Liquid VPN, https://www.liquidvpn.com/geopolitics-of-networks/, retrieved August 20, 2016.

就有部分美国媒体披露了"食肉动物系统",即美国司法部下属联邦调查局开发并使用的一套信息监控系统。而"9·11"之后,美国国会更是通过新法案并增加对"食肉动物系统"的拨款①。防火墙应用的一个典型地缘政治结果是中美搜索引擎的分裂。谷歌和百度在中国市场的情形被认为是一种"搜索引擎的地缘政治"②。两者的分裂不仅仅影响搜索引擎的使用者习惯,更是影响到市场份额、经济利益以及其中所蕴含的政治和文化价值观。这也导致了中美网络经济博弈相对被限制在各自的传统地缘政治领域。此外,中美常用社交媒体平台也不同,中国网民偏好使用微信,而脸书(Facebook)、谷歌(Google)、推特(Twitter)等社交媒体则在美国等西方国家被广泛使用。二是技术本土化趋势。棱镜门事件的一个附带效果是越来越多的网络安全技术和网络产品的本土化倾向③。网络产品和技术在最初大部分是由一些跨国公司进行开发的。然而,随着国家在网络空间利益的上升,各国开始投入更多的资金以开发自主知识产权的网络技术。国家开始更多介入原来属于私营企业的网络安全领域。火眼(FireEye)公司的首席执行官戴维·德沃(Dave DeWalt)表示,以前网络安全公司基本都是私营的,但是现在的趋势是,几乎所有大国都有国家支持甚至国家成立的安全公司。所以,最后的博弈结果就是网络大国之间的优势争夺④。

---

① 沈逸:《美国国家信息安全战略》,时事出版社2013年版,第184—187页。
② Shin Joung Yeo, "Geopolitics of search: Google versus China?", *Media, Culture & Society*, 2016, Vol.38, No.4, pp.591-605.
③ Ian Bremmer, "The Geopolitics of Cybersecurity" (January 12, 2011), Foreign Policy, http://foreignpolicy.com/2011/01/12/the-geopolitics-of-cybersecurity/, retrieved August 20, 2016.
④ Danny Yadron, "When Cybersecurity Meets Geopolitics" (March 23, 2015), The Wall Street Journal, http://blogs.wsj.com/digits/2015/03/23/when-cybersecurity-meets-geopolitics/, retrieved August 20, 2016.

第三,网络空间法规制度成为网络空间的人造地缘政治壁垒。虽然网络公司大多是私营企业,但是这些企业面临着越来越多的政府压力。正如斯诺登所揭露的一样,大部分公司在政策法规、法庭传唤、国家安全函件、营业执照审核、利诱甚至爱国主义教育等正式或非正式压力下与政府合作。即使是在网络空间治理中举足轻重的跨国网络公司,也自觉地遵循地缘政治的分歧。例如,Cable 公司和 Wireless 公司(现在被 Vodafone 收购)据传从英国政府情报总部(The Government Communications Headquarters,GCHQ)获得数十亿英镑并因此同意在其系统内安装监控设备①。当然有时政府也会利用秘密手段,如美国国家安全局(National Security Agency, NSA)有足够的技术以黑客方式进入谷歌公司的数据库。中美各自对自己的网络空间设立了各种规章制度和机构以加强对自己国内的网络空间事务的管理。2009 年 5 月,奥巴马就宣布在白宫设立网络安全办公室,并任命一名网络安全协调主管。中国也于 2014 年 2 月成立了中央网络安全和信息化领导小组以及相应的中央网信办。最有代表性的制度壁垒则是中美网络审查制度。美国众议院情报委员会于 2011 年对中兴、华为进行特别调查并发布调查报告,最后中兴、华为不得已退出美国市场。2013 年,美国国会通过的《2013 财年综合继续拨款法》又限制美四个政府部门购买中国企业生产的信息技术设备②。中国也在信息安全产品认证制度的基础上被迫思考如何进一步推进网络安全审查制度。2017 年 5 月,国家互联网信息办公室公布了《网络产品

---

① Ron Deibert, "The Geopolitics of Cyberspace After Snowden", *Current History*, 2015, Vol.114, No.768, p.11.
② 左晓栋:《近年中美网络安全贸易纠纷回顾及其对网络安全审查制度的启示》,《中国信息安全》2014 年第 8 期,第 69—72 页。

和服务安全审查办法(试行)》①,并已于同年6月1日开始实施。依据该办法,国家网信办会同有关部门成立了中国首个网络安全审查委员会。

第四,中美本身语言的天然差异也加剧了中美网络空间的地缘政治分裂。虽然网络空间发展使得全球交流异常便利,中美两国通晓对方语言的人数也在增加,但是,对于大部分老百姓来说,中美网络空间语言的天然差异也加剧了中美网络空间的地缘政治分裂。也就是说,母语为中文的人群的网络浏览内容以中文为主,母语为英文的同样则以英文为主。即使都是用英语,各国的媒体的受众也基本集中在本国国内。《中国日报》(China Daily)英文网站98.3%的用户来自中国国内,美国用户仅占0.4%;《华盛顿邮报》(The Washington Post)网站78.9%用户来自美国本土,2.1%来自英国,2.0%来自中国,1.9%来自加拿大,1.4%来自印度②。可见,各国国民浏览的网络内容基本以自己国家的语言和自己国家产生的内容为主。这些因素都造就了网络空间无形的地缘政治壁垒。

三、网络主权的提出与传统地缘政治印象

中国坚持网络主权(或称为互联网主权、网络空间主权)原则。中国国务院新闻办公室早在2010年6月发布的首份《中国互联网状况》白皮书就提出,"中国境内的互联网属于中国主权管辖范围,中国的互联网主权应受到尊重和维护"。2014年7月,习近平出访巴西期间在演讲中阐述了中国对于信息主权的看法:"虽然互联

---

① 《网络产品和服务安全审查办法(试行)》(2017年5月2日),中华人民共和国国家互联网信息办公室,http://www.cac.gov.cn/2017-05/02/c_1120904567.htm,最后浏览日期:2017年9月20日。
② 数据来自Alexa网站(http://www.alexa.com),最后浏览日期:2016年9月12日。

网具有高度全球化的特征,但每一个国家在信息领域的主权权益都不应受到侵犯,互联网技术再发展也不能侵犯他国的信息主权。"①2014年11月,习近平在致首届世界互联网大会开幕式贺词中郑重呼吁国际社会"尊重网络主权、维护网络安全"。2015年12月,习近平在第二届世界互联网大会上再次提出"互联网治理四项原则",其中第一条即是尊重网络主权。而2015年7月1日颁布实施的新版《中华人民共和国国家安全法》中第一次明确提出"网络主权"概念,主张要"维护国家网络主权",从而以法制形式表明了中国的原则立场。网络主权同样是《国家网络空间安全战略》和《网络空间国际合作战略》的核心原则之一。尊重网络主权意味着"国家间应该相互尊重自主选择网络发展道路、网络管理模式、互联网公共政策和平等参与国际网络空间治理的权利,不搞网络霸权,不干涉他国内政,不从事、纵容或支持危害他国国家安全的网络活动"②。

在西方语境中,中国所倡导的"网络主权"概念被认为是对传统地缘政治理论在网络空间的延伸,因为主权理论是传统地缘政治学的支柱之一,而民族国家是地缘政治结构的重要层次③。网络主权的提出也因此与传统地缘政治印象联系在一起。网络空间的出现促进了一种新型国家主权即网络主权的出现④。主权的涵

---

① 习近平:《弘扬传统友好 共谱合作新篇》(2014年7月16日),新华网,http://www.xinhuanet.com/world/2014-07/17/c_1111665403.htm,最后浏览日期:2018年12月20日。
② 参见《网络空间国际合作战略》,外交部和国家互联网信息办公室于2017年3月1日共同发布。
③ [美]索尔·科恩:《地缘政治学:国际关系的地理学》,严春松译,上海社会科学院出版社2011年版,第38页。
④ Iulian F. Popa, "Cyber Geopolitics and Sovereignty: An Introductory Overview", *National and International Security* 2014, Akadémia ozbrojenych síl generála Milana Rastislava Štefánika, 2014, pp.413-417.

义其实是一个国家保障其政治、经济、军事的安全、稳定与发展的权力。在网络信息时代,国家主权的概念已经悄悄发生了变化。"网络主权"成为国家主权概念中的主要内容,从而扩大了国家主权的外延。

美国则从未有官方表态对"网络主权"的赞成,因为这和他们主张的网络自由相悖。然而,美国民间也不乏对网络主权概念的拥护。2016年2月29日,美国智库战略与国际研究中心举办了名为"中国的'网络主权'提议:起源与影响"的专题研讨会。其资深副主任与战略技术项目主管詹姆斯·安德鲁·刘易斯(James Andrew Lewis)博士表示,互联网治理理应被纳入国家主权的适用范围。事实上,尽管美国官方没有表态,其许多行为依然体现了主权思想。例如,制定各种法律法政策规范来管理其网络空间,制定国家行动计划等。2016年2月9日,奥巴马宣称,在对网络安全环境进行了七年的观察之后,在其执政的最后阶段决定要推行"网络安全国家行动计划"(Cybersecurity National Action Plan, CNAP)①。2017年5月11日,美国总统特朗普也签署了一项期待已久的行政命令《加强联邦政府网络与关键基础设施网络安全》(Presidential Executive Order on Strengthening the Cybersecurity of Federal Networks and Critical Infrastructure)②,这项行政命令列出了特朗普政府的三项优先任务:保护联邦政府的网络、升级已经老化过时

---

① The White House Office of the Press Secretary, "Cybersecurity National Action Plan" (February 9, 2016), the White House, http://www.whitehouse.gov/the-press-office/2016/02/09/fact-sheet-cybersecurity-national-action-plan, retrieved December 6, 2018.
② The White House, "Presidential Executive Order on Strengthening the Cybersecurity of Federal Networks and Critical Infrastructure" (May 11, 2017), https://www.whitehouse.gov/the-press-office/2017/05/11/presidential-executive-order-strengthening-cybersecurity-federal, retrieved September 22, 2017.

的系统和保护美国民众的网络安全。针对俄罗斯利用社交媒体对美国大选的干涉,特朗普总统2018年4月6日明确表示,"俄罗斯发起了一场威胁美国及其盟友的主权和安全的持续性的全球运动"①。事实上,国家权威对内通过建立和完善网络监管的法律和制度体系,对外通过发展网络空间攻防、制定网络安全战略,从而以主权内部性和外部性的重构推动了网络空间的再主权化②。

四、中美网络空间的权力博弈重现地缘政治竞争

网络地缘政治的理论支柱在于网络与地缘政治权力的关系。网络不仅对传统权力工具有变革性影响,而且网络权力本身也可用来实现传统地缘政治目标。因此,网络空间权力的争夺成为又一地缘政治竞争内容。中美地缘政治竞争同样体现在双方网络空间的权力博弈上,主要体现为下述几方面。

第一,大数据资源的获取服务于地缘政治目标。网络空间大数据蕴含着许多社会、政治、文化甚至国防信息,对于大数据的争夺可以发现一些战略优先信息,从而服务于其地缘政治目标。大数据时代已经来临,大数据将成为21世纪国际关系的新挑战和新竞争领域③。如棱镜门所揭示的一样,美国借助其网络公司的全球业务范围与能力在全球收集数据,展开大数据的角逐,并在某种程度上成为"地缘信息帝国"(geoinformational empires),在这里,

---

① The White House, "President Donald J. Trump Is Standing up to Russia's Malign Activities"(April 6, 2018), https://www.whitehouse.gov/briefings-statements/president-donald-j-trump-standing-russias-malign-activities/, retrieved November 8, 2018.
② 刘杨钺、杨一心:《网络空间"再主权化"与国际网络治理的未来》,《国际论坛》2013年第6期,第1—7页。
③ 蔡翠红:《国际关系中的大数据变革及其挑战》,《世界经济与政治》2014年第5期,第124—143页。

传统的世界政治空间和各种电子网络和数据节点共同构建了真实的社会空间①。美国政府 2012 年就投入大量资金启动了《大数据研究和发展计划》。由此,美国对于信息和数据的管理和操控已经变成至关重要的地缘政治实践。中国则于 2015 年 8 月 19 日的国务院常务会议通过了《关于促进大数据发展的行动纲要》(以下简称"《行动纲要》")并于 9 月 5 日正式发布②。《行动纲要》是到目前为止我国促进大数据发展的第一份权威性、系统性文件。2015 年 11 月发布的《中共中央关于制定国民经济和社会发展第十三个五年规划的建议》进一步强调了推进数据资源开放共享,实施国家大数据战略③。这些都代表了大数据发展和竞争达到了国家战略全局的高度。

第二,网络外交创造地缘政治新平台。美国在外交中尽显其网络优势,如在伊朗建立虚拟大使馆等进行文化宣传、心理攻势等。而中国则是美国网络外交尤其是运用社交媒体开展外交的重点对象,美国国务院及其驻华使团展开各种信息发布和与中国公众互动的活动,意在传递信息、监测舆情、引导舆论,呈现出全面覆盖、中文内容、直面公众、潜移默化等特点④。许多词语可用来形容这一倾向,如数字外交(digital diplomacy)、互联网外交(internet diplomacy)、推特外交(twitter diplomacy)等。中国也在

---

① Gearóid Ó Tuathail, "The Postmodern Geopolitical Condition: States, Statecraft, and Security at the Millennium", *Annals of the Association of American Geographers*, 2000, Vol.90, No.1, p.171.
② 《国务院关于印发促进大数据发展行动纲要的通知》(2015 年 8 月 31 日),中华人民共和国中央人民政府网站,http://www.gov.cn/zhengce/content/2015-09/05/content_10137.htm,最后浏览日期:2017 年 9 月 22 日。
③ 《中共中央关于制定国民经济和社会发展第十三个五年规划的建议》(2015 年 10 月 29 日),中国共产党新闻网,http://cpc.people.com.cn/n/2015/1103/c399243-27772351.html,最后浏览日期:2017 年 9 月 22 日。
④ 汪晓风:《社交媒体在美国对华外交中的运用》,《美国研究》2014 年第 1 期,第 47—62 页。

网络外交领域积极推进。美国学者亚当·西格尔(Adam Segal)最近撰文指出,在习近平主席的领导下,中国已经开始改变过去在网络空间全球治理中的防御性和反应性的相对立场,而代之以更加积极的网络外交。他还分析了中国网络外交的三大目标,除了控制可能威胁政治稳定的网络信息和利用网络空间拓展中国各方面影响力外,专门提到了对抗美国在网络空间的优势以及提升中国的操作空间这一目的①。虽然西格尔的观察不一定准确,但是却反映了中美在网络外交方面的较量。针对国内网民,网络政治也呼应着网络外交。一方面,各国都在尽力发展电子政府,在政府和民众之间建立网络形式的管理,在网络空间强化政府的角色。另一方面,中美两国都利用网络作为政治文化的宣传工具。

第三,中美网络间谍方面的波折延续了地缘政治竞争。2014年5月美国政府以"五名中国军人涉嫌通过网络从六家美国企业窃取机密信息"为由,对其提起诉讼,使中美间谍问题重回两国博弈的聚焦镜中。间谍活动古已有之。然而,在网络间谍问题上,美国作为该领域唯一的超级大国,却对经济间谍与其他间谍行为加以区别,认为经济网络间谍应当受到禁止,而其他网络间谍行为则不受规制。事实上,经济间谍并未在国际法上受到区别对待,无论是在WTO法还是其他现有国际法上都找不到依据②。美国无理的起诉活动直接后果是中国政府决定中止中美网络工作组活动,从而一度加剧了双方的网络空间紧张关系。

第四,网络治理方面的权力博弈是中美之间新的地缘政治斗争

---

① Adam Segal, "Chinese Cyber Diplomacy in A New Era of Uncertainty" (June 2, 2017), Hoover Institution, http://www.hoover.org/research/chinese-cyber-diplomacy-new-era-uncertainty, retrieved September 22, 2017.
② 黄志雄:《论间谍活动的国际法规制——兼评2014年美国起诉中国军人事件》,《当代法学》2015年第1期,第143—145页。

形式。各国之间针对网络治理的分歧一直在继续,"在网络治理问题上也出现了地缘政治现象"①。网络发展早期,网络治理基本是非正式的形式,并由非国家行为体主导。但是政府越来越多地开始介入,有关网络空间的话题也越来越多地在各种国际会议中成为政治斗争的内容②。有西方学者认为,全球治理已经被地缘政治取代,许多全球问题最后还是需要在地缘政治体系内解决,并不存在真正的全球治理模式③。在互联网治理态度方面,主要有两类观点:一类主张政府有限作用的互联网自由;一类主张由联合国牵头并由国家主导的网络空间治理。美国、英国及其他欧洲国家等属于第一类;中国、俄罗斯、伊朗、沙特阿拉伯等属于后一类;而一些新兴经济体如巴西、印度、印度尼西亚等则被认为是"摇摆国家"(swing states)④。尽管斯诺登事件使得第一类阵营被弱化,但以美国为首的第一阵营和以中俄为代表的第二阵营之间的网络空间治理模式之争一直是这些年来网络空间全球治理竞争的重要内容。

五、网络军事化趋势加强地缘政治冲突风险

网络战被认为是最能体现网络空间地缘政治性的趋势之一。网络军事化代表了狭义的网络战趋势,即将网络发展为武器应用于军事目的。网络战作为新的战争形式,在军事和政治领域开始被

---

① Julien Nocetti, "The Complex Geopolitics of Internet Governance", April 2, 2014, Valdai Discussion Club, http://valdaiclub.com/opinion/highlights/the_complex_geopolitics_of_internet_governance/, retrieved August 20, 2016.
② Ron Deibert, "The Geopolitics of Cyberspace After Snowden", *Current History*, 2015, Vol.114, No.768, p.13.
③ Stewart Patrick and Isabella Bennett, "Geopolitics Is Back—and Global Governance Is Out" (May 12, 2015), The National Interest, http://nationalinterest.org/blog/the-buzz/geopolitics-back—-global-governance-out-12868, retrieved August 20, 2016.
④ Ron Deibert, "The Geopolitics of Cyberspace After Snowden", *Current History*, 2015, Vol.114, No.768, p.13.

广泛运用。事实上,网络空间这一新的地缘政治领域频频上演各种广义上的网络战形式,如信息情报战、舆论民意战、文化和意识形态战、网络攻防战等。但因篇幅有限,本处仅讨论狭义网络战。

网络军事化和武器化的加速发展加强了地缘政治冲突风险。互联网发展初期,人们对网络空间安全威胁来源的认知往往以蛰伏在暗处的某个黑客或犯罪组织为基本假想,这也就是布赞所指的"威胁代理"。然而,随着网络武器化和军事化趋势的出现,以及媒体对这些事态的进一步宣传,网络威胁的主观建构由模糊的、超国家的非传统安全概念向具体的、以国家性为内涵的传统安全概念转变①,民族国家间的地缘政治敌我身份认同在网络空间也进一步被明确。

世界各国都相继在作网络战的准备②。联合国裁军研究所2013年的调查数据就显示,已有46个国家组建网络作战部队。在这轮网络军事化潮流中,美国可以说是领头羊。美国网络司令部的诞生可以作为一个例证。美国将网络空间列为继海陆空天之后的第五大领域,并发展相应进攻性能力。2014年3月5日,美国防部发布《四年防务评估报告》,在精简部队结构、实行国防投入"自动消减机制"的大背景下,明确提出"投资新扩展的网络能力,建设133支网络任务部队",引起世界担忧。美国总统特朗普2017年8月18日宣布,把战略司令部旗下的"网络司令部"升级为与战略司令部同级的第十个联合作战司令部。网络司令部的升级,意味着今后它将无需通过各相关军种,可直接指挥麾下所属各个军种部队,美军网络部队也因此成为一个独立军种。

---

① 刘杨钺、杨一心:《网络空间"再主权化"与国际网络治理的未来》,《国际论坛》,2013年第6期,第4页。
② Ron Deibert, "The Geopolitics of Cyberspace After Snowden", *Current History*, 2015, Vol.114, No.768, p.11.

此举说明网络空间正式与海洋、陆地、天空和太空并列成为美军的第五战场。在该形势下，中国也不敢对此掉以轻心。2016年4月25日，习近平在网络安全和信息化工作座谈会上的讲话中专门指出，中国需要增强网络安全防御能力和威慑能力。其中网络威慑能力的提出的确也引起了外方对中国增强网络军备的猜测。

地缘政治思维决定了网络战争行为背后的逻辑。例如，对于针对伊朗核设施的震网病毒（Struxnet）的来源，随便挑选三个国家（如蒙古、乌干达或者希腊）都不可能被认为是背后的始作俑者。沙特阿拉伯和阿联酋等海湾阿拉伯国家虽与伊朗关系紧张，但是缺乏一定的技术能力。俄罗斯虽然有技术储备，但是与伊朗紧密的经济和商业联系则大大降低了这种可能性①。而1979年以来伊朗与美国及以色列等邻国紧张的地缘政治关系使美、以两国更值得被怀疑。尽管两国从未承认，但是有情报泄露了美国和以色列的一项耗资巨大的网络合作②。因此，地缘政治决定了网络战的对象，网络战也是用来实施传统地缘战略的工具。

网络战还往往和传统地缘政治的冲突热点相结合，作为其他地缘政治工具的补充。根据斯诺登揭露的材料，美国情报部门曾对中国的高校、军队及政府机关发动过黑客攻击。2001年中美撞机事件后，美国黑客组织不断袭击中国网站，中国一些黑客组织也积极进行"黑客反击战"。因此，在撞机事件发生后的一段时间，两

---

① John B. Sheldon, "Geopolitics and Cyber Power: Why Geography Still Matters", *America Foreign Policy Interests*, 2014, Vol. 36, Iss. 5, pp. 288–289, availabe at https://www.tandfonline.com/doi/abs/10.1080/10803920.2014.969174.
② Greg Miller and Sari Horwitz, "Justice Dept. Targets General in Leak Probe" (June 27, 2013), *The Washington Post*, http://www.washingtonpost.com/world/national-security/justice-dept-targets-general-in-leak-probe/2013/06/27/9ad8bc4e-df7c-11e2-b2d4-ea6d8f477a01_story.html, retrieved August 20, 2016.

国网站上的黑客攻击事件数量陡然上升。1999年,中国驻南斯拉夫大使馆遭到以美国为首的北约轰炸,也引发了为期大约一周的中美两个国家间的黑客攻击事件。网络攻击手段的便利性、快速性、廉价性等特点将使其在地缘政治冲突中的作用越来越大,也因此常成为民族主义的非理性工具。网络民族主义是"网络+民族主义"的结合体,是民族主义思潮在网络时代的最新表现①。除互联网技术的发展与传统民族主义的继续发展外,网络民族主义的出现还受综合国力提升、国际环境变化、普通大众的政治参与性提高等深层原因影响。但就其本质而言,网络民族主义拓展了国家民族主义和族裔民族主义的表现平台②,是民族主义在网络空间的延伸与发展,它源于民族主义与全球化冲突,其实质是民族或国家之间利益关系在全球化过程中的相互影响和冲突③,因而也是传统地缘政治冲突在网络空间的表现形式。

　　此外,面对网络博弈,国家也可能会动用传统地缘政治手段进行回击。例如,美国国防部2011年出台的《网络空间行动战略》就指出,一些严重的网络攻击行动将被视同为战争行为,美国将以包括使用导弹和其他高技术武器在内的传统的军事打击对敌对国家进行攻击。2015年的新版《网络战略》则公开表示,美国军方将把"网络战"用作针对敌人的作战方式,当美军在与敌人发生冲突时,可以考虑实施"网络战"④。

---

① 葛素华:《国内网络民族主义研究:现状与问题》,《现代国际关系》2014年第4期,第57页。
② 王军:《网络民族主义、市民社会与中国外交》,《世界经济与政治》2010年第10期,第142—147页。
③ 葛素华:《国内网络民族主义研究:现状与问题》,《现代国际关系》2014年第4期,第58页。
④ U. S. Department of Defense, *The Department of Defense Cyber Strategy*, April 15, 2015.

六、网络问题逐渐被纳入传统地缘政治格局

网络问题逐渐被纳入传统地缘政治格局主要体现在如下两点。

其一,网络问题被纳入传统地缘政治盟友体系。美国非常注重强化与同盟国家的网络空间合作。除联合同盟国家进行大规模的"网络风暴"演习外,美国格外注重加强与同盟国家的双边关系。在东亚,美国将网络问题纳入美日同盟、美韩同盟、美澳同盟,某种程度上以所谓传统的"北锚""南锚"加固对中国的网络地缘战略封锁线。2013年5月,美日在东京举行首次"安全对话",双方决定把网络安全作为美日双边关系的基石,把双边网络安全合作提高到极高的地位①。在南亚,美国强化与东盟的网络关系,推进美印网络合作。2015年8月美印网络对话之后,双方发布联合公告称,美印双方确定了在网络安全能力建设、网络安全技术研发、打击网络犯罪、国际网络安全及互联网治理等诸多方面的合作机会,并拟打造双方在网络安全方面的合作伙伴关系②。在欧洲,美国与北约联合对抗俄罗斯,将网络战纳入北约作战体系。2016年7月,北约各成员国共同签署文件同意将网络空间等同于海陆空的行动领域加以保护③。

---

① Mihoko Matsubara, "A Roadmap for U.S.‐Japan Cybersecurity Cooperation" (May 21, 2013), Council on Foreign Relations, http://blogs.cfr.org/asia/2013/05/21/roadmap-for-u-s-japan-cybersecurity-cooperation/, retrieved August 20, 2016.
② The White House Office of the Press Secretary, "Joint Statement: 2015 United States‐India Cyber Dialogue" (August 14, 2015), The White House, https://www.whitehouse.gov/the-press-office/2015/08/14/joint-statement-2015-united-states-india-cyber-dialogue, retrieved August 20, 2016.
③ NATO's Cyber History (keep being updated), NATO Multimedia Library, http://www.natolibguides.info/cybersecurity, retrieved December 28, 2018.

在美国的网络空间地缘政治思维的刺激下,中国被迫开始在其外交平台中推进网络空间利益,网络问题成为上海合作组织、金砖国家、东盟的重要话题和讨论点。早在2009年,为了加强执法合作,上海合作组织成员国就签订了《上合组织成员国保障国际信息安全政府间合作协定》。2013年12月,在南非召开的金砖国家安全事务高级代表第四次会议则决定成立金砖国家网络安全问题工作组。为了促进区域内的多边发展与合作,中国于2014年9月与缅甸、印度尼西亚、马来西亚等东盟十国达成了共建"中国-东盟信息港"的倡议。此外,网络问题也被纳入中国的"一带一路"倡议框架下的周边建设规划中。共建"中国-东盟信息港"的目的之一就是使之成为建设21世纪"海上丝绸之路"的信息枢纽①。作为落实"一带一路"倡议的具体措施,工业与信息化部还于2014年11月提出"数字丝绸之路"构想,其主要内容是促进"一带一路"沿线国家在数据信息服务、互联网业务和国际通信业务方面的互联互通②。

其二,网络空间力量分布没有逃出传统地缘政治格局。"一超多强"的全球网络空间格局出现。随着网络技术的迅猛发展,国际政治权力与利益的争夺也将必然进入全球网络政治空间。世界各国不断加大对网络空间的人力、物力、财力、技术等投入,不断加快建立网络空间的国家安全战略,促使全球网络空间"一超多强"的新格局初步显现。在这一格局中,美国占领着"一超独大"地位:美国掌握全球网络空间的核心控制权;美国拥有丰富的网络空间资

---

① 《首届中国-东盟网络空间论坛开幕》,《南宁日报》,2014年9月19日,第1版。
② "数字丝绸之路"构想是国务院《周边国家互联互通基础设施建设规划》的一部分,由信息与工业化部参与制定,2014年11月制定完毕。参见汪晓风:《数字丝绸之路与公共产品的合作供给》,黄河主编:《复旦国际关系评论第16辑·数据治理与政府能力》,上海人民出版社2015年版,第171—172页。

源;美国还确立了全方位网络空间战略执行体系。中国则处在全球网络空间迅速崛起过程中:中国积极推进信息网络技术的研发,不断完善网络基础设施建设,同时,中国国家高层领导人也高度重视网络空间。此外,俄罗斯、日本、印度、巴西等国也在迎头赶上,并在全球网民分布与网络力量中占有重要一席①。

网络空间力量分布之所以没有逃出传统地缘政治格局的原因在于,作为一种高科技,其优势可强化地缘优势、弥补地缘劣势。领先进行信息革命的国家可以迅速增强本国的经济实力,相应增强军事实力,拉开与其他国家的实力差距;而开发、利用最先进的信息网络技术能最大限度地保护本国经济、政治、军事信息设施和国防秘密的安全,更广泛地传播本国的政治思想,争取参与处理世界事务的主导权②。21世纪已经形成了英国地缘政治学家哈尔福德·麦金德所说的大陆国家(处于欧亚大陆心脏地带的俄罗斯和中国)与海洋国家(美国、英国、日本)两大阵营之间的竞争格局。似乎网络空间的出现并没有改变这样的竞争格局,相反,某种程度上是对原有格局的强化。

综上所述,网络空间是地缘政治的新领域。网络空间组成架构的地缘属性、网络空间活动主体的地缘属性、网络空间"战略要地"的存在以及主权国家在网络空间日益上升的权力都构建了网络空间的地缘政治属性。网络空间正在成为新一轮地缘政治博弈的大舞台,网络地缘政治初现端倪。网络空间对于地缘政治的意

---

① 互联网用户最多的前六个国家依次是中国、印度、美国、巴西、日本、俄罗斯。参见"Internet Users by Country (2016)"(July 1, 2016), Internet Live Stats, http://www.internetlivestats.com/internet-users-by-country/, retrieved December 6, 2018.

② 张妍:《信息时代的地缘政治与"科技权"》,《现代国际关系》2001年第7期,第21页。

义不仅在于网络力量可以作为权力工具来实现传统地缘政治目标,而且网络力量对于地缘政治还有特殊意义,即网络力量本身不仅是一种权力工具,而且能对传统权力工具产生巨大影响,并成为各国综合国力竞争的决定性因素。

中美网络博弈正在变成越来越具有以地缘政治为导向的关系,而斯诺登事件是中美网络博弈的地缘政治回归的催化剂。中美网络博弈中的地缘政治逻辑包括六大方面:地缘政治思维构建中美网络安全话语和政策、中美网络空间壁垒与地缘政治空间的重合、网络主权的提出强化传统地缘政治理论、中美网络空间权力博弈重现地缘政治竞争、网络军事化趋势加强地缘政治冲突风险、网络问题逐渐被纳入传统地缘政治格局。

根据网络地缘政治理论,网络并非运行于现有国际体系之外,网络空间力量还不足以改变传统地缘政治,是网络适应传统地缘政治而不是反过来,网络问题从属于地缘政治关系,地缘政治关系决定了网络空间关系。同时也说明现有的民族国家体系具有强大的承受力和弹性。如全球化一样,网络力量是"民族国家体系的女仆,影响到国家政策,但不会削弱民族主义的程度","民族国家依然是国际体系的黏合剂,是使得一个民族能够取得与其领土属性意识密不可分的自我实现的主要机制"[①]。

但是网络地缘政治理论并不是说网络空间没有超越传统地缘政治之处。传统地缘政治学将冲突与对抗视为逻辑起点。而网络空间的新地缘政治特征决定了中美地缘政治博弈下的网络关系既有竞争也有合作,既相互借重又相互牵制。这也是网络时代的地

---

① [美]索尔·科恩:《地缘政治学:国际关系的地理学》,严春松译,上海社会科学院出版社 2011 年版,第 52—53 页。

缘政治与传统地缘政治的不同①。此外,传统地缘政治的风险主要来自国家力量,而网络地缘政治的风险则不仅是国家力量,还包括许多非国家行为体的威胁,如恐怖主义威胁等。

总而言之,不管中美关系多么重要,中美两国都无法单方面推动网络安全秩序朝着自身意愿的方向发展,无法按照自身的意志单独来塑造网络空间秩序。网络地缘政治博弈中的中美双方可以是战略竞争者但并非注定是敌人,中美在网络博弈中不应该互相为敌,而应寻求深化合作领域,拓展合作空间,建立合作机制,增进网络空间战略互信,从而为网络空间的中美新型大国关系作好铺垫。

---

① Alexander Sword, "The Future of Cyber Security Collaboration between Nation States: Can the USA and Russia Really Work Together?" (May 20, 2016), Compute Business Review (online), http://www.cbronline.com/news/cybersecurity/data/the-future-of-cyber-security-collaboration-between-nation-states-can-the-usa-and-russia-really-work-together-4899745, retrieved December 6, 2018.

第四章
中美网络政治议题：网络政治化背景下的美国意识形态扩张

美国未来学家阿尔文·托夫勒（Alvin Toffler）早在1983年便预言人类将进入信息政治时代，他指出："信息是和权力并进而和政治息息相关。随着我们进入信息政治的时代，这种关系会越来越深。"①如今，随着网络的全面渗透和应用，可以说，我们已经进入了网络政治时代。最初作为一种社会和经济应用的网络已经悄然发生各种变化，不仅在军事领域被作为重要拓展空间，而且更被视为一种有效的政治工具被各国政府和民众广泛使用，网络政治化现象在全球普及。

美国借助网络所进行的意识形态扩张是网络政治化在国际关系中的一个突出表现。美国不仅在网络应用上走在世界前列，而且意识形态的攻势也很引人注目。可以说，美国还在高举意识形态的大旗，尽管如今的意识形态对抗相比冷战期间大大减弱②。

---

① ［美］阿尔文·托夫勒：《预言与前提》，辽宁社会科学院新技术革命课题组编：《托夫勒著作选》，辽宁科学技术出版社1984年版，第9页。
② 吴心伯：《中国外交不要落入美国式陷阱》，《环球时报》，2014年12月9日，第14版。

意识形态是由各种具体的意识形成的政治思想、法律思想、经济思想、社会思想、教育、艺术、伦理、宗教、哲学等构成的有机的思想体系①。意识形态的一个重要社会功能,就是为一定的社会或政治共同体成员规定其社会活动的价值导向。

作为对美国网络政治化的重要手段,其意识形态扩张的具体路径和动力是本章的研究重点。唯有对美国意识形态扩张的网络政治化进行剖析,才能在应对的过程中化被动为主动。

第一节　美国意识形态扩张的网络政治化路径

网络是影响受众的最有效的意识形态国家机器之一,也是近年来美国进行意识形态扩张的首选工具。美国国防部早在1995年发布的《对互联网的战略评估》报告中就列出了互联网的七种战略功能:政治作用、情报搜集、情报反搜集、决策支持、公民社会支撑、进攻型使用及冲突状态下的信息沟通。其中"政治作用"明确指出可利用互联网对美国认定的非民主政权进行挑战;而所谓对互联网的"进攻型使用"更指出,可通过互联网散布错误信息,误导受众,诱使其作出符合美国国家利益的行为②。

美国不仅通过明的官方途径树立自己网络自由旗手形象,而且通过各种暗的干扰、影响,甚至破坏性的网络途径进行意识形态扩张。具体而言,美国意识形态扩张的网络政治化路径有如下几个方面。

---

① 俞吾金:《意识意识形态:哲学之谜的解答》,《求是学刊》1993年第1期,第3—7页。
② 沈逸:《美国网络外交新瓶装旧酒》,《解放军报》,2012年5月2日。

一、通过官方途径树立网络自由旗手形象

美国意识形态扩张的网络政治化路径之一是通过官方途径树立自己网络自由旗手形象。美国意识形态输出主体主要包括政府组织(如白宫、国会、国务院、国防部、美国情报机构、新闻署、国际开发署等联邦政府及部门)和非政府组织(包括智库和基金会)以及媒体等,这些主体互相呼应、各有分工配合①。其中主导者是美国政府,而国务院又是最重要的意识形态网络扩张的主体。美国国务院的国际信息局(Bureau of International Information Programs)就是负责向全世界"传播美国"的重要部门,承担着"以多种形式向国外公众传播美国对外政策、社会与价值观有关的各类信息,帮助读者更好地了解美国,促进思想和文化交流,建立和维持美国的国际声誉"的职责②。

美国首先是通过正面的官方方式宣扬网络自由,并主张开放的国际舆论环境。2010年1月,时任国务卿希拉里首度发表关于互联网自由问题的讲话;2011年2月,希拉里再次发表关于"互联网自由"的演说,进一步详细阐述"互联网自由"概念,并将其纳入美国外交政策框架。因此,2011年5月美国提出的《网络空间国际战略》中,"网络自由"成了核心理念。"当网络世界面临威胁和入侵时,美国高度重视以下原则:言论和结社自由、珍视个人隐私和信息的自由流动","美国的国际网络空间政策反映了美国的基本原则,即对基本自由、个人隐私和信息自由流动的核心承诺";同时,"网络自由"作为美国《网络空间国际战略》七个"政策重点"之

---

① 董德、侯惠勤:《911以来美国对华意识形态输出战略浅论》,《南京社会科学》2012年第10期,第80页。
② "Bureau of International Information Programs" (n. d.), State Department, http://www.state.gov/r/iip/, retrieved December 6, 2018.

一被反复强调:"美国鼓励全世界人民通过数字媒体表达观点、分享信息、监督选举、揭露腐败、组织政治和社会运动","美国将继续确保网络的全球属性带来的益处,反对任何试图将网络分裂为一个个剥夺个体接触外部世界的国家内部网络的努力"①。

在正面塑造自身网络自由旗手形象的同时,美国时常对别国的信息政策进行打分评估,并加以负面指责。早在2011年2月希拉里的演讲中就公开点名古巴等国家是"实行书报检查、限制网络自由、逮捕批评政府的博主的国家"②。美国国务卿克里2014年2月15日在结束访华行程前会晤4名中国知名媒体人和网络博主时的会谈主题也为"互联网自由"。美国人权组织"自由之家"2014年12月初则发表年度报告称,世界各地的互联网自由度连续第四年下降,诬称其中表现最恶劣的国家是中国、叙利亚和伊朗——称这三个国家在65个国家和地区网络自由度排名中垫底③。而据西方媒体报道称,总部设在华盛顿的国际性的非政府组织"自由之家"的大部分资金源于美国政府,与美国国防部关系密切④。

二、推动塑造"美国正确"和推行美国价值观的自由信息环境

美国意识形态扩张的网络政治化路径之二是推动塑造"美国正确"和推行美国价值观的自由信息环境。美国认为通过构建开

---

① 阚道远:《美国"网络自由"战略评析》,《现代国际关系》2011年第8期,第18页。
② Hillary Rodham Clinton, "Internet Rights and Wrongs: Choices & Challenges in a Networked World" (February 15, 2011), U.S. Department of State, https://2009-2017.state.gov/secretary/20092013clinton/rm/2011/02/156619.htm, retrieved December 29, 2018.
③ Freedom House, *Freedom on the Net* 2014, available at https://freedomhouse.org/sites/default/files/resources/FOTN% 202014% 20Summary% 20of% 20Findings.pdf, retrieved December 6, 2018.
④ "Introduction to Freedom House" (July 1, 2011), Right Web, http://rightweb.irc-online.org/profile/Freedom_House/, retrieved December 6, 2018.

放的全球信息体系并拓展越境信息流的自由流动,可以建立和维护有利于美国利益的国际信息环境,而这是了解、理解并接受美国的价值观,认可美国的主导地位,乃至服从美国的战略前提。1999年,兰德公司受美国国防部委托写了一份美国全球软实力战略报告,提出了五项建议,其中第一条就是"在世界各地扩张网络连接,特别是要连接到那些不喜欢美国思想观念的国家"①。美国财政部外国资产控制办公室主任亚当·舒宾(Adam Szubin)也曾表示,通过扩大互联网自由和其他手段鼓励民主变革,可帮助美国实现外交政策目标。用舒宾的话讲,"个人通信软件的应用和普及是帮助地球上那些最残暴政权发生民主变革的不可或缺的工具"②。一方面,美国通过资金和技术支持规避网络审查、突破网络封锁等技术和应用的研发,试图扫除其意识形态网络扩张的障碍;另一方面,美国还通过各种国际国内协议和政策文件力图将其所谓的网络自由政策国际化。

美国政府一直致力于从资金和技术方面为规避网络审查和突破网络封锁等方面研发提供支持,并逐步将其自由信息环境的推进重点从传统媒体向互联网转移。美国认识到网络的发展兴盛提供给美国一个高效的意识形态扩张工具,而自由的网络信息环境则是其发生作用的前提。为了这一目标,美国给予国务院和国际开发署、广播理事会等相关机构以充分的预算支持。为了支持互联网自由项目,国务院就投入数千万美元支持翻墙软件等相关研

---

① 五条建议分别是:(1)在世界各地扩张网络连接,特别是要连接到那些不喜欢美国思想观念的国家;(2)把在世界范围推行信息自由传播作为美国的权力;(3)开发多层次信息分享系统,不仅是确保信息安全,更重要的是制造全球性的信息分享空间,以便公开讨论某些问题;(4)组建一支"特种媒体部队",随时派遣到发生冲突的地区,搜集与传播信息;(5)国家和非国家组织,特别是与非政府组织建立一套更紧密的协调行动机制。
② 转引自东鸟:《中国输不起的网络战争》,湖南人民出版社2010年版,第102页。

发。2011年2月,"美国之音"停止对华广播的决定也是美国自由信息环境的策略调整结果,因为美国意识到今后对华宣传渗透的重点将主要依靠社交网站、手机网站以及微博等新媒体形式,"互联网才是我们真正想要接触的受众活跃的地方"①,所以"美国之音"中文部决定专注于开发网络和手机对华宣传渠道。

美国还企图通过各种协议和政策途径将其互联网自由的价值和政策规范化,以保障美国在网络空间的活动自由并对其他国家施加压力。美国不仅单边制定《网络空间国际战略》协调与盟国及伙伴在网络空间的政策,国会致力于通过《全球网络自由法案》(Global Online Freedom Act)以支持、促进并加强促进信息自由传播的原则、做法和价值观②,美国还尝试各种多边途径和联合国层面的手段,例如,推进"自由网络联盟"活动并和荷兰宣布建立"数字卫士伙伴关系"以扩展该联盟的影响③,推进以《开放政府宣言》为基础的"开放政府伙伴关系计划"④,以及在联合国层面促使人权理事会通过《在互联网上增进、保护和享有人权决议(草案)》等⑤。

---

① 《"美国之音"停止对华广播欲讨好北京?》,《人民日报(海外版)》,2011年2月22日。
② 汪晓风:《社交媒体在美国外交中的战略定位与政策运用》,《美国问题研究》2012年第2期,第82页。
③ "自由网络联盟"(Internet Freedom Coalition)致力于"捍卫互联网自由的政府、企业、民间团体和学术界,共同维护互联网用户和网络活动人士的权利",成员包括67个机构和网站。"数字卫士伙伴关系"(Digital Defenders Partnership)成立于2012年,目的是"为互联网自由威胁提供快速反应措施"。
④ 开放政府伙伴关系计划(Open Government Partnership)于2011年9月创立,其八个创始国是巴西、印度尼西亚、墨西哥、挪威、菲律宾、南非、英国和美国。参与该计划的国家保证恪守《开放政府宣言》(Open Government Declaration)提出的原则:"开放与公民的接触以改善服务、管理公共资源、促进创新和创建更加安全的社区。"至2014年12月,该计划已有65个成员国。
⑤ 联合国人权理事会2012年7月5日通过《在互联网上增进、保护和享有人权决议(草案)》(Resolution on the Promotion, Protection and Enjoyment of Human Rights on the Internet),该决议明确所有的个人在网上都应该享有在离线状态下同样的人权和基本自由,不论人们通过什么媒介行使权利,各国政府都必须保护这些权利。

三、通过网络"润物细无声"地推广、渗透其文化和价值观

美国意识形态扩张的网络政治化路径之三是通过网络"润物细无声"地推广、渗透其文化和价值观。最好的意识形态输出方式就是潜移默化地运用社会、经济、文化、政治、法律和外交等多种整合手段。美国金融大鳄乔治·索罗斯(George Soros)说:"'革命'不应被引向防御工事,不应在街道上,而应在平民的思想里。这种'革命'是和平的、缓慢的、渐进的,但从不间断。到最后,它终将导致'民主'在一些国家中诞生。"[①]所以,美国通过大量影视文化作品的输出以及贸易服务的广泛开展传播西方生活方式;通过社交媒体影响意识形态扩张目标国的社会舆论;通过网络教育交流和接触影响社会思潮、学术思潮并进而影响决策。美国某前情报官员在伊朗大选骚乱后说:"中情局突然发觉,通过互联网输送美国的价值观,远比派特工到目标国家或培养认同美国价值观的当地代理人更容易。"[②]

首先,美国依托其网络优势多渠道传播、渗透其文化和生活方式。美国仍将在可以预见的未来占据信息领域"高位优势",在相当大程度上主导互联网信息的内容、流动方向以及传输速度。每日每时不计其数的信息在这种不平衡的信息流动过程中带着美国政治文化的烙印通过互联网飞往世界各地,美国的社会价值观和意识形态传递给其他国家,美国的政治意识和政治认知也被编码在信息中强制性地灌输给世界,并随着网络的扩张不断影响和解构目标民族和国家的价值基础。同时由于网络通信技术在全球普

---

① 唐勇、常喆、王鸿刚:《推动"颜色革命",索罗斯基金会向全球渗透》,《环球时报》,2005年4月18日。

② 转引自东鸟:《中国输不起的网络战争》,湖南人民出版社2010年版,第58页。

通民众间触手可及,各种互联网新技术的层出不穷又让各国政府"非常难以"控制信息。所以,通过网络优势下的权力话语控制,美国试图将其独特的自我经验上升为全人类的"普世"经验,用自身的意识形态谋求"影响和引导"世界未来方向。

其次,美国通过网络公共外交手段主动推广其文化价值观和意识形态。前国务卿康多莉扎·赖斯(Condoleezza Rice)2006年提出"转型外交",认为美国外交官应从原来单纯向国务院汇报情况转为主动对驻在国施加影响[1]。奥巴马政府进一步提出了"巧实力"外交,该战略的主要内容有:重视包括社交媒体在内的各种互联网工具的互动功能,加强同外国民众的全方位接触与交流,促进美国国家利益,从而确保美国领导地位。"巧实力"外交的实质是通过"推进美国人民和世界人民的持续而广泛的联系"[2],从而"使海外民众参与我们的活动、了解我们的政策、接受我们的影响"[3]。因此国务院更要求其所有驻外使团如大使馆、领事馆等都加入驻在国的主要社交媒体,与公众互动并探知公众对美国政策的理解或者期待,传递美国政策背后所包含的传统和价值观等深层次的信息。而且,在语言和内容方面都刻意与目标国受众拉近距离,注重使用所在国的当地语言和文字,并强调以用户乐于接受的方式阐释政策意图或传递信息。美国国务院还不时推出一些相关主题的竞赛,吸引世界各国网民积极参与,如2008年、2009年

---

[1] Condoleezza Rice, "Transformational Diplomacy" (January 18, 2006), Speech at Georgetown University, http://2001-2009.state.gov/secretary/rm/2006/59306.htm, retrieved December 28, 2018.
[2] U.S. White House, *National Security Strategy of the United States* 2010, May 27, 2010.
[3] U.S. Government Accountability Office, "U.S. Public Diplomacy: Strategic Planning Efforts Have Improved, but Agencies Face Significant Implementation Challenges" (April 26, 2007), U.S. Government Accountability Office, http://www.gao.gov/new.items/d07795t.pdf, retrieved December 6, 2018.

分别在 Youtube 上发起"民主是什么"("democracy is")的短片拍摄竞赛,2010 年又在 Twitter 上推出"♯democracy is"民主定义竞赛。宣传方式也逐渐向网络方向转变,如《美国参考》也从传统媒体搬到网络上,并被翻译成各种文字①。

再次,美国通过培植目标国精英人士作为其代理人进行间接渗透。美国一直致力于在各国培植西方政治思想武装起来的西方利益代理人,通过资助目标国内行业精英以及其他有影响力人士出国访学或进行相关学术研究等多种方式,借此培养、驯化他们西方式尤其是美国式的思维方式和价值观,影响和引导社会思潮和学术思潮。顺应意识形态的感性化、学术化和日常生活化趋势,美国还通过扩大民间交往、大幅增加赴美留学生和访学签证等拓展影响人群,从而达到意识形态扩张的目的。美国政府从 1948 年开始的"富布赖特项目"资助的世界各国的青年学生、专家、学者被看作是"对美国国家长远利益投资的一个典范"②,使之在潜移默化之间成为美国意识形态渗透的先锋部队。学术思潮的意识形态化有两个途径:一是学术思潮的内容通过各种咨询报告为执政者所认同并采用而成为政策主张,并进而通过国家机器的传播和放大间接进入意识形态层;二是学术思潮的内容通过学术期刊的学术传播以及大众传媒的文化传播,以进入人们的思想,成为一股非主流意识形态并进而影响主流意识形态。

四、通过网络途径挤压竞争性意识形态的生存空间

美国意识形态扩张的网络政治化路径之四是通过多种途径挤

---

① 汪晓风:《社交媒体在美国外交中的战略定位与政策运用》,《美国问题研究》2012 年第 2 期,第 89 页。
② Leonard R. Sussman, *The Culture of Freedom: The Small Word Fulbright Scholars*, Maryland: Rowman & Littlefield Publishers, 1992, p.87.

压竞争性意识形态的生存空间。与上述通过自上而下的推广渗透手段不同的是,这种手段通过煽动不满情绪、培植反政府的价值观和意识形态,进行社会性动员以在关键时刻引发内部瓦解和现实政变,旨在对竞争性意识形态实行自下而上的挤压乃至消灭,推行外压与促内变相结合的战术。

首先,美国尝试用不同的方法在目标国内煽动对目标国政府的不满情绪。美国的政府、团体、公司或个人等多种行为体时常借助网络挑起民生热点问题的比较讨论以吸引目标国网民关注,诱发其对当局的不满。例如,频繁关注、炒作我国境内"拆迁""维权"等热点事件和敏感话题,借机宣扬西方价值理念,并挑战我国主流意识形态。2011年1月,美国驻华大使馆官方微博发了一条晒美国房价的信息,挑起了国内网民对于当前中国房价居高不下的不满情绪。随后数月中,美国驻华大使馆又接连发布美国家庭的电话费、上网费、税费等多条相关微博,通过炒作民生热点问题,吸引中国网民关注。此外,美国借助一些官方的评估报告来吸引目标国民众的关注,如美国每年发布的人权报告。美国还鼓励目标国的国内人权组织向美国大使馆负责人权问题的官员提供自己国家侵犯人权情况的信息,为其每年提出的各国人权报告提供素材,从而可以间接地对自己的政府施加压力[1],进而达到其以压促变、以压促乱的目的。

其次,美国还经常充当网络推手角色,通过技术手段将那些反政府人士和大V打造成"意见领袖",培植新生代"民主精英",培养民众的亲美情节和反政府情绪,扩大他们在民众中的影响力,再由他们煽动和制造社会舆论事件,试图在目标国推动"颜色革命"。

---

[1] [美]玛格丽特·E.凯特、凯瑟琳·辛金克:《超越国界的活动家——国际政治中的倡议网络》,韩召颖、孙英丽译,北京大学出版社2005年版,第115页。

例如,专门为各国所谓持不同政见者提供反对本国政府的论坛"数据自由网络"就由美国"人权观察""国际大赦""人权律师委员会"等政治组织设立。美国还不惜利用"网络推手"公司,制造谣言,采取大"V"转发、门户网站策应、国外媒体跟进等联合手段,形成强大的社会舆论,以此围攻目标国政府部门并丑化其形象,弱化其主流意识形态的吸引力。美国还经常公开对一些反政府人士表示支持。例如,美国国务卿克里 2014 年 12 月底专门在刘晓波因煽动颠覆国家政权而被依法逮捕五周年之际发表演讲,对其表示"支持"并"谴责"中国政府的行为。

再次,美国还在一些关键时刻动用其网络力量为反政府活动提供技术支持。互联网具有技术的天生政治性,但是它的政治性是政治环境所决定的①。在中东、中亚等地区,互联网尤其是社交网络正成为组织和动员抗议者的重要力量,并在摩尔瓦多议会选举引发的政权更迭、伊朗大选后抗议引发的暴力骚乱等一系列大型和突发政治事件中显示了重要作用。伊朗 2009 年 6 月出现大选骚乱局势后,谷歌加速推出波斯语翻译工具,同时国务院官员贾里德·科恩(Jared Cohen)发邮件给 Twitter 要求暂停维护,以便伊朗反对派能够及时发布更新游行示威活动信息②。2011 年 1 月 25 日,埃及数百万人走上街头抗议并引起街头暴乱,埃及采取了切断国内互联网的措施。然而,在"谷歌"公司的帮助下,技术人员建立了"Speak-2Tweet"服务,埃及人可以通过该服务打电话,并能留下最终可被传送到"推特"的音频信息。同样,在利比亚的冲突加剧后,政府关闭了互联网,但以美国为首的北约立即为反对派提

---

① [美]安德鲁·查德威克:《互联网政治学:国家、公民与新传播技术》,任孟山译,华夏出版社 2010 年版,第 26 页。
② Mark Landler and Brian Stelter, "Washington Taps into a Potent New Force in Diplomacy", *New York Times*, June 17, 2009, p.A12.

供了网络支援,建立了自己的通信系统,使得利比亚国内和境外的反政府力量能实时相互沟通①。

第二节 美国意识形态扩张的网络政治化动力

一、美国意识形态扩张的理论思想与实践惯例

美国意识形态扩张的网络政治化动力源于美国的意识形态扩张政策。美国的意识形态扩张政策有理论思想和实践惯例两方面的基础。

从理论思想方面看,美国政界深受"历史的终结"论和"民主和平"论的影响,认为西方的民主自由制度胜过其他任何制度,同时认为所有实行民主制度的国家不会或极少与另一个民主国家发生战争。基于这样的思想,在全世界推行美国式民主并试图用"民主"改造世界,一直是美国政府推行的重要政策。例如,美国在世界各地煽动"颜色革命",并对一些重点国家进行以制度变换为目的的投入。本章第一节中所提到的美国所推行的"互联网自由"理念也正是源于美国的这一意识形态扩展的政策传统。

从实践惯例方面看,美国的这一政策也源于其冷战中击败苏联的成功经验。许多学者认为,成功的信息战略是美国成功应对苏联、波兰、古巴等冷战时期美国安全的主要威胁并最终获胜的重要原因。俄罗斯学者曾指出:冷战其实是以"信息心理战"为主要战争形态的"第三次世界大战",美国精心设计的信息战略是苏联

---

① 戴旭:《美国是如何在全球策动"颜色革命"的?》(2014年10月13日),独家网,http://www.dooo.cc/2014/10/32151.shtml,最后浏览日期:2018年12月6日。

最终解体最主要的外部因素①。冷战结束后,意识形态差异虽然不被美国作为最主要的威胁来源,但是长期以来行之有效的通过美国之音、自由电台等信息传播手段改变国际社会和其他国家思想意识和观念的做法被延续下来。如今,社交媒体等互联网技术应用的迅速发展和用户范围的扩大,加上网络手段所包含的柔性、吸引力和内向性使之成为美国意识形态扩张的最佳手段,因为其作为"软实力倍增器"吸引而不是强迫其他国家接受美国的民主和自由市场,从而在潜移默化中促进美国价值观在全球的广泛认知。

美国意识形态扩张的一个典型案例便是其民主制度的输出。把美国民主制度推向全球,力图按照自己的面貌为自己创造出一个世界,这是美国建国伊始就一直做着的梦。可以说,对外进行民主制度输出,并不只是美国某一届政府的癖好,而是由其民族的思想、文化和社会制度所决定的,有着深厚的民族信仰、民族理念和制度根源。它贯穿于美国整个对外关系的历史。美国历届政府都以"天定命运"的使命感,把向外输出美国的民主制度,把美国民主制度"辐射"或"延伸"到"普天下",作为上帝赋予自己的历史使命。美国民主制度输出的内涵,是按照美国的面貌创造出一个美国的世界,并使其永久化。这里有两个层面的含义:一是要亲美的所谓民主派上台执政,完全接受美国的控制,服从美国的利益和全球战略;二是要利用执政者的力量移植美国的民主制度②。从今后的长远战略看,美国民主输出的终极目标是俄罗斯和中国。无论中美关系如何发展和变化,美国坚持对中国进行民主输出从而改变中国的政权性质这一战略不会改变。因此,一方面,美国强调"接

---

① [俄]B·A·利西奇金、Л·A·谢列平:《第三次世界大战:信息心理战》,徐昌翰等译,社会科学文献出版社2003年版,第2页。
② 刘国平:《论美国民主制度输出》,《红旗文稿》2010年第19期,第4—9页。

触"与发展中美关系;另一方面,大力炒作"中国威胁论",并在人权、政治制度、民族和宗教政策、能源和金融政策等方面,进行"妖魔化"中国的宣传,这些举动的目的是在不动武的情况下,利用军事威胁、政治孤立、文化渗透等方式,促使中国走上向美国民主制度和平演变的道路。

二、网络技术、政治心理和社会等结构性因素

美国意识形态扩张的网络政治化动力还存在网络技术、政治心理和社会等结构性因素。

从技术角度看,网络传播有三方面特点使得网络政治化现象得以广泛存在。其一,网络信息的区位化(nichification)分类处理方式以及快速处理大容量信息的能力不仅使美国意识形态传播更加高效和低成本,而且能直接地针对感兴趣的网民。其二,信息在网络空间中的快速传播伴随的往往是准确性和真实性的一定牺牲。由于网民对信息随时更新的要求往往意味着先无条件地接受信息,然后再考量其真实性和精确性,这为通过网络施加政治影响储备了条件。其三,社交媒体的出现不仅加剧了信息爆炸的趋势,而且也使人群的互动、关系更加复杂化,使传统的权威告知和解释直接遭遇剧烈挑战,也同时使群体认同变得更为容易。社交媒体特定议题所聚集的社会角色和阶层属性十分相近的群体往往持有同质化的政治观念,也更容易有明确而统一的政治目标,加上舆论领袖的政治动员,就很容易影响现实政治决策,甚至推动政治体制变革。

从政治心理角度看,信息的共享性决定了网络社会中所有的文化信息的流动性,提高了价值观和意识形态的可塑性,同时也孕育了不稳定的政治心理。共享是信息存在的一种价值。在文化交流与互动的过程中,中西文化的融合速度不断加快,一些西方的价

值观念、语言、风俗习惯等信息不断膨胀,在一定程度上影响了民族文化认同。此外,从当前互联网用户的主体结构来看,青年群体成为网络社会的主要群体,他们更热衷于现代流行文化,更希望接受新思想,正如萨缪尔·亨廷顿所指出的,进入 21 世纪,商业、学术、专业、媒介、公益、政治精英都不同程度上出现了"国家认同危机"①。现实社会中的国家是人的一个重要的政治属性与社会属性;而在网络上,国家是一个影响力非常弱的标签,取而代之的是网络主体对网络社群的归属②。网络群体在行动时所依据的信息传播快、区位化且容易失真,可能形成偏离正轨的关于共同信念的集体想象。

从社会角度看,随着信息社会的透明度提高和各种社会问题的曝光,越来越多的网民对政治表现出了浓厚的兴趣,也对网上传播的各种非主流意识形态越来越关注,尤其对部分自认为权益受到侵害的民众、部分关心公共事务而又缺乏现实表达渠道的民众来说,网络具有极大的吸引力。网络的快捷、多元、互动性强等特点都是传统媒体无法比拟的优势,使公民自由发表意见的门槛大大降低,成为公民政治参与的重要渠道与方式,这对提升民主政治生活质量、促进社会政治问题解决起到了巨大的推动作用。但网络独具的开放性、虚拟性、无国界性以及监管措施相对滞后发展等情况,为少数服务于特定目的、妄图推动特定议程的组织或个人提供了利用网络进行反政府宣传和渗透破坏活动的可乘之机,从而可能对现有政治秩序和意识形态安全造成不利影响。西方学者认为,信息资源在为国家间的安全对话提供有效工

---

① Samuel P. Huntington, *Who Are We? The Challenges to America's National Identity*, New York: Simon & Schuster, 2004, pp.12-13.
② 王君玲:《网络社会的民间表达——样态、思潮及动因》,暨南大学出版社 2013 年版,第 119 页。

具的同时,也为同生活在敌对、非民主国家和地区的一方进行直接沟通以培养民主意识提供了工具①。因此,美国致力于推动国际社会的信息和通信自由,以此培养封闭社会的内部改革力量,并采取各种网络政治化手段进行意识形态扩张。

三、美国全球民主战略和对华总体战略的现实需求

美国对中国的网络意识形态扩张是其全球民主战略和对华总体战略的重要组成部分,目的是借助所谓"普世价值"宣扬西方自由民主观,破坏乃至摧毁中华民族的信仰基础,为其推行和平演变铺设道路。在舆论上,美国不断对中国进行各种直接的和间接的互联网自由相关批评,要求中国开放互联网管制,实质是想利用和通过网民来煽动负面舆论、制造混乱,并为和平演变奠定思想和群众基础。在大众文化上,通过网络向中国输出大量文艺和影视作品,在日常生活和精神文化层面逐步同化中国,增加中国对美国的价值认同和对本民族优秀传统文化的离心力。在学术上,美国通过各种学术资助及合作方式向中国推介西方核心价值观,包括经济私有化、政治多党化以及"意识形态终结"等西方思想,目的是从思想层面消融共产党执政基础。

对于美国来说,其意识形态扩张的网络政治化目的是多重的,大致可分为三个方面:一是增加国际公众对美国的了解和理解,减缓反美主义并塑造形象,对其政治合理性进行辩护;二是增进对美国的赞同和支持,引起对目标国主流意识形态的质疑,促进多元意识形态的生成和非主流意识形态的成长,从而促进社会价值体系的解构和重构;三是对竞争性意识形态的反对乃至否定,激发动员

---

① Joseph Nye and William Owens,"America's Information Edge",*Foreign Affairs*,1996,Vol.75,No.2,pp.20-36.

功能，促进和平演变或者政治制度更迭。

美国进行意识形态扩张的网络政治化是有选择性的。从对象来看，拉美非洲等地区目前并非美国战略重点，而中东欧虽然是美国传统意识形态战略的重点地区，但其政治转型和社会转型都比较符合美国的期待，故而美国针对这些国家和地区的网络意识形态扩张仅保持一定程度的投入，以争取潜在用户和支持者；古巴、朝鲜等社会主义国家由于网络使用受到严格控制，通过网络传播意识形态扩张尚没有足够的现实基础；欧日加澳等西方阵营在价值观方面与美国一致，因而其战略也不针对这些国家。此外，印度、巴西、南非等地区性大国由于其相似的民主制度也不在美国意识形态战略的重点之列。因此，当前美国网络意识形态扩张的重点在两个方向。一是以中国、俄罗斯等竞争性战略对手为代表，其目标是促使其社会舆论和政治改革向美国所希望的方向发展，其中又以意识形态与其相左的中国为重点，目标是促进政治制度的和平演变。二是以中东地区的阿拉伯国家为代表，其目标是促使政治民主化和社会世俗化，以阻止这些地区的反美主义和恐怖主义的增长。

可以说，在美国实现网络化社会转型的前十年，是中国受到网络威胁和舆论攻击最为严重的十年，也是我们政治安全状况最差的十年。西方意识形态学说的宣传和扩散催生了我国国内一批非主流意识形态的观念形式，并在一定程度上威胁着国家政治制度和政权的稳定。从社会舆论看，美国意识形态扩张的网络政治化逐步推动了以官方意见为主的传统舆论场和以民间意见为主的网络舆论场的共生，某种程度上削弱了官方舆论的权威性和影响力。从大众文化看，西方网络文化中的消费主义、享乐主义、多元价值与中国传统政治的理性文化和奉献精神相冲突，出现了网内文化和网外文化的不和谐、网络文化和现实文化的不和谐。此外，一些学术研究某种程度上也成了美国思维的传播工具,出现了一些以美国制度和美国方法分析衡量中国的现象。

综上所述,网络在国家政治安全结构中占据的重要地位,以及网络空间的类"政治系统"的性质,已经使网络政治化成为一种重要的国际国内政治现象,而在此背景下美国的网络意识形态扩张则是一典型的表现。美国意识形态扩张的网络政治化路径是多元的。不仅利用软实力手段公开宣扬网络自由以及对别国的信息政策进行打分评估或负面指责,从而以官方途径树立自己网络自由旗手形象,而且推动塑造"美国正确"和推行美国价值观的自由信息硬件环境,如从资金和技术方面对规避网络审查和突破网络封锁等方面研发提供支持,以及通过各种协议和政策途径将美国关于互联网自由的价值和政策规范化和国际化,以保障美国在网络空间的活动自由。不仅由外向内地通过网络"润物细无声"地推广渗透其文化和价值观,如依托其网络优势多渠道传播渗透其文化和生活方式,借助网络公共外交手段主动推广其文化价值观和意识形态,以及通过培植目标国精英人士作为其代理人进行间接渗透;而且由内向外地通过网络途径挤压竞争性意识形态的生存空间,如借助网络在目标国内煽动对目标国政府的不满情绪、发挥网络推手作用以及为反政府活动提供网络支持等。

意识形态是世界各国都在努力争夺和维护的重要领域。意识形态领域斗争的主要目的就是为政治合法性辩护或者努力颠覆政治合法性。美国意识形态扩张的网络政治化动力源于美国的意识形态扩张的思想基础,也源于网络技术、政治心理和社会等结构性因素,还源于美国全球民主战略和对华总体战略的现实需求。这些都是我国在应对美国意识形态扩张的网络政治化现象时需要重点考虑和警惕的方面。

第五章
中美网络政治议题：
中美关系中的网络安全与治理问题

中美网络安全问题由来已久，其形成与发展是一个长期的过程。在新时期下，作为世界最大的发展中国家和最大的发达国家，中国与美国的网络安全问题尤为突出。网络安全已成为国际社会面临的又一全球性公共问题，引发中美双方政府的高度关注。美国不断提升网络安全在国家安全战略中的地位，2013年的《情报界安全威胁评估报告》更将网络威胁置于美国面临的各类国家安全威胁之首[1]。中国也将网络空间安全与海洋、太空安全并重，提出要从战略高度予以重视[2]。

在国家间联系日益紧密、国际依存度不断加深的大背景下，网络安全作为一个处于时代前沿具有军事、政治、经济、社会正常运转等方面的综合性国家安全问题，在中美关系大局中扮演着越来

---

[1] U.S. Intelligence Community, *Worldwide Threat Assessment of the U.S. Intelligence Community*, March 12, 2013, p.1, available at https://www.dni.gov/files/documents/Intelligence%20Reports/2013%20ATA%20SFR%20for%20SSCI%2012%20Mar%202013.pdf, retrieved December 6, 2018.
[2] 《中国共产党第十八次全国代表大会文件汇编》，人民出版社2012年版，第39页。

越重要的角色。中美在各自注重网络安全的同时，也将中美网络安全问题对中美关系的影响视为越来越重要的因素。这不仅因为中美两国都将网络安全视为重大国家安全利益，更因为其既是新型国家安全问题，也是多种中美关系变量的综合体。网络本身就是一个国家安全的复杂体。军事方面，网络战争成为一种新的战争模式。政治方面，网络由于具有以往媒体无法比拟的信息传播能力和组织动员能力，足以影响到一国的政治安全。经济方面，金融系统、通讯系统等经济发展关键领域，已形成对网络的严重依赖。同时，中美网络安全也成为全球网络治理成败的重要因素。作为网络大国与网络强国，中美两国对待网络合作的态度与看法会直接影响到国际社会的网络合作前景，在某种意义上讲是事关全球网络治理成败的关键影响因子。

第一节　中美对网络安全环境的认知差异与治理困境

由于安全环境也是一个主观性的认知，随着不同的群体、集团和国家发生变化。对于中美而言，同样存在着区别。本书认为威胁是网络安全环境分析的最重要方面，而威胁又与网络安全利益的优先排序相关。总体而言，与西方国家，特别是美国以"威胁"界定安全环境不同，在中国的语境中，更多是以发展界定安全环境。以威胁定义安全是以"他者"来界定的，而发展更多是"自我"需求的延伸。中国的战略和政策设计，其主旨都是用来提升、扩大发展空间的安全环境，因此社会政治稳定被视为核心国家利益，中国也相应在国内施行网络过滤和监控技术，以维护社会政治的稳定。

一、美国的核心网络安全利益与威胁认知

网络安全是美国国家安全的重要部分。其网络安全核心利益也是与核心国家安全利益相一致的。在网络空间战略诉求方面，美国一方面希望保持针对互联网基础资源及互联网科研技术的控制和领先，积极防御互联网关键基础设施及重要系统的安全，维护美国在网络空间的国家利益；另一方面也希望借助互联网的工具性应用，运用军事、外交理念打造美在网络空间的主导优势，重塑美国主导的网络空间国际秩序。对于美国来讲，中国成为美国保持现实霸权以及网络霸权最大的障碍。具体的美国核心网络安全利益可以结合2017年版《国家安全战略》、2017年5月签署的13800号行政令《加强联邦政府网络与关键基础设施网络安全》、美国国土安全部2018年5月发布的《网络安全战略》以及特朗普2018年9月发布的《国家网络战略》看出脉络。2017年12月18日，特朗普公布任内首份《国家安全战略》报告。报告指出，美国的国家安全有四大支柱，分别是保卫美国本土、促进美国繁荣、以实力维护和平、提升美国影响。而"互联网作为美国的发明，应该反映我们的价值观"，且"强大、可靠的网络基础设施应促进经济增长、捍卫自由、保卫国家安全"。据此，美国的核心网络安全利益可归纳为以下四个方面。

（一）以应对关键基础设施的系统性风险为主的美国本土安全

在网络时代确保美国本土安全是保卫国家安全的重要内容。美国的经济、政治、军事运行高度依赖于网络，预防和阻止金融、电信、能源、运输、供水和紧急服务设施等遭受网络攻击自然成为其至关重要的国家利益。网络空间的安全风险主要源于三大问题：

一是网络空间全球互联互通,各类行为主体无需跨越有形国界就可采取行动,影响美国的政治、经济和安全利益;二是网络空间攻击成本低廉、难以溯源,却能造成巨大损失,美国的关键基础设施、商业与联邦政府网络、民众日常生活所需设备与技术,均有可能遭受严重毁伤;三是互联网在设计之初并未将安全作为主要考虑因素,具有先天的不安全特性。

2017年版《国家安全战略》报告突出保护关键基础设施、维护政府网络和打击网络犯罪等方面。关键基础设施一词在报告中出现13次。报告认为,要识别和优先处理风险,评估六个关键领域的风险:国家安全、能源和电力、银行和金融、健康和安全、通信以及运输,同时评估网络攻击可能带来的灾难性及其系列后果,相应地优先考虑保护工作、能力和防御措施,提高关键基础设施的安全性和弹性;通过在全国范围内部署一个安全的5G网络来改善美国的数字基础设施。一个更强大且更有弹性的关键基础设施将加强威慑力量,使对手怀疑他们的攻击是否能够达成目标。在构建下一代数字化基础设施的过程中,建立强大、可靠的网络基础设施,促进经济增长、保卫自由和保障国家安全。报告还指出,使用最新的商业能力、共享服务和最佳规范,实现联邦政府信息技术现代化,提高技能确保在各种条件下提供不间断的、安全的通信和服务,建立起合理的政府网络①。

美国对于关键信息基础设施的重视还体现在专门的总统行政令上。2017年5月11日,美国总统特朗普签署了13800号行政令《加强联邦政府网络与关键基础设施网络安全》,这是特朗普政府在网络空间安全政策方面的首个行政令。该总统行政令突出保护

---

① 吕晶华、宋勉:《特朗普政府网络安全政策走向评估——基于美国新版〈国家安全战略〉报告的分析》,《信息安全与通信保密》2018年第4期,第53—59页。

联邦政府网络、关键基础设施网络和国家整体网络安全三大重点,要求有关部门全面评估各系统存在的风险并限期提交建议报告。该行政令重点强调加强各级联邦政府的网络风险管理,要求实施美国国家标准与技术研究院(National Institute of Standards and Technology,NIST)发布的《改进关键基础设施网络安全的框架》;确定并提升核心信息基础设施所有者、运营者及其他利益相关者对基础设施的恢复能力,降低由僵尸网络、拒绝式服务攻击引发的安全威胁;推动开展电力领域网络安全事故应对能力评估,深入分析美国国防和军事系统面临的各类网络安全风险,并提出缓解建议[1]。在需要向总统和行政管理和预算局(Office of Management and Budget,OMB)提交的10份报告中,涉及加强联邦政府和关键基础设施网络安全的报告有7份之多。

此外,国土安全部2018年5月颁布的《网络安全战略》中,七大目标中有两项与降低关键基础设施脆弱性相关。一是保护美国联邦政府信息系统。国土安全部将采取措施以减少美国联邦机构系统中存在的漏洞,确保达到适当的网络安全水平。二是保护关键基础设施。国土安全部将与主要的利益相关者合作来确保国家网络安全风险得到充分的管理。

关键基础设施网络安全问题是美国历届政府所重视的核心网络安全问题,这一点上体现了美国政治体制的稳定性和政策的连续性,集中体现为2017年5月特朗普政府颁布的《加强联邦政府网络与关键基础设施网络安全》行政令。这普遍被认为基本上沿袭了奥巴马政府的网络安全战略与政策要点:一是加快联邦政府网络设施升级。特朗普继承奥巴马联邦政府信息技术现代化这一

---

[1] The White House, *Presidential Executive Order on Strengthening the Cybersecurity of Federal Networks and Critical Infrastructure*, May 11, 2017.

思路,并将其作为其治网的首要职责,委任美国创新办公室和技术委员会主责联邦政府的 IT 设施更新。在 2017 年 5 月 1 日,特朗普还发布了《建立美国技术委员会总统行政令》(简称"13794 号行政令"),旨在促进美国联邦政府信息技术现代化。二是强化关键基础设施保护。该行政令明确要求落实奥巴马政府第 21 号总统行政令中界定的 16 个关键基础设施领域保护要求,并提出了具体的落实要求。三是建立国家网络安全综合能力,特朗普同样继承了奥巴马政府时期强调的网络威慑、国际合作以及人才培养的观点。

(二)以维护商业技术机密安全为核心的经济安全和数据安全

促进经济繁荣一直是美国的核心国家安全利益之一。而对于网络安全而言,与此相应的是维护其知识产权、技术专利及商业机密免遭黑客攻击。互联网的匿名性和连通性为长期隐秘地侵入计算机系统窃取数据信息提供了便利,据美国情报部门测算,美国企业每年因网络窃密造成的损失达数千亿美元。因此,2017 年版《国家安全战略》报告指出,美国将把重点从保护网络扩大到保护这些网络上的数据,确保无论静止还是传输中的数据安全;应采取措施阻止网络窃取知识财产、专利技术和早期创意的行为,减少外国竞争者通过不公平竞争获利的机会。这还是美国首次如此明确地强调数据安全。

数据安全中的核心是维护商业技术秘密等经济数据的安全,因为美国科技发展水平高、贸易及商业机密价值大、技术专利数量多的现实,使得美国相信中国等竞争对手希望将通过情报手段获取的知识产权和商业机密提供给本国企业,从而为本国企业谋取不合理的市场竞争优势。正因为此,美国在前几年与中国的经济网络间谍争端中刻意区分经济网络间谍与网络情报搜集,同时,美国也有针对经济间谍的专门立法①。在美国,窃取商业机密是一项联邦罪(federal crime),当机密信息涉及在州际或对外贸易的产品(《美国法典》第18卷第1832节)或者当潜在受益人是外国主体时(《美国法典》第18卷第1831节),就涉及经济间谍罪。第1832节明示的经济间谍罪判断标准是窃密者明知滥用信息将损害机密信息所有者利益,而令其他人受益;第1831节表明的判断标准则是窃密者意图令一个外国政府或其代理者受益②。美国处理经济网络间谍的法律依据主要是两类立法,第一类是关于经济间谍的,主要是旨在保护私营部门经济信息的《1996年经济间谍法》③及加重处罚经济间谍行为的《2012年外国与经济间谍惩治增强法》④。第二类是关于打击虚假网络身份和网络行为身份识别的,这方面的法律依据主要是《2000年互联网虚假身份证明防范法》⑤。

美国对于商业技术机密安全的重视还体现在其屡屡将网络安全与贸易等问题互相挂钩的事实,具体体现在如下几个方面。一是注重知识产权、数字贸易和商业利益。随着数字经济在美国对外贸易中的比重不断增加,特朗普多次以"保护知识产权"施压其贸

---

① 汪晓风:《中美经济网络间谍争端的冲突根源与调适路径》,《美国研究》2016年第5期,第94—95页。
② Charles Doyle, "Stealing Trade Secrets and Economic Espionage: An Overview of 18 U.S.C. 1831 and 1832" (January 28, 2013), Report of U.S. Congressional Research Service, IP Mall, https://www.ipmall.info/sites/default/files/hosted_resources/crs/R42681_130128.pdf, retrieved December 28, 2018.
③ U.S. Public Law 104-294, "Economic Espionage Act of 1996" (October 11, 1996), Government Publishing Office, http://www.gpo.gov/fdsys/pkg/PLAW-104publ294/pdf/PLAW-104publ294.pdf, retrieved December 28, 2018.
④ U.S. Public Law 112-269, "Foreign and Economic Espionage Penalty Enhancement Act of 2012" (January 14, 2013), Congress.gov website, https://www.congress.gov/bill/112th-congress/house-bill/6029/text, retrieved December 28, 2018.
⑤ U.S. Public Law 106-578, "Internet False Identification Prevention Act of 2000" (December 28, 2000), Congress.gov website, https://www.congress.gov/bill/106th-congress/senate-bill/2924, retrieved December 28, 2018.

易伙伴,如改革北美自由贸易协定中知识产权、数字贸易方面的规定,同时针对所谓"中国不公平贸易行为"发起调查,以确保美国的知识产权和技术得到保护。二是高度审视技术转移,加强网络安全审查。在外国投资委员会(Committee on Foreign Investment in the United States, CFIUS)的改革方案中,美国大幅增加了网络安全的内容,不断收紧对外国收购网络技术的审查,并且严审可能产生或加剧网络安全漏洞的交易,还对外国有可能获得恶意网络攻击能力的贸易进行专门的规定,其实质是将网络安全作为重要的贸易壁垒工具,加速网络安全问题贸易化。三是在贸易协定中附加"网络安全框架"的遵从要求,促使其成为国际标准。随着美国国家标准与技术研究所(NIST)制定的"网络安全框架"逐渐完善,特别是在当前分散的国际网络安全规则对美国企业不利的背景下,美国逐渐表现出将其作为国际"公共产品"在贸易协定中"推而广之",与市场准入相捆绑,使其成为全球企业共同遵循的网安标准的趋势。

(三)以提升美国网络攻防能力为核心的美国竞争力优势

网络空间的主导地位与竞争力优势一直是美国追求的目标,即应对美国在网络安全领域主导地位的威胁也是美国网络空间核心利益。这种竞争力优势的核心是提升美国的网络攻防能力。美国希望通过先发制人的网络空间战略,实现网络威慑,谋求其在网络空间的优势地位,从而为其全球领导地位提供支撑。

网络威慑是美国网络空间竞争优势的重要抓手。重视进攻性网络能力建设,强化美国在网络空间中的霸主地位是美国网络安全政策的鲜明特点。2011年美国国防部发布的首份《网络空间行动战略》报告中提出了五大支柱[1],前两条尤其突显了美国对网络

---

[1] Department of Defense, *Strategy for Operating in Cyberspace*, July 2011.

攻防能力的重视。该战略不仅明确表示网络空间被列为与陆、海、空、太空并列的"行动领域",首次将网络空间列为军事行动范畴;而且特别指出变被动防御为主动防御,从而更加有效地阻止、击败针对美军网络系统的入侵和其他敌对行为。而特朗普早在竞选总统时就强调必须把网络安全放到首要位置,重点培养进攻性网络能力,建立先进的网络进攻系统,形成强有力的且不容置疑的网络反击能力,以威慑国家和非国家主体针对美国关键资源的网络攻击,维护美国网络空间的主导地位。在《加强联邦政府网络与关键基础设施网络安全》行政令中,特朗普政府也将威慑作为保障国家网络安全的重要内容,并要求美国国务卿、国防部长、国土安全部长等联合提交关于通过网络威慑使得美国免受网络攻击破坏的国家性战略报告。

随着网络安全行政令将网络威慑列为优先项,特朗普再次在2017年年底签署的《2018财年国防授权法案》中要求清晰定义网络空间作战"威慑",并在网络空间、太空和电子战等信息领域发展全面的网络威慑战略;增加进攻性网络能力建设相关内容,以挫败俄罗斯等对手国家的攻击行动;要求提升联邦政府和机构的进攻性网络能力,并明确使用进攻性网络能力的基本原则,以威慑和应对严重危害美国国家利益的网络攻击行为;要求制定指南文件,明确在国防部武器库中增加进攻性网络武器,同时也要求大幅增加对网络威慑和防御能力的预算投入。2017年版《国家安全战略》也再次重申加快将威慑理论应用到网络空间。与此同时,特朗普政府还致力于调整网络作战机构和增强网络兵力。2017年8月,特朗普宣布将美军网络司令部升级为美军第十个联合作战司令部,与美国中央司令部等作战司令部平级,以增强国家网络安全防御能力,对敌人形成威慑。美国防部将网络威慑作为工作的重点,围绕其进行了一系列排兵布局与力量建设。为支持网络行动和开展网络防御,美国陆军2017年8月启动了史上最大的网络空间后备力量动员工作,组建新的网络特种部队,为美国网络司令部提供关键支撑。

当然,美国对于网络空间主导优势和竞争力的争夺还体现在网络空间新技术研发、网络空间技术装备开发创新以及应用新型加密、人工智能等新技术。例如,美国国防部2017年7月宣布了一系列网络安全创新技术需求,包括网络态势感知、规划和决策技术、网络安全快速响应技术、工业控制系统和物联网安全技术、依托人工智能和机器学习技术开发的自动网络防御技术等;美国国家标准技术研究院(NIST)2017年8月发布了新的《IT安全措施草案》,将安全领域扩大到物联网和智能家居技术,草案中的"信息系统与组织的安全和隐私控制"将成为美国联邦机构的标准与指导方针,并作为更广泛的行业基准;美国《2018财年国防授权法案》显示,美国国防部将重点开展区块链研究计划,主要研究区块链技术和其他分布式数据库技术的潜在攻击和防御性网络应用问题等。

(四)以拓展网络空间行动自由为路径的美国影响力提升

美国不仅将提高网络空间的硬实力作为其重要的国家利益,而且也同时将美国的影响力提升作为其核心国家利益之一。在2017年版《国家安全战略》中,美国影响力的提升被列为国家安全的四大支柱之一。影响力的提升,一方面是在国际平台上推广其价值观和制度,另一方面是防止其自身的自由价值观受到攻击和影响。

在国际平台上推广其价值观和制度就需要首先拓展网络空间行动自由,在了解目标国家动态的同时可以施加潜移默化的影响。

首先，美国通过其强大的技术能力争取在网络空间的或明或暗的行动自由。例如，国家安全局棱镜项目长期以来对世界各国通信和网络系统进行了大规模的监听和数据窃取。美国辩称这些活动遵循了其国内立法授权、国际间谍惯例、全球反恐目标等，是为了维护其合法的国家利益。其次，美国也通过经费资助一些能够突破目标国网络防线的软件开发来达到网络空间行动自由之目的。虽然没有公开数据，但是曾有美国知情人士表示，美国国务院投入了大量资金用于研究试图攻破中国防火墙的相关技术①。再次，美国还力图从制度层面拓展其网络空间行动自由。例如，批评中国的网络空间监管政策、依据自己的国家安全利益在国际上推行网络空间治理相关制度模式等。

美国在拓展国际平台上的网络空间行动自由的同时，也力图采取措施防止其自身的自由价值观受到攻击和影响。美国2017年版《国家安全战略》报告以"信息治国之道"（Information Statecraft）为题设立专门的篇幅，谈论如何利用信息工具开展外交活动，以应对"竞争者将信息变成武器，攻击作为自由社会基础的价值观与机制"。这是之前同类报告中从未出现过的。这一转变主要是受"通俄门"事件的影响，即美国情报机构指控俄罗斯利用网络攻击干预美国2016年大选，帮助特朗普获选。选举结束后，有关特朗普的"通俄门"愈演愈烈，美国中央情报局、美国联邦调查局以及国家情报总监三家情报机构共同发布了俄干预美国大选的评估结果，一致认为针对美国大选的相关网络攻击行动是经俄罗斯最高层官员授权的国家行动，致使特朗普从中获益。特朗

---

① Shannon Tiezzi, "VPNs: The China-US Proxy War" (January 29, 2015), The Diplomat, https://thediplomat.com/2015/01/vpns-the-china-us-proxy-war/, retrieved December 28, 2018.

普团队中的不少现任和前官员都已牵涉其中,其所揭示的"网络政治干预"已成为美国网络安全的重要议题。在 2017 年版《国家安全战略》中,不仅提到了所谓中国等竞争者借用网络手段"窃取"美国的知识产权,并构成了"以网络驱动的经济战"(cyber-enabled economic warfare),而且专门指出俄罗斯运用信息手段开展"影响行动"①。显然,中俄等大国已经被美国定义为其网络安全威胁来源的第一层级。

二、中国的主要网络安全利益和威胁认知

在国际安全研究中,威胁是和利益相关的。所以,分析中国的网络安全威胁必须首先分析中国的网络空间安全利益。对网络安全的理解是随着安全威胁和挑战而动态变化的。网络安全问题早已超出了技术安全、系统保护的范畴,发展成为涉及政治、经济、文化、社会、军事等各个领域的综合安全,越来越多地与外交、贸易、个人隐私和权益等交织在一起,涉及国家安全、公共安全和个人安全等各个层面。中国个人信息安全重大事件呈频发态势。非法采集、窃取、贩卖和利用网络个人信息的黑色产业链不断壮大,呈现产业化、跨境化、智能化趋势。但总体来看,与西方国家相比,中国更明显地是以国家中心主义(a more state-centric orientation)来看待网络安全②。因此,本书还是从国家的整体角度来解读中国所理解的主要网络安全威胁和挑战。中国希望在将互联网的弊端降至最低的同时,能够借助互联网推动本国国家建设和社会生产生活的发展。中国主要的网络安全利益和威胁主要有如下三类。

---

① The White House, *National Security Strategy of the United States of America*, December 2017, pp.21, 26, 35.
② Michael D. Swaine, "Chinese Views on Cybersecurity in Foreign Relations", *China Leadership Monitor*, 2013, No.42, p.4.

(一) 社会政治稳定与"三股势力"等网络政治安全威胁

中国在网络空间的战略利益服从于中国的总体经济、社会和政治安全,以及政权的稳定,而对政治稳定的追求则可以视为中国当前网络空间战略的核心利益。对于中国政府而言,互联网是一种西方发明,它具有颠覆政府和传播西方价值观念的潜在功能①,而网络在"颜色革命"和中东"茉莉花革命"中的作用就是例证。中国认为"颜色革命"很大程度上是因为推特与脸书的煽风点火作用,正是因为网络的作用使得社会动乱迅速蔓延②。而且,中国正处于向工业化社会和信息化社会发展的转型期,在这一过程中,新老社会矛盾交织在一起。鉴于此,中国政府需要从避免网络公众舆论对社会政治稳定产生负面影响出发来对网络进行适当的管理。

美国著名学者迈克尔·斯瓦恩(Michael Swaine)指出,中国政府特别强调应对可能威胁现有国内社会和政治制度、价值观以及国家主权的网络活动③。他的观察可以认为大致是正确的。中国前国务委员戴秉国也曾有关于中国国家利益的表述。2009年7月28日,他在中美战略与经济对话中提出:"中国的核心利益第一是维护基本制度和国家安全,其次是国家主权和领土完整,第三是经济社会的持续稳定发展。"④2010年12月,戴秉国又撰文《坚持走和平发展道路》,指出中国核心利益"一是中国的国体、政体和

---

① Nigel Inkster, "China in Cyberspace", *Survival*, 2010, Vol.52, No.4, p.62.
② Nigel Inkster, "China in Cyberspace", *Survival*, 2010, Vol.52, No.4, p.62;还可参见 Nigel Inkster, "China — Threat or Target" (December 2010), Montrose Associates, http://www.montroseassociates.biz/article.asp?aid=59, retrieved December 28, 2018.
③ Michael D. Swaine, "Chinese Views on Cybersecurity in Foreign Relations", *China Leadership Monitor*, 2013, No.42, p.3.
④ 李静、吴庆才:《首轮中美经济对话:除上月球外主要问题均已谈及》(2009年7月29日),中国新闻网,http://www.chinanews.com/gn/news/2009/07-29/1794984.shtml,最后浏览日期:2018年12月25日。

政治稳定,即共产党的领导、社会主义制度、中国特色社会主义道路;二是中国的主权安全、领土完整、国家统一;三是中国经济社会可持续发展的基本保障"[1]。可见政治稳定是中国在其网络空间战略中首要考虑的国家利益。

因此,对于中国而言,网络空间的最大威胁是任何影响社会和政治稳定的因素,任何可能导致社会不稳定、任何挑战经济体系、价值体系、国家完整性的因素就是中国面临的最大威胁。通过网络进行的反政府、反社会活动,散布破坏社会稳定的言行,煽动民族仇恨和恐怖主义的网络活动,利用网络策划、组织与实施针对中国领土完整和政权巩固的颠覆、分裂破坏和暴力恐怖袭击,信息网络上可能损害中国政权的巩固、政治制度的稳定以及各族人民群众的团结和谐的舆论攻击等,都属于威胁国家安全的首要范畴。

中国一方面担心网络活动对日常社会和政治稳定运行的威胁,另一方面还特别担心网络可能成为特殊的所谓"三股势力"(包括恐怖主义、分裂主义、极端主义)的工具从而威胁政治安全。互联网某种程度上没有限制的表达以及利用的确给中国政府增加了三股势力对社会稳定和政治安全的潜在威胁的担忧。

(二)关键信息基础设施和网络系统安全与受制于人的威胁

关键信息基础设施(critical information infrastructure)和网络系统安全是中国在网络空间的又一重要国家利益。随着信息化进程的快速发展,中国的经济和社会运行已经进入依赖于网络空间的阶段,因此,保障信息基础设施和各种网络系统特别是关系到国计民生的重要信息系统的安全,已经成为确保网络安全的重点[2]。关键

---

[1] 戴秉国:《坚持走和平发展道路》,《当代世界》2010年第12期,第7页。
[2] 周琪、汪晓风:《网络安全与中美新型大国关系》,《当代世界》2013年第11期,第32页。

信息基础设施的安全问题关系到国家稳定、经济命脉和每个公民的切身利益。其安全威胁不仅可能被国家行为体找到攻击的漏洞,而且也可能被恐怖主义分子等非国家行为体利用。

网络核心技术受制于人、关键信息基础设施受控于人的问题已经成为国家网络安全的软肋,是悬在中国头上的一柄握在他国手中的巨大的涉及国家安全的达摩克利斯之剑。中国网络核心技术能力与西方国家差距较大,在芯片、操作系统、数据库等方面长期依赖西方技术,没有形成自主可控的计算机技术、软件技术和电子技术体系,重要信息系统、关键信息基础设施中使用的核心技术产品和关键服务还依赖国外。政府部门、重要行业的服务器和存储设备、操作系统以及数据库主要采用的是国外的专利。据中国国家信息安全漏洞库(China National Vulnerability Database of Information Security, CNNVD)资料显示,2014年的信息安全漏洞具有出新快、危害大、针对政府网站等重要特征,且出现漏洞的软件多为国外开源软件和国外厂商产品①。

"棱镜门""XP退出"事件及其内幕的相继爆出,警醒了中国对关键信息基础设施和网络系统的安全意识。美国情报机构通过"棱镜计划",利用其掌握的互联网核心技术和垄断地位,对网络设备预先设置"后门",并在美国互联网公司中进行大数据挖掘工作,对我国的国家安全构成了严重威胁。2014年4月8日微软决定停止微软Windows XP系统漏洞补丁服务,导致我们很多政府和行业用户的系统暴露在风险环境中。据统计,截至2014年年底,中国有2亿台XP的装机量,很多机器因为硬件原因无法升级到

---

① 《我国重要信息系统和关键基础设施信息处于高风险状态》(2015年4月27日),人民网,http://world.people.com.cn/n/2015/0427/c1002-26911520.html,最后浏览日期:2016年8月23日。

Windows 8①。而其中57%的XP系统用户在XP停止服务后仍在继续使用②。操作系统是黑客病毒们进行各种破坏和窃取行为的"捷径"和"主通道"。操作系统的危险,不仅仅危害自身,而且会威胁到基于其上的全部软件应用和数据安全。

因此,不难理解这几年中国关键信息基础设施和网络系统安全方面的两个热词是"网络安全审查"和"自主可控"。中国认为,维护关键基础设施的安全,必须建立服务器、路由器、交换机、存储设备等网络设施的进口审查制度。2014年5月20日,中国政府采购网发布《关于进行信息类协议供货强制节能产品补充招标的通知》,明确规定所有计算机类产品不允许安装美国微软公司 Windows8③,此外,赛门铁克软件因窃密后门也被公安部门禁用。中国正在酝酿的网络安全立法中,也把加强网络基础设施的保护置于重要地位,强调建立健全电信设备进网许可制度,加强对国外网络产品和软件的网络安全进口审查。同时,中国认为,要想从根本上保护网络信息安全,必须大力培育和扶植民族网络产业,依法推动自主知识产权网络产品和软件的开发,有目标、有步骤地提升重点领域网络产品和软件的国产化率,实现网络产品和软件的自主可控。

所以,习近平指出,要加强核心技术自主创新和基础设施建设,提升信息采集、处理、传播、利用的能力④。国家互联网信息办

---

① 《2014年信息安全十件大事》,豆丁网,http://www.docin.com/p-1007879569.html,最后浏览日期:2016年8月23日。
② 《CNNIC:57%的中国XP用户将在停止服务后继续使用》(2014年4月3日),199IT,http://www.199it.com/archives/207167.html,最后浏览日期:2016年8月23日。
③ 《关于进行信息类协议供货强制节能产品补充招标的通知》(2014年5月16日),中央政府采购网,http://www.zycg.gov.cn/article/show/242846,最后浏览日期:2018年12月6日。
④ 《习近平在中国科学院第十七次院士大会、中国工程院第十二次院士大会上讲话》(2014年6月9日),人民网,http://cpc.people.com.cn/n/2014/0610/c64094-25125594.html,最后浏览日期:2016年8月23日。

公室副主任任贤良也指出:掌握自主可控、安全可信的互联网核心技术,是切实保障网络和信息安全乃至国家安全的关键①。2014年9月,银监会发布《应用安全可控信息技术指导意见》,从2015年起,各银行业金融机构对安全可控信息技术的应用以不低于15%的比例逐年增加,直至2019年掌握银行业信息化的核心知识和关键技术,安全可控信息技术在银行业达到不低于75%的总体占比②。这是第一份国家层面的、设定数字指标的、支持中国自有信息技术和产品发展的公开文件。

(三)网络信息和数据安全与国际网络安全博弈

网络信息和数据安全同样也是中国在网络空间的利益诉求。数据作为"网络时代的石油",是未来社会生活、产业竞争、大国博弈最重要的战略资源。网络信息和海量数据蕴藏着最新科技、社会动态、市场变化、国家安全威胁征兆、战场态势和军事行动等重要情报信息。从国家安全层面来看,对信息和数据的获取能力就意味着国家安全能力和防御威慑能力。从经济层面来看,信息和数据安全也和国家经济竞争力相关。从外交层面来看,部分发达国家主导了全球网络空间的资源、治理、军事规则的制定,我国在国际规则制定中的影响力还需要进一步提升。

中国面临的国际网络安全博弈压力有两个最大的刺激因素:斯诺登揭露的棱镜事件和新技术的快速发展。棱镜项目触发了各个国家原先存在的安全焦虑,激起了远超此前任何类似项目的负

---

① 任贤良:《安全是互联网发展的有力保障》(2014年8月26日),科学中国网,http://science.china.com.cn/2014-08/28/content_33364481.htm,最后浏览日期:2016年8月23日。
② 郭晓萍:《银监会发布应用安全可控信息技术指导意见》(2014年9月16日),中国证券网,http://news.cnstock.com/news,bwkx-201409-3180153.htm,最后浏览日期:2016年8月23日。

面反应,以及包括欧盟在内的各国对美国滥用自身优势能力的巨大担忧。对中国而言,2013年是国家网络安全面临的威胁变得更加清晰的起始年。在这一年中,除了棱镜项目之外,有关震网病毒的后续深入报道,以及从中东北非蔓延到南美地区的大规模示威游行,均进一步证明了国家面临来自网络空间的巨大挑战。新技术的发展则是中国感知国际网络安全博弈的另一刺激因素。云计算、大数据、移动互联网、物联网的发展应用,促进了信息系统、自动化控制系统、各种网络的融合发展,过去相对独立分散的网络已经融合为深度关联、相互依赖的整体,对社会信息化支撑环境的推进和优化产生了巨大的作用,同时也使我国网络空间系统性风险加剧,网络安全的竞争压力也越来越大。

中国所面临的网络信息和数据安全威胁源于多方面①。首先是技术角度的云端数据泄露等问题。在云计算中,数据存取都是在网络在线状态,用户无法控制自己调取数据的方式,无法保证第三方会否滥用该数据。数据可能会在不同国家的云之间进行传输,数据存储的地点往往也难以确定。不仅国家难以知晓数据在被跨境传输,就连信息数据传输者本人可能也并不知晓。云端数据泄露问题普遍存在。这可能将严重威胁个体的隐私权、企业的商业秘密以及国家的主权和安全。

其次是数据处理能力水平的差异。数据事实上并不对所有主体同等公开,即使公开,很多主体也不具备分析能力或具有不同的分析能力。数据领域涉及三类主体:创建数据者、收集数据者、有能力分析数据者。其中,最后一类数量最少也最拥有特权,是决定大数据使用规则和参与规则的主角。国家之间也存在不平等,这

---

① 蔡翠红:《云时代数据主权概念及其运用前景》,《现代国际关系》2013年第12期,第58—65页。

种不平等性一方面源于一些国家对全球网络空间的霸权,另一方面也源于各国网络空间和数据技术水平的差异。

再次是相关法律的滞后、缺位以及各国的不一致性。网络信息和数据安全要在立法、司法和执行等操作层面真正落实还有许多挑战需要我们共同去研究和应对,这些挑战主要来自如下四方面。一是行为能力的分散化,即很多私营部门甚至个人都拥有存取和跨境转移大批电子数据的能力。而他们的行为往往不为其国家主管部门所知晓。二是传统司法领域的"属人"(即根据数据来源或者数据主体来判断权利行使范围)或"属地"原则(即根据数据存在的地理位置来判断权利行使范围)在数据领域的争议。三是数据量问题所带来的实际操作难度。云时代数据品种多、数量大,而且互联网地址和物理地址无法一一对应。四是各国相关的法律和政策的分歧。存储在不同国家的数据的处理和传输受不同国家的法律管制,而各国对于数据往往有不同政策,这是国家安全所面临的重要威胁之一。

综上所述,尽管中美在网络安全问题上的理念和目标有所不同,但中美在保障关键信息基础设施安全、维护国际网络互联互通等方面存在着共同利益,在打击网络恐怖主义、反对黑客攻击、防范网络洗钱等网络犯罪行为等方面面临着共同威胁,维护网络空间发展的共同利益和应对网络空间活动的共同威胁构成了中美网络安全合作的重要基础。而美国网络安全利益的全球性和中国网络安全利益的自主性,又导致中美在跨境信息自由流动和网络安全边界控制问题上存在着分歧。为了避免中美之间因网络安全利益分歧而引发的冲突,中美之间的磋商、协调、合作是非常必要的。

三、中美关系中的网络空间治理困境

中美对网络安全环境和网络空间利益的不同认识和分歧反映为如下中美网络空间治理困境,即主权困境、认知困境、先占困境和安全困境。

(一)主权困境

主权一般被作为划分全球公域的主要标准①。按此标准,全球公域指不为任何单一主权国家所拥有或控制的领域。然而,网络空间的混合场域特点使这种"公域"和"私域"的单一分法遭遇困境,同时也使合理的在"私域"行使的主权受到挑战。

全球公域是美国为其未来安全量身定做的概念,是美国促进自身安全转型,维护其霸权地位所采取的一个关键步骤。因为美国认为确保对全球公域的出入自由、有效控制与充分利用,是美国的霸权基础和核心关切。美国借助其在国际网络空间基础设施和信息产业上的优势,希望以"全球公域""信息自由"等为借口将自身势力扩张到他国的网络空间和主权领域。对美国而言,对网络空间的"全球公域"的界定有助于为其介入别国网络空间寻找借口,有助于为其军事转型寻找新动力,同时也有助于为美国的安全同盟体系寻找新使命,并借以将所谓的中俄等国的黑客威胁提升为全球公域的威胁而加以打压。所以,美国在 2005 年就将网络空间纳入了全球公域的范畴,从而使之与公海、天空和太空相提并论②。2010 年美国国防部发表的《四年防务评估报告》中再次对网

---

① 曹亚斌:《论"全球公域"治理困境及中国的治理话语权建构》,《石河子大学学报(哲学社会科学版)》2015 年第 2 期,第 71 页。
② The Department of Defense, *The National Defense Strategy of the United States of America*, March 2015, p.13.

络的全球公域定位进行了确认①。

对于中国而言,将网络作为纯粹的全球公域也有其局限性,因为这与中国所倡导的"网络主权"概念有所冲突。全球公域一般理解为任何单一国家所不能享有排他性主权的场域。而中国在明确网络主权立场的同时,也认同国际互联互通是网络空间可持续发展的前提,因而也支持网络空间的全球公共属性。中国网络主权的提出一直被西方世界认为是对互联网自由的破坏,被认为"对互联网信息自由流动构成了威胁,并损害自由表达的权利"②,同时也与"全球公域"的非主权管辖性质相悖。

(二)认知困境

认知困境即不同国家不同的国情和价值观所导致的对不同网络空间认知的不同。认知的不同可能源于历史原因,也有可能来自价值观。例如,中美在海洋问题上的分歧更多的是来自历史认知,而中美对网络空间的认知分歧则主要源于价值观。互联网作为一种通信工具,其背后代表着各种不同的利益和价值观。各国总是善于应用互联网来维护其主流的社会价值。在美国,信息技术最普遍的用途是提高经济竞争力和经济效率,并用来宣传诸如平等和自由的民主价值观。而中国,社会政治稳定被视为核心国家利益,中国也相应在国内施行网络过滤和监控技术,以维护社会政治的稳定。而这在西方看来便是破坏了互联网自由的原则。

中美网络空间的认知困境不仅源于价值观的相异,而且还源

---

① The White House, *National Security Strategy*, May 2010.
② U. S. House, 112th Congress, "H. RES. 628-Expressing the Sense of the House of Representatives that the United States Should Preserve, Enhance, and Increase Access to an Open, Global Internet", April 19, 2012.

于中美所处的不同发展阶段。美国属于发达国家,经济发展水平较高、技术较为先进、生活水平也平均较高。而中国属于发展中国家,经济、技术、人民生活水平程度还相对较低,而且对于中国而言,不同地区之间的发展差异程度非常大,国家统一和政治稳定等还面临威胁。所以,在不同的发展阶段中,国家利益的优先次序就决定了两者对于网络空间认知的不同。因此,对于中国而言,网络空间的最大威胁是任何影响社会和政治稳定的因素,任何可能导致社会不稳定、任何可能危及国家完整性的挑战都是中国面临的最大威胁。而对于美国而言,对于其既有国家安全和既有地位的挑战是其最大威胁。

(三)先占困境

先占困境主要针对以"先到先得"原则作为在全球公域内获益的方式[①]。目前绝大多数国家,包括新兴市场国家,都只是既有规则和制度的接受者,而非制定者。"先到先得"原则实质上是对权力至上原则的承认,全球公域的获益程度由此以行为体权力大小作为唯一衡量标准。显然,如果以"先到先得"原则作为主要的获益方式,那么这种方式极不利于实力弱小的行为体,且与全球公域的正义性原则背道而驰。因为网络空间的国际秩序有待形成以及国际规则远未完善,美国欲占得先机将其政策选择确定为国际规则。例如,美国国家安全战略报告强调美国致力于塑造网络安全全球标准,具体措施包括在现有各种网络治理国际平台推动机制化合作、为双边和多边国际网络安全合作提供专业支持等。先占困境还造就了全球公域中的"美国例外论"现象。美国至今仍未批准《联合国海洋法公约》,也不同意中俄等国 2015 年向联合国提交的

---

① 曹亚斌:《论"全球公域"治理困境及中国的治理话语权建构》,《石河子大学学报(哲学社会科学版)》2015 年第 2 期,第 71 页。

"不首先在外层空间放置武器"决议案。在网络领域,同样,美国凭借其先进的技术对别国进行监控而同时又指控别国的监控行为。

(四)安全困境

"安全困境"是国际安全领域的一个基本概念,用以解释由于一国实力的增长造成他国的恐惧,继而发展对应性能力,由此形成恶性竞争发展的局面,在军事上可能演化为军备竞赛,随着矛盾的激化,还可能引发国家间战争。根据国际政治理论,造成"安全困境"的一个重要原因是国际社会的无政府性和由此带来的不确定性。在网络空间,这种无政府性和不确定性不但没有减弱,反而愈加严重。

虽然中国一直以和平利用网络空间、造福全人类为发展宗旨,但美国一直视中国日益成长的网络空间能力为主要威胁,早在2007年即开始在国际社会制造"中国网络威胁论""中国黑客威胁论",有意夸大中国网络能力,声称中美"网络战实力相当"。这不仅是美"料敌从宽"传统军事思维的体现,更是美有意向我施加网络安全压力,意图置我于被动的表现。这一举措在客观上造成了中美战略竞争态势,致使中美在网络安全领域相互高度重视、高度警惕、高度防范,形成了信息时代的中美网络安全困境以及网络空间的"中美修昔底德陷阱"[①]。

诚然,对中美网络空间关系的主权困境、认知困境、先占困境和安全困境的分析也并不是说中美在网络方面毫无共同点和合作前景可言。毕竟,有序运转的网络是中美两国社会、经济发展以及国家安全的共同依赖,中美在打击网络犯罪、打击网络恐怖主义、规范网络空间治理等方面也有共同的需求。但对这些问题的认识

---

① 关于中美关系的"修昔底德陷阱"分析,可以参见蔡翠红:《中美关系中的"修昔底德陷阱"话语》,《国际问题研究》2016年第3期,第13—31页。

仍然有助于中美双方针对性解决相互的矛盾冲突,进而塑造更好的网络空间秩序和中美网络关系。

第二节　中美双边关系中的网络安全问题及矛盾焦点

中美双边关系中的网络安全问题包括多个方面,从经济到政治,再到外交和安全,都不同程度地与网络安全有关。但是最主要的矛盾焦点则集中于几个方面,即网络空间监管角度的网络主权与互联网自由之辩、系统数据安全角度的黑客相互指责和网络间谍、网络经济保护角度的互设壁垒与商业纠纷政治化、网络空间治理角度的规则安排与制度模式之争。其中,又以前两方面的冲突最激烈。中美之间在网络安全认知上的关键分歧在于国家主权如何适用于网络空间。美国拒绝承认各国享有管理本国网络的主权,拒绝承认各国有根据本国法律处理网络安全问题的权利,同时又以技术和资源优势维持对全球网络治理的主导权,以确保美国本土网络的绝对安全。而中国坚持对本国网络事务的自主管辖权,强调各国政府和政府间国际组织在网络空间安全治理中的主体地位。

一、网络空间国内监管角度的网络主权与互联网自由之争

中国坚持网络主权(或称为互联网主权、网络空间主权)原则。但受西方意识形态和价值观影响,西方学者普遍强调"互联网自由"和"网络人权保护",对国家在网络空间的主导作用和网络主权持怀疑甚至否定态度,认为互联网应该支持言论自由,主权的介入阻碍了信息自由流动等。具体而言,这些学者往往从国际人权法、

国际贸易法等角度对中国等非西方国家通过较为严格的内容审查和信息过滤来管理互联网的措施加以批评,如克里斯托弗·斯蒂文森(Christopher Stevenson)的论文《打破网络长城:中国的互联网审查与互联世界的自由表达诉求》①、罗纳尔德·戴博特(Ronald Deibert)的论文《互联网控制的地缘政治:审查、主权和网络空间》等②。国际人权组织大赦国际(Amnesty International)也认为中国的网络主权主张侵害了言论自由,并以此为由号召苹果、谷歌、脸书、领英等科技公司抵制中国③。

事实上,所谓的"互联网自由"在世界任何地方都是有限的、有条件的。即使在美国,互联网自由也受到许多规则的限制,特别是关系到国家利益时。德谟克利特曾指出,国家利益是一种更广意义上的集体利益,国家利益应该被放在超乎一切之上的地位以达到国家能治理的目的。自由的限度问题其实也是规则问题。因为人的行为都有外部性,这种外部性必须受到某种程度的限制,否则人与人之间不能实现兼容,类似"公地悲剧"就可能发生。一般来说,公共利益优先于个人权利。所以,代表国家利益的网络主权也是网络空间发展的必然要求。

事实上,网络空间监管已经成为各国的普遍实践。信息自由并不是没有限制的。在美国,这个标榜是"最自由"的国家,也没有

---

① Christopher Stevenson, "Breaching the Great Firewall: China's Internet Censorship and the Quest for Freedom of Expression in a Connected World", *Boston College International and Comparative Law Review*, 2007, Vol.30, No.2, pp.531-558.
② Ronald J. Deibert, "The Geopolitics of Internet Control: Censorship, Sovereignty and Cyberspace", in Andrew Chadwick and Philip N. Howard, eds., *The Routledge Handbook of Internet Politics*, New York: Routledge, 2009.
③ Roseann Rife, "Tech Companies Must Reject China's Repressive Internet Rules" (December 15, 2015), Amnesty International, https://www.amnesty.org/en/latest/news/2015/12/tech-companies-must-reject-china-repressive-internet-rules/, retrieved December 20, 2018.

不受限制的信息自由。它明确禁止某些信息自由传播，包括被指可能危害美国国家安全、国土完整、宗教和谐以及可能有损青少年身心的不良信息等。因此，美国的《信息自由法》有许多例外，说明其信息自由是有限度的。维基揭密案发生后，美国政府和军方几乎同声谴责其危及美国国家安全。如美国国家安全事务顾问詹姆斯·琼斯（James Jones）将军说这些文件泄密可能会对美军及其盟军士兵的生命构成威胁，并危害美国的国家安全①。而维基揭密创办人则认为其行为符合信息自由原则。

二、系统数据安全角度的黑客相互指责和网络间谍

黑客是一个自计算机诞生以来就存在的名词。黑客不仅与网络安全存在着密切关联，而且与国家安全同样有着重要的关系。黑客作为社会的一个群体，其自身拥有独特的文化、背景和历史。从起源上来看"黑客"并非具有贬义色彩的词语，而是一个带有褒义的词语——指那些技术高超、爱好钻研计算机系统并竭力提高其性能的程序员。然而，随着网络技术的日益发展，如今黑客群体却发生了根本性的变化，我们提到黑客，一般所联想到的就是"计算机犯罪分子""网络破坏分子"，他们都掌握着高超的计算机技术，并凭借这种技术对计算机网络实施非法侵入、破坏、偷窃等不良行为。网络间谍属于黑客的一种类型。随着社会信息化程度不断加深，网络系统中有价值的信息也日益增多，其中所含的政治信息、安全信息、商业机密和技术专利都可能处于风险之中。一些有目的的黑客则会为了获取这些有价值的信息而采

---

① The White House, "Statement of National Security Advisor Gen. James Jones on Wikileaks"（July 25, 2010）, https://obamawhitehouse.archives.gov/realitycheck/the-press-office/statement-national-security-advisor-general-james-jones-wikileaks, retrieved December 28, 2018.

取黑客行动。

黑客问题与中美关系挂钩是近十来年才逐渐成为一个政治焦点的。自20世纪80年代起,对于黑客袭击的担忧就时常被提起,对其性质判断的关键在于对发动袭击者——黑客——身份的核查:最初被认为有能力和意图发动此类袭击的是具有无政府主义倾向的黑客个人或团体。然而,20世纪90年代以后,尤其是进入21世纪后,随着计算机技术的成熟并且在全球范围内的广泛传播,以及计算机硬件设施、软件的发展,许多后发国家网络能力日渐提升。与此同时,美国对于威胁源的判断也发生了转变。虽然同样用"黑客攻击"等字眼,但是,此时"黑客"的身份判断已经悄然转变为"具有国家背景的黑客",也就是外国政府雇佣或培养的黑客,他们运用黑客技术,通过对信息基础设施的袭击来威胁美国国家安全。根据"中国黑客威胁论",以美国为首的西方国家认为中国政府正在主使、安排、资助或至少是放纵有组织性的黑客行动,窃取西方国家的机密情报,袭击西方国家至关重要的信息基础设施,并威胁包括美国在内的西方国家的信息安全。

从性质上来看,中美之间的黑客相互指责大致可以分为特定事件引导型的民族主义黑客事件和以获得一定有价值信息为目的的网络间谍型黑客事件。前者一般是以达到一定破坏力和产生一定影响为目的,宗旨是为了引起对方的注意,表达一定的民族主义情绪。而后者则一般不是为了造成破坏,而是尽量不留痕迹地挖掘并获得一定的有价值信息,可能是经济信息,也可能是政治信息或军事安全信息等。2001年中美撞机事件中,面对美国无理侵犯中国领空的行为,中国境内的一些黑客义愤填膺,果断地向美国发起了一场具有爱国主义性质的黑客行动,从而导致中美历史上首次大规模网络大战。这一黑客事件属于典型的第一类,这也让美国对"中国黑客威胁论"深信不疑。从 2007 年开始,美国乃至主要西方国家的主流媒体几乎不约而同地开始炒作"中国黑客威胁论"的集体行动,并最终在 2010 年的"谷歌撤离中国大陆"事件前后达到了阶段性高潮。

网络间谍,尤其是经济网络间谍是几年来美国炒作的另一中美网络安全重点议题。网络间谍本是很多国家都面临的新问题。然而很多情况下,美国政府却将矛头指向中国,指责中国政府参与和支持对美网络间谍活动,令美国企业遭受重大损失,进而削弱美国经济的国际竞争力。美国以此对中国进行外交施压、提起司法诉讼,还威胁进行经济制裁、网络打击和军事报复等。2007 年 11 月,美中经济与安全审查委员会向国会提交年度报告,称"工业间谍活动为中国企业提供了获取新技术的新途径","中国的工业间谍活动已经对美国技术形成最大威胁"①。2013 年 2 月 19 日,美国网络安全公司曼迪昂特(Mandiant)发布一份题为《高级持续性威胁:揭秘一个中国网络间谍单位》的报告,称上海浦东一家驻军单位的数名军人长期侵入美国企业和研究机构的计算机系统,获取敏感信息和技术文档②。2014 年 5 月 1 日,美国司法部签署起诉书,在美国宾夕法尼亚州西区地方法院起诉五名中国军人,称他们隶属中国军方在上海的一个情报部门,他们侵入一些美国企业的网络系统,窃取商业机密和敏感信息。5 月 19 日,美国司法部公布起诉书,联邦调查局同时还签发了对五名中国军人的通缉

---

① U.S.-China Economic and Security Review Commission,"2007 Annual Report to Congress"(November 15, 2007), U.S.-China Economic and Security Review Commission, https://www.uscc.gov/Annual_Reports/2007-annual-report-congress,retrieved December 28, 2018.
② Mandiant, "APT1: Exposing One of China's Cyber Espionage Units"(February 19, 2013), Fire Eye, https://www.fireeye.com/content/dam/fireeye-www/services/pdfs/mandiant-apt1-report.pdf, retrieved December 28, 2018.

令。中国政府迅速作出反应,外交部、国防部、国家互联网信息办公室先后发表声明,表达强烈不满和抗议,明确表明,"鉴于美方对通过对话合作解决网络安全问题缺乏诚意,中方决定中止中美网络工作组活动"①。这使得中美网络关系一度陷入僵局。

事实上,从黑客攻击角度而言,中国才是最大的受害者。美国超前的强大网络技术使得其充分具备黑客攻击和网络监控能力,正如棱镜门所揭露的一样。国家互联网应急中心,亦称国家计算机网络应急技术处理协调中心(National Computer Emergency Response Technical Team,CNCERT)2018 年 6 月发布的《我国 DDoS 攻击资源月度及 2018 年上半年治理情况分析报告》表明,根据抽样监测数据,2018 年 6 月,利用互联网终端设备发起 DDoS 攻击的控制端有 277 个,其中 28 个控制端位于我国境内,249 个控制端位于境外。位于境外的控制端按国家或地区分布,美国占的比例最大,占 42.6%②,接近一半。中美对于黑客攻击的相互指责成了中美网络关系中的重要内容。

从网络间谍角度看,网络行为溯源的困难性使得很多指控难以成立。例如,曼迪昂特报告并没有证明中国政府系统地参与和支持经济网络间谍活动,如从美国企业获取的商业机密如何交给中国企业,有哪些中国企业从中受益,美国企业因而遭受哪些损失。美国政府以经济网络间谍为由指责中国的同时,毫不讳言自己也从事网络窃密活动。尽管 2015 年 9 月,习主席访美时中美元

---

① 《外交部发言人就美国司法部宣布起诉 5 名中国军官一事发表谈话》(2014 年 5 月 19 日),中华人民共和国外交部网站,http://www.fmprc.gov.cn/mfa_chn/fyrbt_602243/t1157478.shtml,最后浏览日期:2018 年 12 月 25 日。
② 国家计算机网络应急技术处理协调中心:《我国 DDoS 攻击资源月度及 2018 年上半年治理情况分析报告》(2018 年 6 月),国家互联网应急中心官网,http://www.cert.org.cn/publish/main/upload/File/DDoS201806.pdf,最后浏览日期:2018 年 12 月 28 日。

首举行联合记者招待会,承诺双方政府均不在知情情况下支持和参与以商业为目的的网络窃密,并同意就打击网络犯罪开展合作。在此基础上,中断的网络安全外交对话也得以重新启动。但是仍然难以掩盖中美的争端焦点,即能否及如何区分经济网络间谍和其他网络窃密活动①,以及美国在这一问题上的双重标准。

三、网络经济保护角度的互设壁垒与商业纠纷政治化倾向

在当前数字经济快速崛起、经济全球化和贸易一体化不断深化的背景下,网络已经不仅仅作为一个平台存在,其所承载的技术与数据都可作为一种贸易对象,网络信息技术产品和服务的采购已经形成国际经济关系中的重要一环。鉴于网络信息技术产品和服务的复杂多元与快速迭代,以及基础网络和重要信息系统保密性、完整性和可用性对国家安全的重要影响,必要的网络安全管控措施显得不可或缺。因此,适当的国家管控和网络安全审查是必要的,但是科学地划定网络空间市场自律与安全监管的法律边界非常重要,必须避免以国家安全为名的贸易歧视和贸易壁垒。

中美之间的网络技术和服务贸易壁垒尤为明显,尤其是随着中国在网络技术方面的进步,美国越来越有戒备心。美国一方面通过资本介入、技术渗透、产品输出,在中国互联网市场上繁荣壮大,不仅广泛渗入中国普通网民平日上网的网络终端、网络应用,还全面参与到中国互联网关键信息基础设施的建设中,美国的信息技术产品和服务已在我国呈全面渗透之势。另一方面与之形成鲜明对比的是,美国频频使出"政策性壁垒"杀手锏来阻扰中国互联网通信企业登陆美国,使得华为和中兴等中国互联网通信企业

---

① 汪晓风:《中美经济网络间谍争端的冲突根源与调适路径》,《美国研究》2016年第5期,第85—110页。

被美国屡屡拒之门外,在美发展可谓举步维艰。美以信息安全为由采取的涉华贸易限制措施主要如下。

一是美国外国投资委员会(Committee on Foreign Investment in the United States,CFIUS)对我国 IT 企业在美投资进行国家安全审查。例如,2005 年对联想并购案提出了非常严苛的限制条件,联想被迫签订了国家安全协议;2008 年,华为与贝恩资本试图联合并购 3com,最终被 CFIUS 否决;2011 年,在 CFIUS 阻挠下,迫于国家安全担忧,华为主动放弃了收购美国公司 3Leaf Systems 特定资产的计划①。

二是美国政府或国会对政府部门、重点行业采购中国 IT 产品进行直接干涉,或者直接干涉相关业务往来。在对中兴、华为的审查中,美国国会不仅关注技术功能,还关注产品和服务提供商的声誉、透明度、资本构成、法人治理结构等。如联想在美投资后,美国务院受议员施压调整了对联想电脑的采购计划;2010 年 8 月,华为与美国电信商 Sprint 的价值 60 亿美元的电信合同在政界的警告下夭折;2011 年 4 月,美国国会议员以国家安全为由,反对华为竞标美国第六大无线运营商 Cellular Corp 公司的 4G 网络建设合同。2012 年 1 月,6 位美国国会议员致信时任国务卿希拉里,要求调查华为公司在伊朗的商业活动。2018 年 4 月 16 日,美国商务部发布公告称,美国政府在未来 7 年内禁止中兴通讯向美国企业购买敏感产品,引发了影响力巨大的中兴事件。虽然经过两国政府的努力以及中兴通讯本身的企业结构调整,最后美国供应商与中兴进行商业往来的禁令被取消,中兴公司以巨额保证金的条件恢复运营,但是中兴事件仍然突出了商业纠纷和政治的挂钩倾向。

---

① 左晓栋:《近年中美网络安全贸易纠纷回顾及其对网络安全审查制度的启示》,《中国信息安全》2014 年第 8 期,第 70 页。

三是美国众议院情报委员会等机构的特别调查报告。2012年10月8日,美国众议院情报委员会发布报告指责华为、中兴为中国情报部门提供了干预美国通信网络的机会,建议美国企业避免与其合作①。此次美国国会机构发布的针对中国互联网通信企业的调查报告引得舆论哗然。该报告公开要求美政府阻止华为、中兴两家中国电信设备厂商进入美国市场的理由,竟然是一些称得上"离奇"的毫无证据的指控,如指责华为和中兴的设备可以通过遥控向中国发送信息、华为同中国军方的商业联系紧密等②。

四是通过各种采购条例来进行对信息技术产品和服务的安全审查。这些安全审查从管理机制角度,主要可以分为采购部门管理规范体系和职能部门管理规范体系两个方面。《联邦采购条例》(Federal Acquisition Regulation)是采购部门管理规范体系的核心。一些特殊部门内部规定了符合部门特殊要求的专项措施。如《2011财年国防授权法》(National Defense Authorization Act for fiscal year 2011)第806节进一步授权美国国防部评估采购过程中的信息技术供应链风险;美国国防部发布了《国防联邦采购补充条例》(Defense Federal Acquisition Regulation Supplement)。此外,作为联邦政府的集中采购机构,联邦总务署(General Services Administration, GSA)专门发布《总务署采购手册》(General Services Administration Acquisition Manual),指导联邦政府的通用货物采购以及其他联邦机构的自行采购。在某些特殊的情况下,美国采购部门的网络安全审查直接覆盖到供应链阶段,明确禁

---

① 刘兰兰:《美对华为中兴启动第二轮调查》,《新京报》,2012年10月11日,第B01版;梁春丽、杨慧珊:《华为中兴遭遇美国式"大肃反"》,《金融科技时代》2012年第12期,第32页。
② 白明:《"封杀"华为中兴冷战思维与贸易保护主义的联姻》,《每日经济新闻》,2012年10月10日,第7版。

止采购触及的供应链。如《2013年合同与持续拨款法》及《2014年合同与持续拨款法》均对美国商务部、司法部、国家宇航局和国家科学基金会四家联邦机构采购中国信息技术系统进行限制,具体表述为"联邦机构负责人与联邦调查局或其他适当机构"对"中国拥有、管理或资助的一个或多个机构所生产、制造或组装的信息系统有关的任何风险"进行"网络间谍或破坏行为"进行风险评估,除非评估认为"该系统采购符合美国的国家利益",否则"不得采购"①。

一方面,美国对来自他国尤其是中国的信息技术产品和服务十分警惕;另一方面,美方不断要求他国停止实施网络安全审查政策并敞开贸易大门,以贸易为依据对中国的网络安全审查政策进行批评和抨击。网络安全审查制度是为维护国家网络安全而设立的一项重要制度,也是我国目前正在试行的制度。其核心要求是,关系国家安全和公共利益的系统使用的重要信息技术产品和服务,应通过网络安全审查。欧洲议会率先投票声明我国的网络审查是一项贸易壁垒,其后美国的互联网企业多次投诉,认为我国互联网管理政策有利于国内企业发展,对国外企业制造了不公平贸易环境。针对我国制度要求第三级以上信息系统应使用本国生产的自主信息安全产品,美方对此也曾表示反对。美国认为,根据WTO的"国家安全例外"条款,中国实施的任何强制性要求只能适用于军队和涉密信息系统,而重点行业则属于商用系统,不能认定是国家安全范畴。然而,"国家安全"范畴的模糊性使得WTO的"国家安全例外"条款往往被各国用来支持自己的管制政策。事实上,WTO从未明确国家安全的范畴。从美国的做法看,其要求我国将国家安全的范畴尽量缩小,而CFIUS的运转则表明,美国

---

① 薛高:《英美网络安全审查机制及其启示》,《金融科技时代》2015年第1期,第66—67页。

始终未给出国家安全定义,并试图将国家安全范畴扩大到无所不包,随意性相当大①。

美在信息通信市场上积极对华为、中兴等中国企业进行防范,其背后一方面有基于贸易保护主义的考虑,即积极维护美国互联网通信行业的利益,持续扩充美国网络霸权的经济基础;另一方面美国对中国的"国别化审查"也是积极"防范"中国染指美国互联网"核心",确保美在网络空间单方面对华威慑的有效性。实际上,美国才拥有全球最大的网络间谍组织,斯诺登事件以后,美国对世界的监视、甚至对盟友稳私的窥探充分证明了这一点。我国在建立网络安全审查制度的过程中,应认识到这不是应对国外"贸易壁垒"的被动反制措施,而是保障国家网络安全的主动的风险防范措施,应当以风险控制为基础,通过对整个IT供应链进行安全审查,以立法和标准为基础,防止针对国家重要信息的破坏,将国家网络安全风险降低到可以接受的程度②。

四、网络空间国际治理角度的规则安排与制度模式之争

全球网络空间作为一种新生代的空间形式,在短时间内形成成熟的制度架构体系不太现实。由于网络空间主要是依托计算机技术而兴起的,因此目前只是在单纯的技术层面上形成了一定的规则制度,而全球网络空间的基本制度架构仍然处于严重缺失的局面。一方面,鉴于互联网技术主要是发端于美国的现实情况,其相关技术标准等大多是美国为维护本国利益而制定的,因而不足以代表国际社会的广泛利益诉求。另一方面,全球网络空间承载

---

① 左晓栋:《近年中美网络安全贸易纠纷回顾及其对网络安全审查制度的启示》,《中国信息安全》2014年第8期,第71页。
② 马民虎、马宁:《国家网络安全审查制度的法律困惑与中国策略》,《云南师范大学学报》2015年第5期,第42—49页。

了各类复杂的国际事务,单纯技术性的规则制度,显然难以妥善解决网络空间中的现实政治问题。全球网络空间的基本制度架构的长期缺失,究其原因有四个方面的问题。第一,互联网世界的无政府状态。全球互联网世界不存在一个超国家的权威,即没有一个具有绝对控制权的超强权威来领导全球网络空间制度建设并管理全球网络空间事务。第二,互联网世界的虚拟性。第三,国际行为主体对网络空间制度建设的基本需求不同。第四,各国网络发展水平不一,在对网络空间国际秩序规范的认识上存在重大分歧。

在建立网络空间国际规则的过程中,中美产生了激烈的竞争。竞争首先体现在对制度安排提出的不同提案和见解上,其次体现在这些制度安排所反映的原则上。中美在网络空间规则制定中的斗争的核心目标是网络治理权,并进而获得参与权和网络战略优势。网络治理权就在于谁能以何种立场建立一套对自己有利的网络规范,并要求他人依此原则在网络空间里从事活动。中美关于网络空间规则的主要斗争可概括为如下几点。

(一)制度现状:维持或改革当前网络空间全球治理现状之争

美国和欧盟等国家主张互联网治理可维持现状,认为目前的治理现状虽然也有一些现实挑战,但总体是有效的。而中国、印度、巴西等国则希望改变现状,因为当前的现状给予了美国以网络空间的特殊霸权(如ICANN),不能体现国际关系的平等性。对此,美国的私营部门则反驳称美国根本没有兴趣对网络空间进行管制,因为美国最能得益于网络空间的丛林(jungle)状态、迷雾(fog)状态和混乱(chaos)状态[1],美国的网络攻击能力和穿透能力都是最强的,混乱状态的网络空间还可以给予美国推广民主的平

---

[1] NCAFP, "Cyberpower and National Security", *American Foreign Policy Interests*, 2013, Vol.35, No.1, p.54.

台。还有观点认为,之所以很多国家认为美国实质上掌握着互联网资源的控制权,是基于其他国家自身政府与电信公司和网络公司之间的紧密联系,事实上美国政府从来没有拥有或运营过电信公司①。但是这些狡辩无法消除人们心头的 ICANN 和美国商务部之间的协议疑云。而棱镜门风波中所披露的美国政府和几大网络公司的合作更使这些狡辩难以立足。

(二)制度行动者:多利益攸关方模式与联合国主导下的治理方案之争

美欧等国主张网络空间治理的多利益攸关方模式(multi-stakeholder governance),而中俄等国则主张联合国主导下的治理方式②,也有不少学者将中俄主张的治理方式总结为多边主义模式。按照多利益攸关方模式,国家和非国家行为体相互合作,对网络空间技术与运行进行管理,例如,对通信协议标准化、对域名地址进行管理等。多利益攸关方模式的支持方认为 ICANN 就是多利益攸关方模式的一个典型代表,因为其中不仅有国家代表,更有各种私营部门和非营利组织的代表。他们认为利用国际会议和国际组织将网络空间治理置于政府和政府间机构的控制之下的企图会给互联网的创新、商务、发展、民主和人权都带来可怕的后果。所以,他们反对联合国(包括其分支机构如国际电信联盟)等国际组织对网络空间的监管。

从 2003 年信息社会世界峰会开始,发达国家与发展中国家就

---

① Panayotis A. Yannakogeorgos,"Internet Governance and National Security", *Strategic Studies Quarterly*,2012,Vol.5,No.3,pp.109-110.
② 关于"多利益攸关方"的讨论可参见 Jeremy Malcolm,*Multi-Stakeholder Governance and the Internet Governance Forum*,Perth:Terminus Press,2008; Milton L Mueller,*Networks and States: The Global Politics of Internet Governance*,*Information Revolution and Global Politics*,Cambridge,Mass. & London:MIT Press,2010。

多利益攸关方模式与主权国家主导的多边主义治理模式就展开了交锋,如今模式之争仍然是网络空间问题的一个争论热点。中国和俄罗斯则俨然被认为是反对多利益攸关方模式的"样板"国家,主张政府主导一切互联网事务,这种误解使得中国在很多场合被视为互联网治理领域的"异类"。事实上,"多边主义"作为一种具体的实践形式,与现有的"多利益攸关方"实践并不存在对立,而是一种相互补充①。两者之间的争论主要源于对两个概念的理解不够深入。"多利益攸关方"是指私营部门、政府、国际组织、民间组织、学术机构等利益相关方之间的协作,不存在中央权威,是一种自下而上的、包容性的、网络化的组织和决策模式;"多边主义"模式则更突出了政府行为体在各利益相关方中的主导地位,是在政府主导之下的多利益相关方的共同参与,因此在决策中更多表现的是政府自上而下的管理。但是,两种模式之间都承认行为体的多元化,也都能把目前的重要利益攸关方如政府、企业、社会组织、技术社群和网民容纳其中。此外,在研究和讨论中,学者和专家们也总有高度提炼的倾向,从而推动了这两个概念的表面对立。

然而,随着网络的发展,许多国家发现这种多利益攸关方模式名实不一致,因为它给美国延续其对网络的控制及未来发展提供了更多机会。美国表面上提多利益攸关方模式,但是实际上是不愿意改变当前的有利于自己的现状。因此许多国家希望互联网的治理能够被纳入政府间组织和国际法范畴。2003年信息社会世界高峰会议(World Summit on the Information Society,WSIS)上,中国就和其他一些发展中国家一起,提议成立一个国际

---

① 郎平:《从全球治理视角解读互联网治理"多利益相关方"框架》,《现代国际关系》2017年第4期,第47—53页。

性的互联网组织,并采纳新的互联网条约①。在之前提议未被采纳的背景下,俄罗斯、中国、印度等国家提议将网络空间更多地纳入联合国的权力范围②。

也有学者从制度途径和方向角度认为美国所倡导的多利益攸关方模式是一种包括非国家行为体的从下至上的多中心的治理方式,而中国主张自上而下的以国家为中心的治理方式③。两大阵营的意见分歧使信息社会世界高峰会议最终决定请联合国秘书长于2004年成立了互联网治理工作组(Working Group on Internet Governance,WGIG)。2005年联合国组织的信息社会世界高峰会议上,同样的分歧再次出现,没有决策权的互联网治理论坛(Internet Governance Forum,IGF)由此设立,以提供一个讨论网络空间治理问题的平台。

事实上,中国从未表示反对"多利益攸关方"模式,甚至在网络空间国际合作战略及多个国际场合(如 ICANN 大会)不断表明支持"多利益攸关方"共同参与互联网治理的政策立场。2014 年,在第 50 次 ICANN 大会高级别政府会议上,中方参会代表具体阐述了多边主义的内涵:政府引领互联网发展走向与政策;互联网企业承担社会责任;互联网社会组织推动发展,做好衔接社会大众的服务;技术社群提供创新研发支撑;网民则积极参与表达诉求,遵守

---

① "World Summit on Information Society Concludes General Debate"(December 12, 2003), United Nations, https://www.un.org/press/en/2003/pi1549.doc.htm, retrieved December 12, 2017.
② Leo Kelion, "US Resists Control of Internet Passing to UN Agency"(August 3, 2012), BBC News, http://www.bbc.co.uk/news/technology-19106420, retrieved December 25, 2018.
③ NCAFP, "Cyberpower and National Security", *American Foreign Policy Interests*, 2013, Vol.35, No.1, p.52.

法律和秩序①。中国《网络空间国际战略》也指出,全球互联网治理"应坚持多方参与,应发挥政府、国际组织、互联网企业、技术社群、民间机构、公民个人等各主体作用,构建全方位、多层面的治理平台"②。

所以,综合起来看,多利益攸关方模式和多边的多元主义治理模式之间并不是互相排斥的关系。考虑到互联网治理内容的多元化和复杂性,上述两种治理实践可以互相补充,取长补短,是互补的共存关系。例如,在技术层面的互联网治理中,多利益攸关方模式更为有效;而随着治理内容逐渐由低级政治向高级政治靠拢,随着互联网治理内容逐渐由技术向经济、发展和政治领域拓展,随着政治性的水平由低至高,政府的主导作用将愈加显著,而其他行为体的参与也不可或缺③。

(三)制度延伸性:网络空间全新制度方案与传统空间的制度延伸之争

这些争论涉及诸多领域和范畴,例如,国际电信联盟大会讨论的新的电信条例是否可延展适用于网络空间,传统的税收政策、划界管制法是否可同样移到网络空间应用等。关于这一点,各不同行为体之间没有形成统一阵营,而是针对不同的制度规范各自有不同的看法。例如,美国认为国际电信联盟的电信条例不能延展到网络空间使用,因为这将使网络空间受制于政府和政府间机构的控制,使之失去创新性和民主性等。但是,针对《武装冲突法》

---

① Harold Trinkunas and Ian Wallace, "Converging on the Future of Global Internet Governance: The United States and Brazil" (July 2015), The Brookings Institution, https://www.brookings.edu/wp-content/uploads/2016/06/USBrazil-Global-Internet-Governance-web-final.pdf, retrieved November 12, 2017.
② 外交部与国家互联网信息办公室:《网络空间国际战略》,2017年3月1日发布。
③ 郎平:《从全球治理视角解读互联网治理"多利益相关方"框架》,《现代国际关系》2017年第4期,第52页。

(Laws of Armed Conflict,LOAC),美国又认为其适用于网络空间①。而中国则认为《武装冲突法》不能用于网络空间,认为这一全新领域需要全新的相关条约。俄罗斯也认为针对网络恐怖主义、网络犯罪以及更广意义上的可能引起社会不稳定的网络冲突,应制定全新的国际公约。但是美国则坚持认为没必要,因为现有国际条约和公约中都能找到相关内容②。

(四)制度管辖范围:网络空间结构与内容的规制之争

网络空间国际规范的管辖范围是多方面的,比如,网络空间技术规范、垃圾邮件规范、网络黑客管理规范、网络犯罪规范、网络军控规范、网络攻击规范等。而中美在网络空间规范所管辖的范围上的争论则主要体现在对网络安全和信息安全的不同理解。美国认为网络空间规范重点应该针对网络空间的结构,并同时保障其中的信息自由流动,尽管美国实际上也高强度大范围地对中国实施网络监控。而中国认为内容也应是网络空间规范的范围,各国网络空间规范应该根据国情而定,所以互联网的内容也是中国网络空间规范的重点管制对象。因此,虽然中美两国讨论的都是"网络安全",但该词在两国语境下含义截然不同。在美国,网络安全从根本上说,是关于如何防止未经授权侵入信息系统的行为,虽然过去曾发生国外大规模窃取美国政府工作人员档案的先例,但网络安全还是主要集中于保护各种私营部门的数据以及关键网络基础设施。在中国,网络安全本质上是防御对于政权的、以网络为手

---

① Harold Hongju Koh, "International Law in Cyberspace"(September 18, 2012), speech at the USCYBERCOM Inter-Agency Legal Conference, *Harvard International Law Journal* (online), http://www.harvardilj.org/wp-content/uploads/2012/12/Koh-Speech-to-Publish1.pdf, retrieved December 28, 2018.
② NCAFP, "Cyberpower and National Security," *American Foreign Policy Interests*, 2013, Vol.35, No.1, p.54.

段的内外部威胁，不仅包括结构威胁，更包括内容方面的威胁。正因为此，传统上中国偏好使用信息安全这个概念，强调国家对信息流动的控制权和主导权。

总体而言，网络安全已扩展到中美关系的经济与贸易、政治与外交、军事与国防等各个领域。美国指责中国的互联网访问限制及内容审查政策，认为美国企业在华业务因此受阻，美国还以国家安全为由限制中国信息技术企业在美销售和投资活动。中国对美国通过互联网途径传播价值观、干预中国内部事务、影响中国社会政治进程等问题保持警惕。双方都指责对方进行网络攻击、发展网络武器和推动网络空间军事化。在国际层面，中美各自倡导的网络空间安全行为规则和治理模式也已形成竞争态势。国际社会在网络安全问题上跟随中美而"立场分野"的现象已经显现。

然而，尽管出发点有所不同，中美在保障网络基础设施安全、维护国际网络连通、打击网络恐怖主义、反对黑客等网络犯罪行为上存在着共同利益，这是中美网络安全合作的重要基础。为了避免中美之间因网络安全利益分歧而引发冲突，中美之间的磋商、协调和合作就是非常必要的。在新时期，处理中美网络安全矛盾，也应同样坚持着眼于长远利益，坚持中美新型大国关系的发展方向，始终不忘中美关系是当前世界上最重要的双边关系。

第六章
网络政治分析的战略视角：
中美两国的网络空间战略选择

中美两国各自的网络空间战略选择是影响中美关系的网络政治的最重要变量。网络空间战略选择取决于很多因素，比如，中美各自对总体网络空间环境的认识、中美对自身网络空间威胁的认知、中美对网络空间的目标和利益诉求、中美所采取的网络空间相关行动和话语策略、中美相互对于对方战略选择的反应、国际社会对中美网络空间战略的评价等。中美对各自网络空间威胁和利益认知在第五章已经有所交代，本章即是在比较视野下分析中美两国的网络空间战略的目标、定位、模式、策略、重心等。

第一节 美国网络空间先发制人战略及演变

在信息化时代，网络空间是国际经贸和政治外交的基础平台和联结中介。从"阿拉伯之春"到伦敦骚乱，再到"棱镜门"事件的全球发酵，网络空间的号召力与影响力一览无遗。网络空间已经是新型作战平台、打击目标和攻击武器，成为攸关国家安全的主战场。正如美国前总统奥巴马曾经所言,"网络世界已成为我们每天都要依赖的空间,在人类历史上它使我们比以往任何一个历史时期更相互地联系在一起"①。在网络时代,为了抢占网络空间的战略制高点,美国逐步制定了先发制人的网络空间战略②,它具有主动、外向、绝对能力优势、低风险偏好等含义。这与维持世界领导地位的美国总体战略遵循着相同的原则,即防止任何可能挑战美国力量的崛起,在对手形成威胁之前解除对手武装等。

一、从安全保护到先发制人

美国的网络空间战略具有双重目标:网络空间的绝对优势和不受挑战的全球领导地位。但总体来看,对这一目标的追求体现出"扩张性"的特征③,在不同总统任期之间经历了渐进式的演变过程,从保护美国关键基础设施,到"先发制人"的网络攻击及配套政策措施④,以及谋取全球制网权和网络空间优势的演变,而"9·11"是美国网络空间战略一个分界点。"9·11"前美国的网络空间战略以保护本国的信息基础设施为重点,"9·11"后逐步转向以"先发制人"为重点的"扩张型"战略。

---

① The White House, *U.S. International Strategy for Cyberspace: Prosperity, Security, and Openness in a Networked World*, May 11, 2011.
② 先发制人有狭义和广义之分。狭义上的先发制人指国家受到迫在眉睫的威胁时被迫抢先采取军事行动、消除威胁的行为;广义上的先发制人指决策者从维护国家利益出发,为预防威胁、化解危机和减少损失,采取未雨绸缪的行动和攻击性行为。本文使用广义上的先发制人概念。关于此概念的探讨,可参见 Robert J. Pauly and Tom Lansford, *Strategic Preemption: US Foreign Policy and the Second Iraq War*, Burlington: Ashgate, 2005, pp.41-42; Rachel Bzostek, *Why Not Preempt? Security, Law, Norms and Anticipatory Military Activities*, Brulington: Ashgate, 2008, p.9.
③ 卢新德:《论美国信息安全战略的扩张性》,《当代亚太》2005 年第 7 期,第 24—29 页。
④ 程群:《美国网络安全战略分析》,《太平洋学报》2010 年第 7 期,第 72—81 页。

克林顿政府时期,美国推出了一系列促进信息革命和互联网发展的政策措施,并推动开放互联网的商业应用。克林顿政府先后颁布了《国家信息基础设施:行动纲领》(National Information Infrastructure,NII)、《信息高速公路规划》,提出了"全球信息基础设施"(Global Information Infrastructure,GII)倡议及"数字地球"概念等。克林顿政府还采取了一系列其他相关配套措施,包括推动互联网的私营化、促进信息行业合并[如《电信改革法案》(Telecommunications Act)]、扩大网上资源[如《电子信息自由法》(Electronic Freedom of Information Act)]等①。

从安全角度看,克林顿政府更偏重于关键基础设施和重要信息网络系统的防御保护。由于没有影响美国国家安全的重大网络安全事件的刺激,克林顿政府的网络空间战略基本是侧重网络发展和一般非战略意义上的网络安全问题(如网络犯罪等)。当时的网络安全措施包括发布《国家信息基础设施保护法》、制定《信息保障技术框架》(Information Assuarance Technical Framework,IATF)、提出《信息系统保护国家计划》、强调国家信息基础设施保护的概念、把重要信息系统的安全放在优先发展的位置等。

小布什政府时期,由于"9·11"事件的发生,全球反恐成为美国的总体战略目标,对外政策则围绕反恐展开,先发制人战略开始出台并逐步被运用到网络安全领域。在此背景下,美国推出了服务于反恐战争的一系列网络政策,如国土安全部的组建、设置总统国家安全顾问、加强网络基础设施的保障。同时重视美军网络战进攻能力建设,大力开发计算机网络战武器,成立三军各自的网络

---

① 蔡翠红:《美国国家信息安全战略》,学林出版社2009年版,第133页。

部队,研发、利用新网络技术。2002 年,小布什签署"国家安全第 16 号总统令",要求美国国防部牵头、组织中央情报局、联邦调查局、国家安全局等政府部门制定网络战略。期间美国发布了《网络空间安全国家战略》和《信息时代的关键基础设施保护》,正式将网络安全提升至国家安全的战略高度。2005 年 3 月美国国防部公布的《国防战略报告》,明确将网络空间与陆、海、空和太空定义为同等重要的、需要美国维持决定性优势的第五大空间。

奥巴马政府时期,美国的总体战略是重建全球领导地位,重点是巧实力的综合运用。其外交班子在希拉里的统领下急于修复被小布什损坏了的美国形象,大力推广公共外交,网络空间作为公共外交的重要平台受到更多重视。为此,美国首次提出一个独立的涵盖国防、外交、经贸、国土安全、执法等多个领域的综合的网络空间国际战略,统领美国网络空间各个方面的政策,并通过成立网络司令部提高网络威慑能力,谋求网络空间优势。

2009 年 2 月,奥巴马宣布将网络安全作为维护美国国家安全的首要任务之一,上任伊始就开始推进网络安全评估。2009 年 5 月,白宫公布了《网络空间政策评估:保障可信和强健的信息和通信基础设施》的报告[1]。2009 年 6 月,网络司令部成立。2011 年 3 月,美国网络司令部司令凯斯·亚历山大(Keith Alexander)首次勾画了提升美军网络战能力的五大战略支柱[2]。2011 年 5 月,白宫发布题为《网络空间国际战略:网络化世界的繁

---

[1] The White House, *Cyberspace Policy Review: Assuring a Trusted and Resilient Information and Communications Infrastructure*, May 2009.
[2] Elizabeth Montalbano, "Cyber Command Pursues 'Defensible' IT Architecture" (March 21, 2011), Information Week, http://www.informationweek.com/news/government/security/229400008? cid = RSSfeed _ IWK _ Government, retrieved October 5, 2015.

荣、安全与开放》的报告,列出了在网络世界着力推进的七大政策重点,其内容与目标已从美国自身的网络空间范围扩展到全球网络空间①。同年,美国国防部也提出了自己的《网络空间行动战略》②。该战略明确解释了网络攻击的性质及如何应对,按危害程度对网络攻击进行了分类,并明确提出一些严重的网络攻击行动将被视为战争行为,美国将以包括使用导弹和其他高科技武器在内的传统军事手段对敌对国家进行袭击。

2015年以来,美国政府陆续推出多项网络安全领域的重要措施。2月,白宫发布《国家安全战略报告》,该报告提升了网络安全战略的地位,规划综合运用法律、经济、外交和军事手段预防和反击网络攻击③,发起促进私营部门与政府共享网络安全信息的倡议④。4月,奥巴马签署行政命令,对网络攻击实行经济制裁⑤,随后国防部推出《网络战略》,突出积极防御、主动进攻和全面威慑⑥,国会众议院也推动《网络安全增强法案》,加强网络安全信息共享和隐私及公民权利保护⑦,修订版《美日防卫合作指针》也正式加入网络防御合作内容⑧。

---

① The White House, *U.S. International Strategy for Cyberspace: Prosperity, Security, and Openness in a Networked World*, May 2011.
② The U.S. Department of Defense, *Department of Defense Strategy for Operating in Cyberspace*, July 2011.
③ The White House, *National Security Strategy of 2015*, February 2015.
④ The White House, *Executive Order: Promoting Private Sector Cybersecurity Information Sharing*, February 13, 2015.
⑤ The White House, *Executive Order: Blocking the Property of Certain Persons Engaging in Significant Malicious Cyber-Enabled Activities*, April 1, 2015.
⑥ The U.S. Department of Defense, *The Department of Defense Cyber Strategy*, April 15, 2015.
⑦ The U.S. House of Representatives (114th Congress), *H.R. 1731: National Cybersecurity Protection Advancement Act of 2015*, April 13, 2015.
⑧ The U.S. Department of Defense, *Guidelines for U.S.-Japan Defense Cooperation*, April 27, 2015.

特朗普政府同样延续了历届政府的网络空间战略思想。首先是继续强调进攻性网络威慑战略。比如,美国 2017 年 9 月通过的《2018 财年国防授权法案》要求:清晰定义网络空间作战"威慑",并在网络空间、太空和电子战等信息领域发展全面的网络威慑战略;增加进攻性网络能力建设相关内容,以挫败俄罗斯等对手国家的攻击行动;制定指南文件,明确在国防部武器库中增加进攻性网络武器①。其次是调整网络作战机构和扩充网络作战部队规模,宣布将美军网络司令部升级为美军第十个联合作战司令部,以增强国家网络安全防御能力并对敌人形成威慑,同时在现有规模基础上增加网络战部队人数。

这一系列政策调整反映出美国进一步寻求网络空间绝对安全和维持网络空间优势地位的意图。由此可见,美国政府的意图很明显,希望通过先发制人的网络空间战略,实现网络威慑,谋求其在网络空间的优势地位,从而为其全球领导地位提供支撑。

二、美国网络空间先发制人战略三部曲

美国的网络空间战略总体上体现了先发制人的特点,重点放在国际层面,谋篇布局、制定战略、加强同盟、设置有关国际互联网自由与安全的全球议题,掌握全球互联网发展与安全标准及规制的主导权,强调遏制和削弱对手,并以此来维持其网络空间的优势地位。

有学者指出,美国的网络空间战略重视攻击(offensive)而忽视防范(defensive)②。美国著名学者约瑟夫·奈(Joseph Nye)曾

---

① The Congress, *National Defense Authorization Act for Fiscal Year 2018*, November 9, 2017.
② Richard Clarke, *Cyber War: The Next Threat to National Security and What to Do about It*, New York: HarperCollins Publishers, 2010, p.11.

指出，网络权力最重要的应用是外向性的而不是内向性的，其主要功能是对其他国家的影响①。而网络空间的先发制人战略的可行性被认为比传统物理世界的先发制人战略更强。有的学者指出，网络空间的预防性战争与美国以往针对恐怖主义的预防性战争相比更有操作性，因为后者曾经被力批的主要原因（即人员伤亡）在网络空间并不存在②，网络战争的武器仅仅是流动于电脑系统间的病毒，而不直接牵涉人员的可能伤亡。

美国官方和媒体也多次暗示美国先发制人的网络空间战略，包括网络威慑（cyber-deterrence）战略。2012 年 10 月 11 日，美国国防部长里昂·帕内塔（Leon Panetta）首次以国防部长身份指出，"如果检测到即将来临的网络攻击威胁，美国军方就可以进行先发制人的攻击"③。《纽约时报》2013 年 2 月 4 日载文称，美国在对使用网络武器进行秘密法理评估后得出结论，如果美国对遭遇来自国外的一次重大网络攻击取得可靠证据，美国总统有权下令进行先发制人的打击④。曾任克林顿政府国家安全局局长和小布什第二任期国家情报局局长的约翰·迈克尔·康奈尔（John Michael McConnell）也撰文指出，从潜在经济和心理影响来看，网络战争堪

---

① Joseph S. Nye, Jr., *Cyber Power*, Cambridge, MA: Belfer Center, Harvard Kennedy School, 2010.
② Alexander Melnitzky, "Defending America against Chinese Cyber Espionage through the Use of Active Defenses", *Cardozo Journal of International & Comparative Law*, 2012, Vol.20, p.569.
③ Phil Stewart, "U.S. Defense Chief Says Pre-emptive Action Possible Over Cyber Threat" (October 12, 2012), Reuters, http://www.reuters.com/article/2012/10/12/net-us-usa-cyber-pentagon-idUSBRE89B04Q20121012, retrieved December 22, 2017.
④ David E. Sanger and Thom Shanker, "Broad Powers Seen for Obama in Cyberstrikes" (February 4, 2013), *The New York Times*, http://www.nytimes.com/2013/02/04/us/broad-powers-seen-for-obama-in-cyberstrikes.html, retrieved March 2, 2018.

比核威胁,因此,美国的应对策略应该先发制人和威慑性两者兼而有之①。

具体而言,美国网络空间战略的先发制人特性体现在其三部曲的实施:第一是构建网络空间的敌人,第二是网络空间安全化,第三是制定具体政策和措施。

(一)构建网络空间的敌人

构建敌人是美国实施其先发制人网络空间战略的第一步。美国的战略文化和外交传统中一直存在着强烈的危机感。为了达到压制别人从而实现自己优势地位的目的,美国首先使用的是构建网络空间的敌人、渲染威胁的手段,并以之为借口制定先发制人的战略。随着苏联的解体、"9·11"恐怖袭击的罪魁祸首的击毙,美国又需要寻找新的敌人。崛起的中国理所当然地成了其构建的重点敌人和竞争对手。而信息的不确定性使网络空间的攻击来源很难确定,这就使得潜意识中的对手易成为构建的对象。

美国媒体和政府这些年经常宣扬"美国网络安全的最大威胁来自中国"。如美国《防务新闻》周刊网站 2010 年 5 月 31 日题为《全面努力,应对全球威胁》的文章,称"现阶段最恶劣的、可能对美国安全构成最大威胁的网络攻击行为来自中国,因为中国的军事思想家认为美军对电脑、卫星和空间传感器十分依赖而更易受到网络战打击"②。2012 年 3 月,美中经济与安全评估委员会发布报告称:中国的网络战能力对美军构成真正威胁;过去十年,计算机

---

① Mike McConnell, "How to Win the Cyber-war We're Losing", *The Washington Post*, February 28, 2010.
② Larry Wortzel and Randy Forbes, "Bolster U.S. Cyber Defenses: Make Comprehensive Push against Global Threats" (May 31, 2010), Defense News, http://www.defensenews.com/article/20100531/deffeat05/5310303/bolster-u-s-cyber-defenses, retrieved March 12, 2017.

网络攻击战已成为中国军方和国家发展战略的重点①。2013年3月,美国曼迪昂特(Mandiant)网络安全公司发表报告表示,相信中国军队是最近发生的一系列高层黑客攻击的幕后操纵者②。美国威瑞森(Verizon)公司随后又于2013年4月发表《数据窃取调查年度报告》并单列出"有政府背景的网络间谍行为",称2012年政府网络间谍案绝大部分源自中国等③。2013年5月6日,美国国防部则在其呈交国会的年度《中国军力报告》中,首次点名指控中国政府和军方在幕后策划了针对美国的网络攻击④。特朗普政府则在《国家安全战略报告》中指出,美国正处于一个竞争性的新时代,在政治、经济、军事等领域面临愈发激烈的竞争。该《报告》认为,当前美国面临三类安全挑战:以中、俄为代表的"修正主义国家",以朝、伊为代表的"专制政权",以及恐怖组织、跨国犯罪集团等非国家行为体。该《报告》将中俄定性为竞争对手,认为中俄"决意减少经济自由与公平,增强军力,以控制信息与数据压制其社会,扩张其影响力"⑤。美国这些官方和非官方的威胁构建的双簧

---

① The U.S.-China Economic and Security Review Commission, *Occupying the Information High Ground: Chinese Capabilities for Computer Network Operations and Cyber Espionage*, March 8, 2012.
② Mandiant, *Mandiant Intelligence Center Report APT1: Exposing One of China's Cyber Espionage Units*, April 3, 2014, National Cyberwatch Center, https://www.nationalcyberwatch.org/resource/apt1-exposing-one-of-chinas-cyber-espionage-units-2/, retrieved March 2, 2017.
③ Verizon (Enterprise), *2013 Data Breach Investigations Report*, April 23, 2013, Verizon Enterprise website, https://www.verizonenterprise.com/resources/reports/rp_data-breach-investigations-report-2013_en_xg.pdf, retrieved May 3, 2017.
④ Office of the Secretary of Defense, *Annual Report to Congress: Military and Security Developments Involving the People's Republic of China 2013*, released on May 6, 2013, available at http://archive.defense.gov/pubs/2013_china_report_final.pdf.
⑤ The White House, *National Security Strategy of the United States of America*, December 2017.

戏还有越演越烈之势。

美国不仅从网络安全角度将中国塑造成美国的网络空间最突出的敌人,还从网络自由角度将中国塑造成整个网络空间的敌人。2011年2月15日希拉里在乔治·华盛顿大学的演讲中公开点名中国、古巴等国家是"实行书报检查、限制网络自由、逮捕批评政府的博主的国家"①。谷歌创始人之一谢尔盖·布林（Sergey Brin）在接受英国《卫报》独家采访时也称,中国是互联网自由的三大敌人之一②。事实上,中国对互联网的审查和管制已经被世界上其他许多国家认为是必要的并被效仿。就是美国自己,虽然对外提倡跨国界的自由网络进入,对内也是有自由限度的③。所以说,对美国而言,利用网络自由这一标准将中国塑造成整个网络空间的敌人的论据不如网络安全的论据好找,也不如网络安全的论据更能掀起美国公众乃至全球网民的激愤之情。这也是美国不遗余力地无理指责中国对美国的网络攻击和网络威胁的原因,尽管"棱镜门"事件似乎使美国谴责别人的底气有所削弱。

（二）网络空间安全化

美国先发制人网络空间战略的第二步是网络空间安全化。对美国而言,网络空间问题经历了"非政治化"到"政治化"再到"安全化"的过程④。网络空间本身属于一种公共空间,网络问题从理论

---

① Hillary Rodham Clinton, "Internet Rights and Wrongs: Choices & Challenges in a Networked World" (February 15, 2011), U.S. Department of State, https://2009-2017.state.gov/secretary/20092013clinton/rm/2011/02/156619.htm, retrieved June 2, 2017.
② Damon Poeter, "Google's Brin Bashes Hollywood, China, Facebook as Enemies of Internet Freedom" (April 15, 2012), PC Magazine, http://www.pcmag.com/article2/0,2817,2403063,00.asp, retrieved May 5, 2017.
③ 蔡翠红:《试论美国信息自由的法律基础及其限度——以维基揭秘事件为例》,《国际问题研究》2011年第1期,第59—63页。
④ 这三个词的来源可参见［英］巴瑞·布赞:《新安全论》,朱宁译,浙江人民出版社2003年版,第32页。

上讲也可以被置于非政治化的范畴。网络的最初运行体系和管理体系中并没有包括国家,国家并没有直接参与网络相关的公共争论问题和决定,网络的基本标准等起初都是由民间决定,这是网络空间的"非政治化"阶段。随着网络向社会纵深发展,网络问题开始成为国家政策的一部分,开始需要政府的决心和资源配置,以及相应的公共治理体制,这是网络空间的"政治化"阶段。而目前美国已经将网络空间推入了"安全化"阶段,即网络问题作为国家的"存在性威胁"被提出,需要采取紧急措施的阶段。

从这一角度看,美国对网络问题的报道和分析并不是为了评定一些客观的、"真正地"危及若干被防卫目标的那种威胁;确切地说,它只是为了建构一个共享的、对网络空间威胁的集体反应和认识过程。安全化不仅仅依赖"存在性威胁"的出现来推进,而是以"存在性威胁"的出现为理由,以宣布打破规则来实施安全化的合法目的[①]。因为在安全话语中,一个问题作为具有最高优先权被提出来,经过渲染并贴上安全标签,一个施动者就可以要求一种权利,以便通过非常措施应对威胁,包括获得常规预算之外的拨款以应对构建的威胁等。

网络空间的被特殊化或者被制度化是网络空间安全化的结果,体现在如下两个方面。

一是将网络升级为国家战略资产。在克林顿政府时期,美国就把包括网络在内的基础设施列为"关键基础设施",并颁布命令加以保护。而奥巴马则将其进一步升级为"国家战略资产"。奥巴马在2009年5月公布《网络空间政策评估》时谈到,美国21世纪的经济繁荣将依赖于网络空间安全。他将网络空间安全威胁定位

---

① [英]巴瑞·布赞:《新安全论》,朱宁译,浙江人民出版社2003年版,第35页。

为"举国面临的最严重的安全挑战之一",并宣布"从现在起,我们的数字基础设施将被视为国家战略资产。保护这一基础设施将成为国家安全的优先事项"①。

二是将网络空间正式提升为第五大军事行动领域。2011年7月21日,美国国防部发布了首份《网络空间行动战略》报告,提出了五大支柱②,这五大支柱的前两条尤其体现美国的先发制人的网络空间战略。第一,网络空间被列为与陆、海、空、太空并列的"行动领域",国防部以此为基础进行组织、培训和装备,以应对网络空间存在的复杂挑战和巨大机遇。这是首次将网络空间列为军事行动范畴。第二,变被动防御为主动防御,从而更加有效地阻止、击败针对美军网络系统的入侵和其他敌对行为。

(三)制定具体政策和措施

美国先发制人网络空间战略的第三步就是制定具体政策和措施。在上述"敌人"构建和网络空间安全化的基础上,美国就有了充分的理由积极筹备网络军备和能力建设,以及在国际国内层面推进并延展各种网络空间安全化的措施。

首先也是最重要的是在安全层面,美国采取了一系列先发制人的相关措施。美国占据的很多个"第一"或许能够显现其网络空间战略先发制人的特点:美国是第一个提出将网络空间作为战场的国家;美国是第一个建立网军和网络司令部的国家;美国是第一个推行网络实战的国家。具体而言,在安全层面如有如下措施。

措施之一就是组建网络司令部,提高美军网络攻防能力,提出"攻防一体"的口号,并逐步"转守为攻"。据报道,网络司令部中进

---

① The White House, *U.S. Cyberspace Policy Review: Assuring Trusted and Resilient Information and Communications Infrastructure*, May 29, 2009.
② The Department of Defense, *Department of Defense Strategy for Operating in Cyberspace*, July 2011.

攻性能力建设主要是由国防高级研究项目处（Defense Advanced Research Projects Agency，DARPA）牵头，该处对全国许多研究项目给予资助①。网络司令部近些年一直处于快速扩张中。2013年1月29日，根据《华盛顿邮报》报道，为提高保护重要计算机网络的能力，美国国防部批准在2013年后几年将网络安全部队扩编4倍——其时约900人的网络司令部将会把军队和文职人员扩编到约4 900人②。2013年3月12日，网络司令部司令凯斯·亚历山大在国会宣布，将新增40支网络部队，确定其中13支重点是进攻，其他27支重点是培训和监控③。特朗普政府则更进一步。2017年8月，特朗普宣布将美军网络司令部升格为第十个联合作战司令部，地位与战略司令部、太平洋司令部等持平。2018年5月，美军网络司令部完成升级。该司令部拥有133支网络任务部队（Cyber Mission Force），所有网络任务部队有望在2018年年底全面投入运转④。美国公开的转守为攻的网络空间战略愈发增加了国际社会对先发制人的美国网络空间战略的担忧。

措施之二是布置了许多相关部门参与网络战的研究，如海军网络战指挥部（Naval Network Warfare Command，NETWARCOM）、

---

① Misha Glenny, "The Cyber Arms Race Has Begun", *The Nation*, October 31, 2011, p.18.
② Ellen Nakashima, "Pentagon to Boost Cybersecurity Force" (January 27, 2013), *The Washington Post*, http://articles.washingtonpost.com/2013-01-27/world/36583575_1_cyber-protection-forces-cyber-command-cybersecurity, retrieved June 5, 2017.
③ "Pentagon Creates 13 Offensive Cyber Teams for Worldwide Attacks" (March 13, 2013), RT News, http://rt.com/usa/alexander-cyber-command-offensive-209/, retrieved October 5, 2016.
④ "All Cyber Mission Force Teams Achieve Initial Operating Capability" (October 24, 2016), the U.S. Department of Defense website, https://www.defense.gov/News/Article/Article/984663/all-cyber-mission-force-teams-achieve-initial-operating-capability/, retrieved August 8, 2017.

海军第 10 舰队(10th Fleet)①、空军网络空间行动特遣部队(Air Force Cyberspace Operation Task Force)②、国家网络安全综合计划小组(CNCI)③、网络司令部等。这些机构可能是针对网络战的不同方面,但最主要的不同点只是从属于不同的部门,如国防部、国家安全局等。此外,为了验证、改进和完善其网络战研究成果,美国还举行过多次"网络风暴"(CyberStorm)演习。该系列演习是美国国土安全部主持的最高层级的国家网络行动,其通过美国联邦政府、州政府、私营企业与盟国、伙伴国的共同参与检验各方应对网络事件的响应流程,以强化网络安全并提升信息共享能力。2006 年 2 月,美国与英国、澳大利亚和加拿大等国进行了"网络风暴 Ⅰ"演习,模拟了网络空间遭受多次网络攻击时所需要的应急政策与通信方法。2008 年 3 月,美国国土安全部举行了"网络风暴 Ⅱ"演习,其规模与难度相较于第一次都有所增加。同年,韩国开始参加美国国防部组织的网络防御研讨会,利用虚拟服务器进行模拟演习,以增强遭受网络攻击时的防御能力。2010 年 9 月,日本、澳大利亚等 12 国参加了由美国举行的"网络风暴 Ⅲ"演习,其以"部分关键基础设施遭受大型网络攻击"为情景模拟了 1 500 多起复杂的网络攻击,全面检验了各国网络部队的协调力、感知力和反击力。2011 年秋季的"网络风暴 Ⅳ"演习则检验了美国联邦政府、州政府、私营企业和盟国的网络安全能力。2016 年 3 月,美国国土安全部开始筹备"网络风暴 Ⅴ"演习,以测试美国应对严重网

---

① Richard Clarke and Robert Knake, *Cyber War: The Next Threat to National Security and What to Do about It*, New York: HarperCollins Publishers, 2010, p.42.
② Ibid. p.36.
③ 国家网络安全综合计划小组(The Comprehensive National Cybersecurity Initiative, CNCI) 由小布什总统下令于 2008 年 1 月成立。

络事故的能力。2018年4月10日,美国国土安全部举行了"网络风暴Ⅵ"演习,模拟了关键基础设施遭受大规模网络攻击的情景,以提升共享信息并及时应对威胁的能力①。

措施之三是优先制定政策,争取话语权。美国先后发布了一系列重要战略文件,如《网络空间安全国家战略》和《网络空间国际战略》。《网络安全法案》(2015年)就网络安全信息共享、联邦网络安全性增强以及其他网络事项做出规定。第41号总统行政令《美国网络事件协调》(2016年)则针对重大网络事件明确了联邦机构与多个联邦政府部门的响应行动框架。第13800号总统行政令《加强联邦政府网络与关键基础设施网络安全》(2017年)突出了保护联邦政府网络、关键基础设施网络和国家整体网络安全三大重点,要求有关部门全面评估各系统存在的风险并限期提交建议报告。2018年5月15日,美国国土安全部发布《网络安全战略》,描绘了国土安全部未来五年在网络空间的路线图,明确了五大方向(风险识别、减少关键基础设施脆弱性、降低网络犯罪活动威胁、缓解网络事件影响、实现网络安全成果)和七个目标②。2018年9月20日,白宫发布特朗普签署的《国家网络战略》,呼应了2017年12月发布的《美国国家安全战略报告》,将保卫美国、促进繁荣、以实力维护和平、提升影响列为四大支柱,分别提出在网络空间达成上述目标的主要内容及实现举措③。

措施之四是在实践中试验各种网络武器。虽然各国都或多或

---

① 美国"网络风暴"系列演习内容来自美国国土安全部网站,参见 https://www.dhs.gov/cyber-storm,最后浏览日期:2018年5月5日。
② U.S. Department of Homeland Security, *U.S. Department of Homeland Security Cybersecurity Strategy*, May 15, 2018.
③ The White House, *National Cyber Strategy of the United States of America*, September 20, 2018.

少地在研究网络武器,但是事实上,到目前为止只有美国和以色列真正利用了破坏性的网络武器①,如超级病毒,Stuxnet、Duqu 和 Flame 都是来自这两个国家②。另外,根据美方报道,多重衡量标准都显示,美国确实是网络攻击的主要来源。例如,在僵尸网络控制者排名榜上,美国排在首位,其中 40% 是由网络安全巨头迈克菲公司追踪的。相比之下,俄罗斯为 8%,中国仅为 3%③。而这些都是美国网络空间战略的先发制人的表现。

措施之五则是利用其强大的技术力量施行全球网络布控,以监控别国国情并寻找别国可能的脆弱点和潜在攻击目标。"棱镜"项目就是最好的证明。这一系列网络监控计划暴露了美国一直在谋求网络空间霸权地位的企图,因为这一项目不仅针对美国的敌对国家和竞争对手,而且还包括其盟国如西欧各国。随后据英国《卫报》所披露的信息,奥巴马 2012 年 10 月签署的一份最高机密行政指令中也指出,进攻性有效网络行动(Offensive Cyber Effects Operations, OCEO)是促进美国国家目标实现的一种独特的非传统的能力方式,奥巴马因此命令其国家安全和情报高级官员列出一份美国海外网络攻击的潜在目标清单。而且,在这份总统行政指令中,进攻性网络行动的施行标准并不限于报复行动,而

---

① David E. Sanger, "Obama Order Sped up Waves of Cyberattacks against Iran" (June 1, 2012), *The New York Times*, http://www.nytimes.com/2012/06/01/world/middleeast/obama-ordered-wave-of-cyberattacks-against-iran.html?pagewanted=all, retrieved March 5, 2017.
② "Kaspersky Lab and ITU Research Reveals New Advanced Cyber Threat" (May 29, 2012), Kaspersky Lab, https://usa.kaspersky.com/about/press-releases/2012_kaspersky-lab-and-itu-research-reveals-new-advanced-cyber-threat, retrieved May 20, 2016.
③ Jason Healey, "China Is a Cyber Victim Too" (April 16, 2013), *Foreign Policy*, https://foreignpolicy.com/2013/04/16/china-is-a-cyber-victim-too/, retrieved May 20, 2016.

是模糊地表述为旨在"促进遍布全球的美国国家战略目标"①。

其次,控制网络核心资源。互联网名称与数字地址分配机构(ICANN)负责管理互联网地址分配、根服务器运行等与全球网络空间运行与安全至关重要的核心资源,该机构名义上是一个非政府和非营利组织。其管理权限 2016 年之前来自美国商务部的授权,国际社会一直呼吁由联合国或其他政府间国际组织接管该机构,但遭到美国政府拒绝。在国际社会的压力下,2016 年 10 月 1 日,美国商务部下属机构国家电信和信息局(NTIA)宣布把互联网域名管理权完全交给位于加利福尼亚州的互联网名称与数字地址分配机构(ICANN),两者之间的授权管理合同在 10 月 1 日自然失效,不再续签。不过美国国家电信和信息管理局也强调不能由政府间国际组织接管。然而,ICANN 作为一个注册在美国加州并受制于美国本土法律的机构,它将继续受到美国的监管。因此,从实质上看,美国继续保持着对国际互联网运行管理的影响力和控制权。

再次,在国际制度方面,美国为了实现其优势地位,不但主宰了网络空间技术标准,而且也一直把握着网络空间的控制权。互联网通讯协议的制定,包括传输协议和数据封装,基本上都出自美国;网络空间使用的各种事实工业标准的制定也都出自美国。美国政府还充分利用互联网名称与数字地址分配机构(ICANN)和因特网协会(ISOC)②这两大机构的作用,开展互联网相关事务的管理。

---

① Glenn Greenwald and Ewen MacAskill, "Obama Orders US to Draw up Overseas Target List for Cyber-attacks" (June 7, 2013), *The Guardian*, http://www.guardian.co.uk/world/2013/jun/07/obama-china-targets-cyber-overseas, retrieved May 20, 2016.
② 因特网协会(Internet Society)创建于 1992 年,致力于评价网络政策、技术系统及国际协调,作为目前因特网的最高国际组织,是一个促进互联网的有序使用及发展的非政府性的国际会员制组织。

美国各界一直主张美国应在互联网治理方面担任领导角色①。

最后,在争取国际盟友方面,美国在推动网络空间战略国际化和网络自由理念的基础上,加强其网络空间联盟,并发展伙伴关系:在原有联盟关系的基础上,将网络安全纳入,同时还借助其外交、军事、技术标准在全球争取国际盟友的支持,如在二十国集团等倡导发展伙伴关系等。加强与美国的盟友及伙伴在网络空间领域的国际合作也是美国网络空间战略的五大支柱之一。美国的网络空间战略得到了其传统盟友如日本、英国、澳大利亚等国的呼应。美国等8国发起、现已有50多个国家参与的《开放政府伙伴关系计划》②、目前已有18个成员国的《自由网络联盟》③等都说明了美国的号召力。

三、美国网络空间战略的影响

美国先发制人的网络空间战略给美国及国际社会带来了复杂的影响。

首先,从美国自身角度看,战略收益与风险参半。一方面,美国先发制人的网络空间战略所伴随的"敌人"塑造与网络空间"安

---

① "The Future US Role in Internet Governance: 7 Points in Response to the U.S. Commerce Dept.'s 'Statement of Principles'"(July 28, 2005), Concept Paper by the Internet Governance Project, https://www.internetgovernance.org/wp-content/uploads/igp-usrole.pdf, retrieved May 12, 2017.

② "开放政府伙伴关系计划"(Open Government Partnership)于2011年9月创立,其八个创始国是巴西、印度尼西亚、墨西哥、挪威、菲律宾、南非、英国和美国。参与该计划的国家保证恪守《开放政府宣言》(Open Government Declaration)提出的原则:"开放与公民的接触以改善服务、管理公共资源、促进创新和创建更加安全的社区",至2012年7月,已有55个成员国。可参见:https://www.opengovpartnership.org/,最后浏览日期:2015年12月27日。

③ "自由网络联盟"(Internet Freedom Coalition),截至2012年9月共有18个成员国。美国和荷兰宣布建立"数字卫士伙伴关系"(the Digital Defenders Partnership),扩展该联盟的影响。可参见:http://www.state.gov/r/pa/prs/ps/2012/09/197723.htm,最后浏览日期:2015年12月27日。

全化",为美国提供了实施干涉性外交政策的"正当理由"①,激发了国内公众的危机感,从而为其资源利用和权力行使的倾向性提供了"正当理由"和足够的国内支持度。

同时,美国先发制人的网络空间战略所需要的更多的科研力量,不仅可能为相关网络安全产业带来新的增长点,同时也可能为美国带来创新产品的垄断利润和较高的资本积累,进一步推动和刺激美国在生产网络高科技产品上的投入和研发,从而使美国在网络高科技领域的竞争优势不断得到提高。

另一方面,从风险面看,美国先发制人的网络空间战略首先会恶化美国的国际形象及其与广大发展中国家间的关系。其次还会加大美国国家安全的代价与成本,从而直接损害美国的国家利益。网络空间的特性使得不对称力量的使用非常便利。在不对称力量对比下,美国选择不对称甚至极端化的防御或者攻击手段将加大美国安全的成本和代价。此外,美国先发制人的网络空间战略在实施过程中由于侦测难,很容易最终沦落为虚张声势的"网络马其诺防线",不仅易造成安全错觉、贻误危机处理时机,且实施效果往往也难符其实②。

其次,在国际层面上,美国先发制人的网络空间战略的影响有如下几点。第一,它将推动网络空间的军事化。网络空间军事化是指相关政府和军队发展网络攻击能力和赢得网络战能力的趋势③。美国网络司令部的设立可以说是网络空间军事化最典型的

---

① Lucas Walsh and Julien Barbara, "Speed, International Security, and 'New War' Coverage in Cyberspace", *Journal of Computer-Mediated Communication*, 2006, No.12, pp.189-208.
② 梁逵:《网络威慑:威而难慑》,《中国国防报》,2011年8月8日,第3版;杨延波:《聚焦美军"网络威慑"战略》,《中国国防报》,2012年1月9日,第3版。
③ Ronald Deibert, "Tracking the Emerging Arms Race in Cyberspace", *Bulletin of the Atomic Scientists*, 2011, Vol.67, No.1, p.2.

例子。在美国先发制人行为的刺激下,这几年不少国家已开始公开或半公开地推进网络空间军事化措施,而这可能将网络空间的发展引向歧途。

第二,美国先发制人的网络空间战略可能会引发网络军备竞赛的加剧,而这可能是目前为止对全球安全环境最广泛的破坏因素之一。要先发制人,就要建立或巩固自己的优势,这就有可能引起新一轮的军备竞赛。据悉,美国和以色列的震网病毒(Stuxnet)可能是迄今为止最具破坏性的网络武器。这种病毒加剧了网络军备竞赛,打响了网络军备竞赛的起跑发令枪[1]。各大国都不得不开始考虑各种攻击性网络武器,一些小国也由于在传统武器上没有竞争优势而更加热衷于发展网络武器。

第三,美国先发制人的网络空间战略增加了国家间在网络空间爆发冲突的风险。近年来,各国日渐重视网络能力建设。然而,网络进攻、网络战争、网络犯罪和网络窥探等概念依然模糊不清,各国缺乏统一共识,以至于美国先发制人的网络空间战略的实施极易跨越网络战争的门槛并溢出到其他战略领域,最终演变成为一个诱发全面冲突的"危险性游戏"[2]。如果各大国都跟随美国争相发展网络威慑能力和报复性网络攻击能力,这将不利于网络空间互信,而且任何网络空间的擦枪走火都有可能危害国际关系其他领域的健康发展,从而不利于国家间关系的稳定[3]。

---

[1] Misha Glenny, "The Cyber Arms Race Has Begun", *The Nation*, October 31, 2011, p.20.
[2] 俞晓秋:《"网络威慑力"是个危险的游戏》,《人民日报》,2011 年 7 月 25 日,第 3 版;人民论坛问卷调查中心:《网络战争公众认知状况调查》,《人民论坛》2011 年第 16 期,第 18—21 页。
[3] 黎弘:《丛林法则加剧网络战争风险》,《人民论坛》2011 年第 16 期,第 22—23 页;沈逸:《美国网络战略"魔盒"搅乱世界》,《人民论坛》2011 年第 16 期,第 25—26 页。

第四,美国先发制人的网络空间战略还必然影响网络空间行为规则的确立,从而破坏网络空间国际秩序的建设。其一,先发制人的战略明显违背相称性规则。因为对于仅仅是准备或威胁的行为,使用主动攻击行为完全不是相称性的反应。其二,先发制人的战略不符合《联合国宪章》第 51 条关于自卫权行使的前提条件——"受武力攻击"。而在单纯的军事威胁甚至还是未查清的威胁阶段就实施自卫权,这同《联合国宪章》的宗旨与目标(将国际关系中的单方面使用武力减至最小程度)背道而驰。其三,先发制人的战略由于缺乏客观的标准作为依据,很可能被滥用[1]。

最后,从中美双边关系看,美国先发制人的网络空间战略某种程度上导致了中美网络空间安全困境的产生,使中美关系戴上了新的紧箍咒。《纽约时报》就称中美已进入"网络冷战"(Cyber Cold War)[2]。在网络攻击的喧嚣声中,2013 年 3 月 26 日,美国国会通过了由奥巴马签署的《2013 财年综合继续拨款法》[3]。这一针对几乎所有来自中国的信息技术产品而非经美国政府调查证明具有安全威胁的企业的限购法案招致了中国的严重抗议。对于错综复杂、利益交错的中美关系而言,美国对于中国网络行为的不实指责和相关制裁严重阻碍了双边关系的改善和发展。

中美两国的战略互信也因美国先发制人的网络空间战略受到影响。从安全的互动性看,国与国之间的安全状态稳定与否是由相互的信任程度所决定的,"先发制人"会加剧安全困境。一国追

---

[1] 邱东:《对美国"先发制人"战略的国际法思考》,《理论导刊》2009 年第 6 期,第 94—95 页。

[2] David E. Sanger, "In Cyberspace, New Cold War" (February 24, 2013), *The New York Times*, https://www.nytimes.com/2013/02/25/world/asia/us-confronts-cyber-cold-war-with-china.html, retrieved March 3, 2017.

[3] The 113th Congress, *Public Law 113-6: Consolidated and Further Continuing Appropriations Act*, 2013, March 26, 2013.

求自身的绝对安全只会加深他国的不安全感,迫使其他国家采取相应的政策以增强实力,从而增加了国家之间的不信任与怀疑。而网络空间传播的快捷性和蝴蝶效应又使网络空间成为原本脆弱的中美整体战略不信任情绪中最容易表现并被放大的领域。

虽然目前美国占据了网络空间的霸主地位,但互联网的应用在全球无处不在并不断扩大。面对各国迅速发展的网络空间能力,美国很难确定对手发动网络攻击的准确位置。因而互联网是双刃剑:一方面是美国先发制人的工具,可用来打击对手;另一方面也是美国的薄弱环节,易被对手突破。因此,美国应放弃先发制人的网络空间战略,转而与各国加强网络合作,共同应对威胁。只有如此,网络空间安全的目标方能得以实现。

第二节 中国网络空间渐进稳定战略定位与选择

网络安全已成为一个涉及国家安全与全球安全的重大战略性论题,特别是棱镜门事件之后。作为网络大国,中国同样赋予了网络安全以重要的战略意义。本节旨在解读中国的网络安全观,分析中国环境下的主要网络安全利益和威胁,并总结中国网络空间战略方案。对中国在这些问题上的立场、态度和行为的理解是推进网络安全国际合作从而促进全球网络安全的重要前提。相对美国的网络空间先发制人战略,中国网络安全战略可以归结为渐进稳定战略,即对内依靠信息监管以保持社会稳定,对外以和平的、渐进的方式改进现有的网络框架,参与规则制定,量力而行地逐步实现网络空间的国际治理[①]。

---

① 薄澄宇:《网络安全与中美关系》,中共中央党校国际政治专业博士学位论文,2015年,第106页。

一、中国的网络空间战略定位：建设性参与者

经过二十多年的发展，中国已经成为事实上的网络大国，经济飞速发展，综合国力明显提高，国际影响力稳步增强，有意愿也有条件参与全球治理。中国网民数已跃居世界首位；CN 域名注册量成为全球规模最大的国家顶级域名；中国网站访问量居全球第二，仅次于美国；中国占据了全球网络访问量排名前 20 的网站中的 7 家、全球使用最广泛的 10 个社交媒体网站中的 6 家；中国自身最常使用的网站中绝大部分也是中国自身产品①。而且，中国的网络普及率刚过 50%，未来还有巨大的发展空间，中国也为自己提出了"网络强国"的建设目标。从中国自身发展来看，中国参与全球治理的条件已经基本具备。从外部因素来看，伴生全球化而来的众多网络问题如网络犯罪、网络恐怖主义等，也都需要中国的参与及合作。因此，中国参与网络空间全球治理已不可避免。

一些国外学者也从中国在国际规则制定中的地位和实践，强调了中国的现状和定位。杰拉德·陈(Gerald Chan)从中国在国际规则制定中的地位视角指出，中国还不是一个具有改变全球治理结构能力的大国。尽管中国的力量发展很快，但是它仍然是有限的、受限的②。而斯考特·肯尼迪(Scott Kennedy)指出，中国将在全球治理的大多数领域继续在广义上维护现状，但在某些领

---

① Stephane Grumbach, "The Stakes of Big Data in the IT Industry: China as the Next Global Challenger?", author manuscript published in The 18th International Euro-Asia Research Conference, January 31 and February 1st, 2013, https://hal.inria.fr/hal-00745758, retrieved June 5, 2015. 部分数据也可参考蔡翠红:《网络空间治理中的责任担当》,《中国社会科学报》,2014 年 6 月 13 日,第 A5 版。

② Gerald Chan, Pak K.Lee and Lai-Ha Chan, *China Engages Global Governance: A New World Order in the Making*, London and New York: Routledge, 2012.

域将提倡适度、渐进的改革。①但也有国外学者认为,中国政府着重在纠正全球互联网技术治理领域中的权力失衡,中国在全球互联网技术治理中一直是一个相对的建设者角色②。

笔者认为,中国在网络空间全球治理中的定位主要有两方面,一是作为发展中国家的身份。在参与全球治理过程中,一个至关重要的原则性问题是中国必须明确自己的身份定位,坚守自身发展中国家的属性,坚定地与广大发展中国家站在一起。这一点贯穿于中国在所有领域的全球治理中的定位,也是中共十九大报告中中国向国内外再次明确的身份。二是中国作为全球网络空间全球治理中的建设性参与者身份,即维护现有全球治理体系,同时改进和完善现有国际制度和全球治理现状。苏长和指出,中国目前参与了几乎所有的国际制度,它在国际政治领域进行着诸多制度建设的实践,但是这些制度建设和创新并不是挑战和替代既有的国际制度,而是改进和完善既有的国际制度和全球治理现状③。任晓也指出,中国是一股有助于保持现状的稳定性力量。它既是现存国际秩序的得益者,就没有必要、也无动力对现存国际秩序进行革命性的变革,而是主张渐进式的改良④。中国《网络空间国际合作战略》中也进一步明确了这一定位,"中国始终是网络空间的

---

① Scott Kennedy, "China in Global Governance: What Kind of Status Quo Power?", in Scott Kennnedy and Shuaihua Cheng, *From Rule Takers to Rule Makers: The Growing Role of Chinese in Global Governance*, Shanghai: Shanghai Longyu Printing Technology Co. Ltd, 2012, pp.9—22.
② 特里斯坦·加洛韦(Tristan Galloway)、何包钢:《中国与全球互联网技术治理》,王敏译,《网络空间研究》2016 第 6 期,第 80—91 页。
③ 苏长和:《中国制度与自我节制》,《东方早报》,2011 年 7 月 8 日,第 A15 版。
④ 任晓:《论国际体系与中国的和平崛起》,上海市社会科学界联合会编:《当代中国:发展・安全・价值——第二届(2004 年度)上海市社会科学界学术年会文集(中)》,上海人民出版社 2004 年版,第 277 页。

建设者、维护者和贡献者"①。

中国在网络空间全球治理中的定位与其在全球网络空间治理中的战略诉求相关。有学者将中国互联网治理公共政策的价值取向总结为:先重秩序、后重创新、始终重视安全②。这一点特别是对秩序的优先考虑植根于中国的文化背景和国情中,是中西文化的差异所在,同时也是中国在网络空间国内治理和全球治理中的核心考虑点。正因为此,中国特别强调对于互联网主权的维护。互联网也是一种技术,对于网络空间的对内治理体现了各国对于技术的不同。相对于美国一般看待技术的市场决定论下的乐观角度,中国则更倾向于从谨慎角度看待技术,认为技术有内在风险,从而主张从源头进行风险管理。

二、"总体国家安全观"和"网络强国"指引下的网络安全

"网络安全"已成为一个涉及国家安全与全球安全的重大战略性论题。中国近年来许多举动都说明了对网络安全的日益重视。其中最值得一提的是2014年2月中央网络安全和信息化领导小组的成立。习近平不仅担任领导小组组长,而且提出了"没有网络安全就没有国家安全,没有信息化就没有现代化"的重要论断③,充分说明网络安全对于中国的政治、经济、军事重要性和中央对于网络安全的重要意义的优先考虑。

中国国情的不同决定了中国语境下的网络安全概念与西方有

---

① 外交部和国家互联网信息办公室:《网络空间国际合作战略》,2017年3月1日发布。
② 孙宇、冯丽烁:《1994—2014年中国互联网治理政策的变迁逻辑》,《情报杂志》2017年第1期,第87—91页。
③ 《习近平在中央网络安全和信息化领导小组第一次会议上的讲话》(2014年2月27日),国家互联网信息办公室网站,http://www.cac.gov.cn/2014-02/27/c_133148354.htm,最后浏览日期:2017年6月22日。

所区别。无论是在用词方面,还是在网络安全的具体认知方面。对于中国而言,网络安全已不仅仅是一个技术安全及其保障的问题,而更主要的是一个社会治理与安全的问题。

(一)用词的变化:从信息安全到网络安全

对应于西方的"cyber",中国对应使用的是"network"(网络)。"cyberspace"在中国则一般是"network space"(网络空间),尽管也有人音译为"赛博空间"。"internet security"、"network security"、"cyber security"在中文中是同一个词语,即网络安全。可以说,中国媒体、决策者和研究者对网络安全和几个相关词语的使用依然很纠结,中国并没有与"cyber security"完全对等的用词。中国目前常使用的有两个相关概念,即"information security"(信息安全)和"network security"(网络安全),我们有必要对其区别予以说明。尽管近几年中国逐渐在用词上与西方接轨,"网络安全"往往被翻译为"cyber security"。

应该说,相关用词一直是发展变化的。在早期的通信保密时代和计算机单机时代,大家习惯于用"通信保密""计算机安全"来表述所产生的安全问题,1994年国务院颁的《中国计算机管理条例》就采用"计算机安全"一词。随着互联网的兴起,信息和网络的安全开始出现多样化叫法。后来人们逐渐地统一认识,更多地使用"信息安全"作为行业的专属名词,在官方的各种文件中也基本上统一使用信息安全。国务院信息化工作办公室(简称"国信办")成立后,为区别其与工信部的工作重点,在官方语境中有一段时间是把内容的安全管理放在信息安全名下,把技术的安全放在网络安全名下,而在媒体和学界,还是以信息安全为主流[①]。如

[①] 崔光耀:《信息安全·印象2014》,《中国信息安全》2015年1期,第51页。

今,为了顺应国际网络空间安全发展的大势并呼应西方英语世界的用语,2014年在官方文件中开始频频使用"网络安全"一词,相比过去更多采用"信息安全"有了细微的变化。不过,在官方文件中有时还保留使用"信息安全"一词,在学界和军队"信息安全"概念可能保留的时间会更长。例如,经习近平主席批准中央军委2014年10月印发的《关于进一步加强军队信息安全工作的意见》中仍然使用的是"信息安全"。2014年4月中央国家安全委员会第一次会议中也仍然使用的是"信息安全"。

在中文的法律概念的表达上,"网络"更多的是强调网络硬件和网络空间,"信息"则更加侧重于网络中的数据信息,即我们通常所说的"内容",两者的侧重点各有不同。传统上中国偏好使用信息安全(information security)这个概念,本质是从维护意识形态安全的视角出发,强调国家对信息流动的控制权和主导权。

即使是网络安全,前些年所使用的概念和这两年的概念也有所不同。旧的网络安全(network security)是个比较纯粹的技术概念;而这两年中国使用的新的网络安全(cyber security)不仅包括技术,还包括人的行为,涉及不同行为体之间的关系。也就是说,网络安全已经超越了技术的范畴,不仅指网络硬件、网络信息及网络软件的安全性,还指网络社会人类活动的有序性。从技术层面理解,网络安全是指网络系统的硬件、软件及其系统中的数据受到保护,不因偶然的或者恶意的原因而遭到破坏、更改、泄露,系统连续可靠地正常运行,网络服务不中断。从秩序层面理解,网络安全是指人们在网络空间中进行各种活动的有序状态。两类安全本身是密不可分,相辅相成的。秩序性安全以技术性安全为基础,技术性安全也因秩序性安全的保障而发展。只有兼顾两类安全,网络才能实现最大限度的安全。

(二)"总体国家安全观"框架下的网络主权与网络安全

"总体国家安全观"是2014年以来中国政府的国家安全纲领。2014年1月24日,中央国家安全委员会正式成立,统筹协调涉及国家安全的重大事项和重要工作。同年4月15日,中央国家安全委员会主席习近平主持召开第一次会议,他在会议上强调,要准确把握国家安全形势变化新特点新趋势,坚持总体国家安全观,走出一条中国特色国家安全道路。他还指出,要构建集政治安全、国土安全、军事安全、经济安全、文化安全、社会安全、科技安全、信息安全、生态安全、资源安全、核安全等于一体的国家安全体系。习近平用71字总结"总体国家安全观":"既重视外部安全,又重视内部安全;既重视国土安全,又重视国民安全;既重视传统安全,又重视非传统安全;既重视发展问题,又重视安全问题;既重视自身安全,又重视共同安全。"[1]

显然,网络安全与中国的国家安全体系的几乎每一个方面都息息相关,网络是大系统构成的基本结构,网络空间是贯穿多维时空领域、融合内外复杂因素、涵盖安全内涵外延的复合体,网络时代的总体国家安全问题已成为一个"网络交织物"。网络空间已然是网络时代国家安全的战略基石,陆海空天的安全问题都受网络空间的直接控制,各类国家安全问题都受网络空间的传导影响;网络空间也是国家安全热点问题的汇聚重心,新情况、新问题、新特点、新趋势大多诞生于此。正如习近平提出的"没有网络安全,就没有国家安全"的论述,阐释了网络空间安全与各"领域"国家安全问题之间的内在联系。

---

[1] 习近平在中央国家安全委员会第一次会议上的讲话:《坚持总体国家安全观,走中国特色国家安全道路》(2014年4月15日),人民网,http://politics.people.com.cn/n/2014/0416/c1024-24900227.html,最后浏览日期:2016年4月22日。

同时，也正是基于总体国家安全观的思维以及中国的基本国情，中国在网络空间上所持的立场是：认同国际互联互通是网络空间可持续发展的前提下，中国希望明确网络空间与国家主权之间的关系，"中国政府认为，互联网是国家重要基础设施，中华人民共和国境内的互联网属于中国主权管辖范围，中国的互联网主权应受到尊重和维护"①。在确定网络空间的主权归属时，中国支持"与互联网有关的公共政策问题的决策权属国家主权"的国际共识，但也并没有坚持主权应涵盖网络空间的一切事务。同时，中国反对绝对网络安全，认为"在信息领域没有双重标准，各国都有权维护自己的信息安全，不能一个国家安全而其他国家不安全，一部分国家安全而另一部分国家不安全，更不能牺牲别国安全谋求自身所谓绝对安全"②。所以，2014年11月19日，习近平在致首届世界互联网大会的贺词中也将尊重网络主权置于维护网络安全之前："中国愿意同世界各国深化国际合作，尊重网络主权，维护网络安全。"③

（三）"网络强国"战略目标引导下的信息化与网络安全

2014年2月中央成立网络安全和信息化领导小组后，习近平提出了网络强国的战略目标。这一目标有两层含义，一是希望成为网络的强国，二是希望借助网络来强国。何谓网络强国？这还是一个见仁见智的新话题。概括地讲，网络强国的标志是，"互联网产业具备强大的全球竞争力，国家关键基础设施具备完善的防

---

① 中国国务院新闻办公室：《中国互联网状况》，人民出版社2010年版，第20页。
② 习近平在巴西国会发表的演讲：《弘扬传统友好　共谱合作新篇》（2014年7月16日），人民网，http://opinion.people.com.cn/n/2014/0718/c1003-25298501.html，最后浏览日期：2018年12月24日。
③ 《习近平致首届世界互联网大会贺词全文》（2014年11月19日），新华网，http://www.xinhuanet.com/zgjx/2014-11/19/c_133800180.htm，最后浏览日期：2017年12月2日。

御能力,网络安全领域和军事领域具备充足的威慑力"①。笔者认为,中国所认为的"网络强国",并不是指要将自己的网络空间行为强加于人,而是指其自身网络空间能力能够达到不依赖于别人的独立自主,是针对目前中国网络空间很多基础设施依然依赖于国外产品的情形而设立的目标。同时,这一目标的提出也是基于中国网络大国的现状。就网民数量来看,中国互联网用户数和移动用户数均居世界首位,拥有全球最大的用户规模。

网络强国战略目标中包括两条工作主线,即信息化与网络安全。对于两者的关系,中国认为是同等重要的。网络安全和信息化是"一体之两翼、驱动之双轮",必须统一谋划、统一部署、统一推进、统一实施。在中央网络安全和信息化领导小组第一次会议上习近平提出建设网络强国的战略目标时指出:"网络安全和信息化对一个国家很多领域都是牵一发而动全身的。没有网络安全就没有国家安全,没有信息化就没有现代化。做好网络安全和信息化工作,要处理好安全和发展的关系,做到协调一致、齐头并进,以安全保发展、以发展促安全,努力建久安之势、成长治之业"②。

中国很清楚中国政党的执政合法性并不是依赖意识形态,而是依赖经济和社会发展。因为网络发展和信息化有利于社会经济发展,从而可以提高政治合法性。被写进《政府工作报告》的"互联网+"概念正是政府希望借力互联网进一步推进经济社会发展的一大重大政策表现。"互联网+"是"以互联网平台为基础,利用信息通信技术与各行业的跨界融合,推动产业转型升

---

① 方兴东、胡怀亮:《网络强国:中美网络空间大博弈》,电子工业出版社2014年版,序言,第Ⅸ页。
② 《习近平在中央网络安全和信息化领导小组第一次会议上的讲话》(2014年2月27日),国家互联网信息办公室网站,http://www.cac.gov.cn/2014-02/27/c_133148354.htm,最后浏览日期:2017年12月2日。

级,并不断创造出新产品、新业务与新模式,构建连接一切的新生态"①。

此外,信息化在军事上的应用也是网络强国必要的安全保障。在 2015 年发布的《中国的军事战略》白皮书中,网络空间被定义为"经济社会发展新支柱和国家安全新领域"。"网络空间对军事安全的影响逐步上升",因此中国需要"加快网络空间力量建设,提高网络空间态势感知、网络防御、支援国家网络空间斗争和参与国际合作的能力,遏控网络空间重大危机,保障国家网络与信息安全,维护国家安全和社会稳定"②。

中国信息化的路程还相当漫长。从网络空间发展平均质量上来看,中国认为自身处于一般发展中国家之列。根据国际电信联盟 2014 年《衡量信息社会发展报告》显示,中国信息通信技术发展指数(ICT Development Index,IDI)全球排名 86 位③;世界经济论坛 2014 年《全球信息科技报告》显示,中国网络就绪指数(Networked Readiness Index,NRI)全球排名 62 位④;联合国经社部 2014 年《全球电子政府调查报告》显示,中国电子政务发展指数(E-Government Development Index,EGDI)全球排名 70 位⑤。

---

① 司晓等:《"互联网+"是什么?》,《互联网经济》2015 年第 4 期,第 38 页。
② 中华人民共和国国务院新闻办公室:《中国的军事战略(白皮书)》,2015 年 5 月。
③ International Telecommunication Union, *Measuring the Information Society Report 2014*, Geneva: ITU, 2014, available at https://www.itu.int/en/ITU-D/Statistics/Documents/publications/mis2014/MIS2014 _ without _ Annex _ 4. pdf, retrieved December 20, 2016.
④ Beñat Bilbao-Osorio, Soumitra Dutta and Bruno Lanvin, eds., *The Global Information Technology Report 2014*, Geneva: World Economic Forum, available at http://www3.weforum.org/docs/WEF_GlobalInformationTechnology_Report_2014.pdf.
⑤ United Nations Department of Economic and Social Affairs, *United Nations E-Government Survey 2014*, New York: United Nations, 2014, available at https://publicadministration.un.org/egovkb/portals/egovkb/documents/un/2014-survey/e-gov_complete_survey-2014.pdf.

尽管经过近几年的发展,中国已经在许多方面提升很多,但是透过国际网络空间发展水平的三项权威指标不难看出,信息化任务还非常繁重。

然而,不可否认的是,对于中国复杂的国情和庞大的社会多样性而言,网络安全很多时候被置于信息化之前。正如"中央网络安全和信息化领导小组"的名字中"网络安全"在前似乎寓意了其优先性一样。信息化与网络安全始终将是中国发展的一对重要的平衡关系。

三、中国网络空间渐进稳定战略的方案选择

通过梳理《国家网络空间安全战略》和《网络空间国际合作战略》以及习近平总书记的系列重要讲话,观察中国近些年在网络空间国际活动中的实践表现,同时也参考国内外学者的相关分析,中国网络安全战略可以归结为渐进稳定战略选择,即对内依靠信息监管以保持社会和政治稳定,对外以和平的、渐进的方式参与网络空间规则制定,量力而行地逐步实现网络空间的国际治理①。在具体方案选择上,体现为以下几方面。

(一)捍卫网络空间主权,保障国家安全

网络空间的出现促进了一种新型国家主权即网络主权的出现②。所谓网络主权,即"国家间应该相互尊重自主选择网络发展道路、网络管理模式、互联网公共政策和平等参与国际网络空间治

---

① 薄澄宇:《网络安全与中美关系》,中共中央党校国际政治专业博士学位论文,2015年6月,第106页。

② Iulian F. Popa, "Cyber Geopolitics and Sovereignty: An Introductory Overview", *National and International Security 2014* (ISBN 978-80-8040-495-6), published by Akadémia ozbrojených síl generála Milana Rastislava Štefánika, 2014, pp. 413–417.

理的权利,不搞网络霸权,不干涉他国内政,不从事、纵容或支持危害他国国家安全的网络活动"①。

早在2011年,中国、俄罗斯、塔吉克斯坦等国向联合国提交的《信息安全国际行为准则》就申明了"与互联网有关的公共政策问题的决策权是各国的主权"这一观点。事实上,国家权威对内通过建立和完善网络监管的法律和制度体系,对外通过发展网络空间攻防、制定网络安全战略,从而以主权内部性和外部性的重构推动了网络空间再主权化的事实②。

网络空间有没有主权在国际上早有定论。2003年由联合国提议召开的信息社会世界峰会早就明确指出了"制定与互联网相关的公共政策属于一国主权范围"③。2013年6月联合国大会通过的"从国际安全的角度来看信息和电信领域发展政府专家组"的第三次报告决议中也有相关内容:国家主权和源自主权的国际规范和原则适用于国家进行的信息通信技术活动,以及国家在其领土内对信息通信技术基础设施的管辖权④。2015年7月,这一政

---

① 外交部和国家互联网信息办公室:《网络空间国际合作战略》,2017年3月1日发布。
② 刘杨钺、杨一心:《网络空间"再主权化"与国际网络治理的未来》,《国际论坛》2013年第6期,第1—7页。
③ World Summit on the Information Society, *Building the Information Society: A Global Challenge in the New Millennium* (*Declaration of Principles*, Document WSIS-03/GENEVA/DOC/4-E), December 12, 2003, WSIS, available at https://www.itu.int/net/wsis/docs/geneva/official/dop.html, retrieved May 5, 2016.
④ United Nations, *Report of the Group of Governmental Experts on Developments in the Field of Information and Telecommunications in the Context of International Security*, June 24, 2013, available at http://www.unidir.org/files/medias/pdfs/developments-in-the-field-of-information-and-telecommunications-in-the-context-of-international-security-2012-2013-a-68-98-eng-0-518.pdf, retrieved March 3, 2017.

府专家组再次在发布的报告中指出"尊重各国在网络空间的主权"①。这说明在联合国层面"网络主权"理念已被认可和接受。

中国提出"网络主权"只是重申了联合国和国际层面的立场。中国国务院新闻办公室早在2010年6月发布的首份《中国互联网状况》白皮书中就提出了"中国境内的互联网属于中国主权管辖范围,中国的互联网主权应受到尊重和维护"。2014年7月,习近平出访巴西期间在演讲中阐述了中国对于信息主权的看法:"虽然互联网具有高度全球化的特征,但每一个国家在信息领域的主权权益都不应受到侵犯,互联网技术再发展也不能侵犯他国的信息主权。"②2014年11月,习近平在致首届世界互联网大会开幕式贺词中郑重呼吁国际社会"尊重网络主权,维护网络安全"。2015年12月,习近平在第二届世界互联网大会上再次提出"互联网治理四项原则",其中第一条即是尊重网络主权。2015年7月1日颁布实施的新版《中华人民共和国国家安全法》中第一次明确提出"网络主权"概念,主张要"维护国家网络主权",从而以法制形式表明了中国的原则立场。网络主权同样是《国家网络空间安全战略》和《网络空间国际合作战略》的核心原则之一。

中国之所以如此强调网络主权的压倒性地位,主要有以下几点原因。

第一,与西方世界国家主权观念产生的背景不同,中国的国家主权观念是从历史与现实的民族危机中萌生出来的,与同样有被

---

① United Nations, *Report of the Group of Governmental Experts on Developments in the Field of Information and Telecommunications in the Context of International Security*, July 22, 2015, available at http://www.un.org/ga/search/view_doc.asp? symbol=A/70/174, retrieved March 3, 2017.
② 习近平在巴西国会发表的演讲:《弘扬传统友好共谱合作新篇》(2014年7月16日),人民网,http://opinion.people.com.cn/n/2014/0718/c1003-25298501.html,最后浏览日期:2018年12月24日。

殖民经历的很多发展中国家一样,中国非常珍惜民族独立和国家主权完整;同时,中国维护主权不可侵犯原则也有确保中国台湾、西藏、新疆、人权等问题不被西方干涉的现实考虑①。

第二,现有的网络空间全球治理体系仍然由西方国家主导,无论是网络资源、技术标准、国际规范,还是意识形态话语,西方都处于强势地位。中国需要网络主权的保护,来抵抗强大西方力量的侵蚀,并为广大发展中国家争取更多网络空间治理权利。

第三,中国独特的国情和相对严格的网络空间防火墙与内容管制也需要网络主权作为政策诠释的基础。中国对国内网络信息流动进行必要监管,一方面依靠法制建设,明确网络内容的合法空间,另一方面更多地是靠行业自我纠正来实现自我规范。中国政府对于保持国内社会稳定的决心是坚定的,毫不动摇的。

(二) 强调政府在网络空间治理中的主导权

中国在国家战略文件以及各种国际活动场合都强调了政府在全球网络空间治理中的主导权,并从而支持联合国主导下的全球网络空间治理体系。各利益攸关方应在上述治理模式中发挥与自身角色相匹配的作用,政府应在互联网治理特别是公共政策和安全中发挥关键主导作用,实现共同参与、科学管理、民主决策。

无论是在中国政府从一开始就深度参与的信息社会世界峰会(WSIS)过程中,还是互联网治理工作组(WGIG)、或者互联网治理论坛(IGF),中国代表都清晰表明了中国政府的立场,即加强政府在全球互联网技术治理中的主导地位。全球互联网技术治理也应该主要由国家来主导。在信息社会世界峰会(WSIS)第三和第四次会议上,中国提出了大致的改革框架,即在联合国下创建一个

---

① 赵晨:《中美欧全球治理观比较研究初探》,《国际政治研究》2012年第3期,第101—102页。

政府间组织,引领网络空间全球治理,但允许私营部门和基层社会以顾问的身份加入①。

对全球互联网治理的回顾证明,国家当然并非唯一的行为体。从纵向上看,国家已经从垄断政治权力的唯一最高的政治实体跌落到"全球体系—区域组织—国家—地区(和社区)—民间组织—个人"连续体的一个中间环节的位置;从横向上看,它成为在联合国中与区域性组织、跨国公司、国际非政府组织并列的多元主体之一②。威利·杰森(Willy Jenson)在《互联网治理:保持所有主体间的平衡》一文中认为,实践证明,无论是公共部门还是私营部门,好的治理需要利益相关方共同参与。不同行为体有各自专长的领域,例如,私营企业是互联网发展和技术创新的主要推动力量,在制定技术标准方面有着其他行为体难以企及的优势③。

然而国家在网络空间全球治理中占据不可替代的主导作用,尤其是在公共政策和安全领域。首先,国家是当代国际关系与国际事务的最基本、最主要的行为体,网络空间所涉及的各种议题、事务,都首先与国家息息相关。其次,主权国家在行动能力、合法性和责任认定上拥有一定优势,是落实和推进全球治理的最有效力量。政府的力量在于凭借其政治权威,能够集中整合不同资源并提供必需的公共物品,通过政策、法规、宣传等手段,进行整体规划和统筹,为治理创建必要的环境和条件。同时,在当代诸多全球治理安排中,都存在一个"责任缺陷"(accountability deficit)问题。

---

① 特里斯坦·加洛韦(Tristan Galloway)、何包钢:《中国与全球互联网技术治理》,王敏译,《网络空间研究》2016 第 6 期,第 80—91 页。
② 丛日云:《全球治理、联合国改革与中国政治发展》,《浙江学刊》2005 年第 5 期,第 109 页。
③ 郎平:《从全球治理视角解读互联网治理"多利益相关方"框架》,《现代国际关系》2017 年第 4 期,第 47—53 页。

强调公共部门与私人部门责任的共担,其内在危险便是增大了责任推卸的可能空间,隐蔽了有关责任的分担归属。网络空间安全治理人人负责即是人人不负责,从而导致治理失败。在诸多突发性的非传统安全威胁面前,仍有赖于国家首先作出迅速反应和应对。非政府组织的作用更多是对国家作用的补充、校正和制约,而非否定和替代。

(三) 支持其他行为体参与网络空间治理

中国对待非国家行为体参与全球互联网技术治理体制呈现出明显的实用主义[①]。中国参与全球互联网治理体系的动力来自政府的自觉推动和市场的自发驱动两股力量[②],互联网商业团体和技术精英在我国参与全球互联网治理过程中发挥着重要推动作用。中国政府允许私营部门和基层社会大量参与互联网名称与数字地址分配机构(ICANN)、信息社会世界高峰会议(WSIS)和互联网治理论坛(IGF),而且这种参与越来越多。例如,中国2001年自愿退出互联网名称与数字地址分配机构的政府咨询委员会(GAC),直到2009年才重新加入。即使在中国政府这段缺席的时段内,私营部门、基层社会和私人参与者仍然持续参与ICANN[③]。2015年1月,阿里巴巴董事局主席马云作为亚洲和大洋洲地区唯一的私营部门代表,当选全球互联网治理联盟委员会成员[④]。

[①] 特里斯坦·加洛韦(Tristan Galloway)、何包钢:《中国与全球互联网技术治理》,王敏译,《网络空间研究》2016第6期,第80—91页。
[②] 黄旭:《我国参与全球互联网治理组织的过程和动力分析——以互联网工程任务组为例》,《湖南科技大学学报(社会科学版)》2016年第5期,第132页。
[③] 特里斯坦·加洛韦(Tristan Galloway)、何包钢:《中国与全球互联网技术治理》,王敏译,《网络空间研究》2016第6期,第80—91页。
[④] 全球互联网治理联盟由 ICANN、巴西互联网指导委员会和世界经济论坛联合发起。

《网络空间国际合作战略》中的关于促进公平治理部分指出："中国支持加强包括各国政府、国际组织、互联网企业、技术社群、民间机构、公民个人等各利益攸关方的沟通与合作。各利益攸关方应在上述治理模式中发挥与自身角色相匹配的作用。"①。

当然,中国默许非国家行为体,主要是基层社会共同促进共享的利益。然而,这并不表明中国非国家行为体在互联网技术治理政策中拥有比国家政府更多的影响力。中国已经能够分别从其他国家和非国家行为体中获得支持,即支持国家在全球互联网技术治理中占主导地位、支持消除美国政府单方面对全球互联网技术治理体制的权威②。

(四) 注重以实力发展与国内治理加强全球治理实力

中国认识到全球治理能力最终取决于国内发展、自身科技实力,因此注重以实力发展与国内治理加强全球治理实力。中国认为,美国之所以拥有全球互联网的独家控制权,很大程度上与它拥有最领先的技术和应用有关。未来全球互联网的争夺焦点是网络在国民经济和社会发展中的具体应用和技术创新。因此,中国特别强调以创新的业态引领互联网的发展方向,从而取得网络发展和治理的主导权,从根本上摆脱亦步亦趋的模式依赖,在更高层面上参与全球治理的进程。

一方面,中国努力发展互联网相关各项技术,推动经济发展和社会治理。中共十九大报告提出:"加强应用基础研究,拓展实施国家重大科技项目,突出关键共性技术、前沿引领技术、现代工程技术、颠覆性技术创新,为建设科技强国、质量强国、航天强国、网

---

① 外交部和国家互联网信息办公室:《网络空间国际合作战略》,2017 年 3 月 1 日发布。
② 特里斯坦·加洛韦(Tristan Galloway)、何包钢:《中国与全球互联网技术治理》,王敏译,《网络空间研究》2016 年第 6 期,第 80—91 页。

络强国、交通强国、数字中国、智慧社会提供有力支撑。"①同时,"互联网+"也在各行各业如火如荼地展开。2015 年十二届全国人大三次会议上,李克强总理在政府工作报告中首次提出"互联网+"行动计划。李克强在政府工作报告中提出,制定"互联网+"行动计划,推动移动互联网、云计算、大数据、物联网等与现代制造业结合,促进电子商务、工业互联网和互联网金融(ITFIN)健康发展,引导互联网企业拓展国际市场。"互联网+"行动计划的目的在于充分发挥互联网的优势,将互联网与传统产业深入融合,以优化生产要素、更新业务体系、重构商业模式等途径来完成经济转型和升级,从而提升经济生产力,最后实现社会财富的增加。腾讯研究院与京东、滴滴出行、携程等互联网企业代表共同发布的《中国"互联网+"指数 2017》报告表明,2016 年全国数字经济总体量大约为 22.77 万亿元,占 2016 年全国 GDP 总量的 30.61%,已成为国民经济的重要组成部分②。

另一方面,中国也认识到中国参与网络空间全球治理的重点依然在国内,所以注重加强网络社会治理能力建设,提升网络社会治理水平。把国内问题解决好就是中国对全球治理的最大贡献,也是中国最大的国家利益所在。从性质上看,中国主要还是一个内向型的国家,虽然中国必须要参与全球治理,但是从中国的发展中国家地位、国内社会状况等多方面出发,中国视野中的全球治理将主要定位于国内层面的治理,在国家建设没有充分完善前,中国不应大规模地主动介入全球治理。在全球化时代,如果割裂国际

---

① 习近平:《决胜全面建成小康社会、夺取新时代中国特色社会主义伟大胜利——在中国共产党第十九次全国代表大会上的报告》,2017 年 10 月 18 日。
② 腾讯研究院:《中国互联网+指数 2017 发布》(2017 年 4 月 20 日),腾讯研究院网站,http://www.tisi.org/4868,最后浏览日期:2018 年 12 月 25 日。

政治和国内政治,以单一的、孤立的思路寻找问题解决途径,往往是失败的。因此,相较在国际上的一些网络空间全球治理的呼声,中国这几年更加重视的是从法律规则层面搭建中国国内网络治理体系框架,推动国家治理体系和治理能力的现代化,深化地方政府改革,加快地方治理体系重塑。例如,除了前述几大战略文件外,中国还推出了一系列规定规则,如《互联网信息服务管理办法》《互联网新闻信息服务管理规定》《互联网直播服务管理规定》《移动互联网应用程序信息服务管理规定》《互联网信息搜索服务管理规定》《互联网新闻信息服务单位约谈工作规定》等。

此外,中国还注重提供与网络空间治理相关的技术、法律、政策等人才的培训。中国这几年在网络方面增加了很多科研投入,"网络安全"还被增设为一级学科,不少高校也创设了网络安全学院和相关研究中心等。同时,中国还注意从各行各业选拔培养参与网络空间治理的国际化人才。由于缺乏高级网络空间治理人才,中国在互联网国际组织中的代表性严重不足。所以中国鼓励互联网企业、行业组织和学术机构积极参与 ICANN、互联网工程任务组(Internet Engineering Task Force, IETF)、互联网架构委员会(Internet Architecture Board, IAB)等机构的人才培养和输送,以此来提升中国在互联网国际组织中的代表性和发言权,并提高中国对互联网治理的影响力。

第三节 中美网络空间战略比较:目标、手段与模式

前两节对中美网络空间战略的总体取向和特点分别进行了分析,在此基础上,本节则将中美网络空间战略并列放在一起,对比分析两者的目标、手段和模式。总体而言,中美网络空间战略有相

容之处,比如,在应对网络犯罪、网络恐怖主义以及维持一个安全和有序的网络空间秩序的共同需求方面,中美之间也有一定的网络空间合作,但是不可否认的是,中美网络空间战略在许多方面都存在着竞争、矛盾甚至冲突。

一、中美网络空间战略目标的一致与矛盾

中美网络空间战略目标的一致与矛盾主要体现为对内对外目标的异同。国家在当前网络空间的战略利益与诉求可分为对内和对外两大类目标。

对内目标主要是积极保护互联网关键基础设施及重要系统的安全,维护国家在网络空间的利益。对内目标对于不同的国家而言,有相对的共性。中美的社会经济发展都深深依赖网络基础设施,基础设施的安全和网络空间的整体稳定有序运行是中美共同的网络空间战略目标。双方都需要一个稳定、健康、高速、正常运转的国际网络环境。加强安全、应对网络犯罪、网络恐怖主义、防止突发危机是两国的共同利益和目标所在,也是两者相容与共通之处。

当然,中美网络空间战略的对内目标也不是完全相同的。例如,在网络安全方面,虽然中国同美国一样注重对网络数据、网络设施,以及网络所涉及的基础设施的保护,中国也越来越重视数据本身的传输和保存的安全,并因此制定了许多相关的法律条文。但是中国更注重网络对社会安全、政治安全方面的作用,即网络中恶意信息自由流动所造成的社会安全问题。

网络空间战略的对外目标对于各个国家而言不一定相同。美国发展网络空间的战略目标是保持美国的全球领先和世界霸主地位,视信息网络力与软实力一样是美国外交的力量倍增器,是美国干涉他国内政、实现和平演变的利器。对于美国而言,网络空间战略的对外目标是借助对互联网技术、资源的牢牢把握,不断提升美在网络空间的实力优势,并运用军事、外交理念打造美在网络空间的先发优势,建立以美国为主导的网络空间联盟和伙伴关系。简言之,美国的网络空间战略目标是在网络空间维持霸权和主导优势。这可以从美国 2011 年颁布的《网络空间国际战略》(International Strategy for Cyberspace)看出,该战略的目的主要包括两个方面:一方面旨在将网络安全的维护推向国际层面,通过政府间和非政府间的交流与合作分享信息和技术成果,建立由美国主导的网络空间利益责任共同体;另一方面,凭借技术、信息方面的优势推行美国网络霸权,制定国际网络空间的游戏规则,进而争夺制网权。

如果说,美国的对内目标和对外目标是同等重要的话,那么对于中国而言,网络空间战略的对内目标远胜于对外目标。与美国不同,中国网络安全战略的核心是通过提高网络空间的治理能力来保障网络空间的稳定和网络活动的安全有效。简言之,中国的网络空间战略总体上是为了保障国家安全和国家的发展利益。中国发展网络空间的战略目标是尽快实现中华民族的伟大复兴,既不为称霸也不为干涉他国内政①。中国在保障对内目标的同时追求对外目标,即以和平的、渐进的方式改进现有的网络框架,参与规则制定,量力而行地逐步参与网络空间的国际治理。

中美两国网络空间战略目标的差异源于两者对网络空间威胁的不同认知。中国当前正处于改革深水区与社会转型期,政治安全成为中国总体安全中的重点防范方面。因此,对外目标方面,中

---

① 张伶、徐纬地:《中美网络安全关系中的威胁、风险与机遇》,《中国信息安全》2015 年第 9 期,第 32—35 页。

国的威胁主要来自某些西方大国利用信息技术优势,妨碍、压制和破坏其他国家对信息的自由运用,甚至利用信息把本国的价值观念、意识形态强加于我国头上,如美国支持反华势力对中国国内进行危害性网络动员,并利用网络抹黑中国意识形态以及社会制度等。对内目标方面,中国当前所面临最大的网络安全问题,是网络整体的不安全性。究其原因,中国绝大多数与网络相关的设备、操作系统、应用软件均是美国企业的产品,设备中从芯片到路由器均由美国制造。中美两国在网络空间综合实力上严重失衡,美国在网络空间保持巨大技术优势,并掌握着国际网络域名解析分配权,网络空间国际权力在很大程度上掌握在美国手中,而中国作为一个后来者,在诸多方面落后于美国。对于美国而言,由于其信息霸权的地位,国外文化和军事入侵、国家分裂主义对其来说威胁非常小,且威胁发生概率很小。因此,美国网络空间战略的内部威胁主要来自网络犯罪、恐怖分子等对关键基础设施的破坏以及网络数据的不安全性,外部威胁则主要来自对其网络霸权的担忧。随着中国网络空间实力的快速增长,中国成了美国保持现实霸权以及网络霸权最大的障碍。

二、中美网络空间战略手段的不同重心

从实现网络安全目标的主要途径来区分,可以分为以实力保安全和以治理谋安全两种不同的战略选择①。同样,实现网络空间总体战略目标的手段也可以参照这样的分类。前者强调国家自身的实力和能力要素,倾向于追求在某一领域的绝对优势和主导地位。后者将网络空间的安全与稳定看作一个整体,借助维系整

---

① 沈逸:《以实力保安全,还是以治理谋安全?——两种网络安全战略与中国的战略选择》,《外交评论》2013年第3期,第140—148页。

体的安全来保障不同实力国家都能比较均等地免受来自网络空间的安全威胁,享受网络空间发展带来的收益。在实际应用中,两种手段往往都被运用。但是不同的国家有一定的倾向性。美国的网络安全战略是以实力保安全的典型代表,而中国与俄罗斯等国在联合国框架内提出的网络安全行为准则文件是以治理谋安全的初步体现①。

(一)美国主要网络空间战略手段

以实力保安全,是美国网络安全的本质特征。具体而言,美国以实力保安全的网络空间战略手段可以归纳为以下几个方面②。

1. 控制网络核心资源和主导运行规则

美国对于网络空间实力的追求并非止于一般的实力和普通权力,而是希望能够保持其在网络空间的主导权和控制权,维持对网络空间关键资源的事实上的垄断控制,确保网络空间的运行规则能够符合美国的国家利益。在关键资源方面,最有代表性的案例是互联网名称与数字地址分配机构(ICANN)的运作。考虑到ICANN作为一注册在加州并接受美国法律管辖的非盈利机构,美国的主导权一目了然。在网络空间运行规则方面,由于目前的互联网仍然是基于最初的阿帕网发展起来的,所有的标准和规则可以说都是在美国主导下形成的。虽然很多国家都在尝试发展本土化的互联网技术,甚至有开发自己的局域网的想法,但是毫无疑问,在当前互联网发展已经相当成熟且社会经济已经对互联网形成严重依赖的情况下,另起炉灶的难度非常之大,因此,也只能接受已经约定俗成的运行规则。

---

① 沈逸:《以实力保安全,还是以治理谋安全?——两种网络安全战略与中国的战略选择》,《外交评论》2013年第3期,第140—148页。
② 部分观点参考了周琪、汪晓风:《网络安全与中美新型大国关系》,《当代世界》2013年第11期,第30—34页。

2. 加强联邦政府和关键基础设施网络安全

对于网络空间实力的追求不仅仅是攻击能力的追求,而且也包括防御能力的全面提升。这种防御能力集中体现为美国对于加强联邦政府和关键基础设施网络安全的重视。美国联邦政府在《2018 财年国防授权法案》中提出,投入 15 亿美元用于国土安全部保护联邦网络和关键基础设施免受攻击[1]。特朗普于 2017 年 5 月 11 日发布的第 13800 号行政令《加强联邦政府网络与关键基础设施网络安全》中,突出了保护联邦政府网络、关键基础设施网络和国家整体网络安全三大重点。对于联邦政府和关键基础设施网络安全的重视不仅是特朗普政府的工作重点,也基本沿袭了奥巴马政府的网络安全战略与政策要点,如加快联邦政府网络设施升级和强化关键基础设施保护。该行政令明确要求落实奥巴马政府第 21 号总统行政令中界定的 16 个关键基础设施领域保护要求,并提出了具体的落实要求[2]。一是合作开展关键基础设施网络防御。提出建立由军方、执法机构、私营部门组成的网络审查小组,该小组负责审查包括关键基础设施在内的美国网络防御状况。二是加强政府主导作用。明确要求联邦各行政部门在其职权范围内,积极支持关键基础设施所有者与运营商的网络安全风险管理工作。三是强调重点行业(如电力、金融)关键基础设施防护。四是重视联邦政府关键基础设施安全。此外,美国还采取各种措施严防国外信息安全相关产品威胁,例如强制政府机构卸载国外可疑软件和阻挠外资并购本国信息安全企业。国土安全部代理部长 2017 年 9 月发布《约束操作指令》,要求联邦机构在指定期限内全

---

[1] The 115th Congress, *National Defense Authorization Act for Fiscal Year 2018*, November 9, 2017.
[2] The White House, *Presidential Executive Order on Strengthening the Cybersecurity of Federal Networks and Critical Infrastructure*, May 11, 2017.

面梳理其信息系统内使用的卡巴斯基产品,制定详细的清除与停用计划①。2018 年年初,美国国会议员提出议案,要求美国政府全面禁止使用华为、中兴等中国公司的手机与设备。

3. 保持网络空间威慑等综合实力优势

以实力保安全的核心支柱仍然是保持网络空间的综合实力优势。这种实力优势不仅是网络安全防御能力,而且是超强的网络空间进攻能力和威慑能力,以及支撑这些能力的技术基础。重视进攻性网络能力建设,强化美国在网络空间中的霸主地位是特朗普政府网络安全政策的鲜明特点。2017 年 3 月,美国五角大楼科学顾问发布的《国防科学委员会网络威慑专题小组最终报告》文件指出,俄罗斯与中国有能力对美国的银行、电信等重要行业发起毁灭性的网络攻击,且攻击影响将"远远超过美国军方的一切防御能力水平"②。特朗普于 2017 年 5 发布的第 13800 号总统行政令《加强联邦政府网络与关键基础设施网络安全》中也专门提到了建立国家网络安全综合能力,将威慑作为保障国家网络安全的重要内容,并要求美国国务卿、国防部长、国土安全部长等联合提交关于通过网络威慑使得美国免受网络攻击破坏的国家性战略报告③。2017 年 9 月通过的《2018 财年国防授权法案》则要求清晰定义网络空间作战"威慑",并在网络空间、太空和电子战等信息领域发展全面的网络威慑战略④。除了强调进攻性网络威慑战略,特朗普

---

① 《美国政府下封杀令:90 天内清除所有卡巴斯基产品》(2017 年 9 月 15 日),凤凰网大风号(微信公众号),http://wemedia.ifeng.com/29762175/wemedia.shtml,最后浏览日期:2017 年 12 月 5 日。

② Department of Defense, *Final Report of the Defense Science Board (DSB): Task Force on Cyber Deterrence*, February 2017.

③ The White House, *Presidential Executive Order on Strengthening the Cybersecurity of Federal Networks and Critical Infrastructure*, May 11, 2017.

④ The 115th Congress, *National Defense Authorization Act for Fiscal Year 2018*, November 9, 2017.

政府还从调整网络作战机构和扩充网络作战部队规模方面提高美国网络空间威慑能力。特朗普总统2017年8月宣布将美军网络司令部升级为美军第十个联合作战司令部(2018年5月已完成升级),与美国中央司令部等作战司令部平级,以增强国家网络安全防御能力,对敌人形成威慑①。同时,133支网络任务部队也宣布已经建成。

美国还特别注重从人才培养和新技术角度加强网络空间综合实力优势。13800号总统行政令中专门强调了建立国家网络安全综合能力不仅包括网络威慑,还包括国际合作以及人才培养的观点。美国拥有硬件制造、软件设计和应用开发等核心领域的技术优势,近年来又在云计算、大数据、加密技术等未来网络发展的重点领域加大了投入。例如,美国陆军实验室资助开发被称为"战场物联网"的战场通信和传感网络,强化作战指挥系统和移动通信网络;美国国防部2017年7月宣布了一系列网络安全创新技术需求,包括网络态势感知、规划和决策技术、网络安全快速响应技术、工业控制系统和物联网安全技术、依托人工智能和机器学习技术开发的自动网络防御技术等;美国国家标准技术研究院(NIST)2017年8月发布了新的IT安全措施草案,将安全领域扩大到物联网和智能家居技术;美国《2018财年国防授权法案》显示,美国国防部将重点开展区块链研究计划,主要研究区块链技术和其他分布式数据库技术的潜在攻击和防御性网络应用问题。

4. 在美国国内促进政企紧密合作

美国网络空间实力离不开企业的支持,政企合作成为美国网

---

① Matthew Cox, "Cyber Command Elevated to Combatant Command" (May 4, 2018), Military website, https://www.military.com/defensetech/2018/05/04/cyber-command-elevated-combatant-command.html, retrieved August 3, 2018.

络空间战略非常重要的一个抓手。政企合作对于美国而言有多方面的意义:一是共同抵御网络安全威胁。美国绝大多数网络基础设施和网络应用服务由私营部门构建和运营,美国企业也参与了许多国家的关键信息基础设施和通信系统的建设。因此,基础设施、政府系统、军方系统、民用系统等网络安全都离不开互联网企业的合作与支持。斯诺登揭秘事件发生后,奥巴马政府又将重建政府信任与改善政府和互联网企业间的合作置于优先地位,并通过立法和行政命令要求私营部门分享更多网络威胁信息,因为这些信息对于防范网络攻击和获取网络情报都至关重要[1]。二是参与并引领技术创新。企业是网络空间创新和发展的最重要的推动力,美国众多高科技公司是推动全球网络空间迅速发展的活跃主体,在互联网及移动通信领域的技术、规则和应用方面保持领先地位和持续创新能力。三是支持政府的战略行动。美国通过密切的政企合作关系,大量开发符合美国网络空间战略目标的新型应用。美国有着庞大的网络产业复合体。据称网络防务承包商提供的"产品和服务"可分为三类:网络信息监控、网络武器开发和参与网络军事行动,包括承担网络防御,提供网络军事培训、训练、支援和战略战术咨询等。美国公司拥有全球最大的互联网用户群体,管理着最大规模的用户信息和运行数据。因此,借助互联网公司的支持,通过"棱镜"项目等途径从企业直接获取网络数据,美国政府不仅可以对本国民众进行监控,还可以对全球网络用户进行监控。因此,美国政府获取私营部门的支持是美国网络空间战略的关键依托和重要保障。

5. 在国际上打造联盟和伙伴体系

网络空间实力是一种综合性实力,不仅是一国国内的自身能

---

[1] The White House, *National Security Strategy of* 2015, February 2015.

力,更需要国际合作和支持。美国一直致力于在国际上打造联盟和伙伴关系,并试图通过发展与传统联盟和伙伴的网络空间安全合作,从而提高自己的国际行动能力和网络空间主导能力。除联合同盟国家进行大规模的"网络风暴"演习外,美国格外注重加强与同盟国家的双边关系。在欧洲,美国与北约联合对抗俄罗斯,将网络战纳入北约作战体系。2016年7月,北约各成员国共同签署同意将网络空间等同于海陆空的行动领域加以保护①。在亚太地区,美国将网络问题纳入美日同盟、美韩同盟、美澳同盟,美国与亚太盟友的网络安全合作领域广泛,包括应对网络攻击、打击网络犯罪、保护关键信息基础设施以及信息共享等,体现在共享网络情报与信息、加强攻防一体的网络空间军事化协作、塑造安全的网络环境和平衡网络自由与网络安全政策等议题上②。在南亚,美国强化与东盟的网络关系,推进美印网络合作。2015年8月美印双方发布联合公告称,美印双方确定了在网络安全能力建设、网络安全技术研发、打击网络犯罪、国际网络安全及互联网治理等诸多方面的合作机会,并拟打造双方在网络安全方面的合作伙伴关系③。通过这些双边和多边联盟,美国不仅希望能够形成合力,形成网络安全共同防御体系,以抗衡战略竞争对手,而且能够借此推动制定符合美国利益的网络空间国际规则,从而继续主导网络空间发展。

---

① The NATO CCDCOE, "NATO Recognises Cyberspace as a 'Domain of Operations' at Warsaw Summit" (July 21, 2016), NATO CCDCOE website, https://ccdcoe.org/nato-recognises-cyberspace-domain-operations-warsaw-summit.html, retrieved August 20, 2016.
② 蔡翠红、李娟:《美国亚太同盟体系中的网络安全合作》,《世界经济与政治》2018年第6期、第51—77页。
③ The White House, *Joint Statement: 2015 United States-India Cyber Dialogue*, August 14, 2015, available at https://www.whitehouse.gov/the-press-office/2015/08/14/joint-statement-2015-united-states-india-cyber-dialogue, retrieved August 21, 2016.

(二) 中国主要网络空间战略手段

与美国的以实力求安全的网络空间战略不同，中国网络空间战略可以认为是以治理求安全。中国在网络空间的核心利益是保障网络环境的稳定和网络活动的可控。对于中国所面临的严重网络安全威胁，网络空间战略的目的在于保障国家安全和维护社会公共利益，而这一目的可以通过治理来实现，尤其是中国国内的治理。中国网络安全战略的主要手段可以概括为如下几点。

1. 强调国家信息主权和网络主权的治理原则

中国政府主张网络空间治理的网络主权原则。2017年3月发布的《网络空间国际合作战略》中提出了四项原则，即和平原则、主权原则、共治原则和普惠原则。其中主权原则可能是最能体现中国特色的一项原则。《网络空间国际合作战略》指出，"《联合国宪章》确立的主权平等原则是当代国际关系的基本准则，覆盖国与国交往各个领域，也应该适用于网络空间。国家间应该相互尊重自主选择网络发展道路、网络管理模式、互联网公共政策和平等参与国际网络空间治理的权利，不搞网络霸权，不干涉他国内政，不从事、纵容或支持危害他国国家安全的网络活动"。《网络空间国际合作战略》所列的六个战略目标中的第一条就是维护主权与安全，"中国致力于维护网络空间和平安全，以及在国家主权基础上构建公正合理的网络空间国际秩序，并积极推动和巩固在此方面的国际共识"[①]。2016年12月发布的《国家网络空间安全战略》的第一项原则也是"尊重维护网络空间主权"，认为"网络空间主权不容侵犯，尊重各国自主选择发展道路、网络管理模式、互联网公共政策和平等参与国际网络空间治理的权利。各国主权范围内的网

---

① 外交部和国家互联网信息办公室：《网络空间国际合作战略》，2017年3月1日发布。

络事务由各国人民自己做主,各国有权根据本国国情,借鉴国际经验,制定有关网络空间的法律法规,依法采取必要措施,管理本国信息系统及本国疆域上的网络活动;保护本国信息系统和信息资源免受侵入、干扰、攻击和破坏,保障公民在网络空间的合法权益;防范、阻止和惩治危害国家安全和利益的有害信息在本国网络传播,维护网络空间秩序。"同样,《国家网络空间安全战略》所列的九项战略任务中第一项就是"坚定捍卫网络空间主权",即"根据宪法和法律法规管理我国主权范围内的网络活动,保护我国信息设施和信息资源安全,采取包括经济、行政、科技、法律、外交、军事等一切措施,坚定不移地维护我国网络空间主权。坚决反对通过网络颠覆我国国家政权、破坏我国国家主权的一切行为"[①]。由此可见主权原则对于中国网络空间战略的核心指导意义。

2. 强调网络内容和网络结构并重治理

受自由主义思潮影响,西方所强调的网络治理重点一般是指网络空间结构和网络中的数据安全,而中国则不仅关注网络基础设施等结构安全,而且更多地关注网络中的信息安全。如前所述,对于中国而言,当前网络安全最大的问题是网络信息中影响政治安全的信息的有效监控与管理。中国目前正处于转型期,社会结构问题、分配问题、民族问题等使得缓解社会矛盾、维护政治稳定成为中国实现真正崛起的关键所在,加之国外敌对势力对境内的渗透,因此对于网络中信息对国家政治的安全性提出更高的要求。正因为此,《国家网络空间安全战略》所列出的第一项挑战便是"网络渗透危害政治安全",指出"政治稳定是国家发展、人民幸福的基本前提。利用网络干涉他国内政、攻击他国政治制度、煽动社会动

---

① 国家互联网信息办公室:《国家网络空间安全战略》,2016年12月27日发布。

乱、颠覆他国政权,以及大规模网络监控、网络窃密等活动严重危害国家政治安全和用户信息安全"。而第二项战略任务"坚决维护国家安全"中专门指出,"防范、制止和依法惩治任何利用网络进行叛国、分裂国家、煽动叛乱、颠覆或者煽动颠覆人民民主专政政权的行为;防范、制止和依法惩治利用网络进行窃取、泄露国家秘密等危害国家安全的行为;防范、制止和依法惩治境外势力利用网络进行渗透、破坏、颠覆、分裂活动。"诚然,关键信息基础设施关系国家安全、国计民生,也是中国网络空间战略的核心任务。《国家网络空间安全战略》第三项战略任务为"保护关键信息基础设施",应"采取一切必要措施保护关键信息基础设施及其重要数据不受攻击破坏。坚持技术和管理并重、保护和震慑并举,着眼识别、防护、检测、预警、响应、处置等环节,建立实施关键信息基础设施保护制度,从管理、技术、人才、资金等方面加大投入,依法综合施策,切实加强关键信息基础设施安全防护"[①]。

3. 逐步建立中国特色的网络安全治理架构

2014年中央成立了网络安全与信息化领导小组,在总体国家安全观的统领下,对网络安全工作统一规划、管理。中国特色的网络安全治理架构是"法律规范、行政监管、行业自律、技术保障、公众监督、社会教育相结合的网络治理体系"[②]。中国政府坚持依法监管网络安全,网络空间管理主体必然是政府部门和机构。相关的管理部门必须能够根据公民的合法权益,从维护公共利益和国家安全的角度,进行主导、管理和维护。同时,在公众监督的前提下,进行行业自查。政府规定互联网企业应对其所管理的网络交流平台上的信息发布和传播负责,以此来强化互联网运营企业的

[①] 国家互联网信息办公室:《国家网络空间安全战略》,2016年12月27日发布。
[②] 同上。

角色,以引导和鼓励网民的自律行为。保障网络运行安全,必须落实网络运营者第一责任人的责任。2016年底通过的《网络安全法》中不仅明确了"国家网信部门负责统筹协调网络安全工作和相关监督管理工作。国务院电信主管部门、公安部门和其他有关机关依照本法和有关法律、行政法规的规定,在各自职责范围内负责网络安全保护和监督管理工作"①,而且多项条款明确了运营企业在信息发布、网络实名、数据存储等方面的法律责任。《国家网络空间安全战略》中也指出关键信息基础设施保护是"政府、企业和全社会的共同责任,主管、运营单位和组织要按照法律法规、制度标准的要求,采取必要措施保障关键信息基础设施安全,逐步实现先评估后使用,加强关键信息基础设施风险评估"②。

4. 加强自主可控的技术与产业发展模式的治理能力基础建设

中国充分认识到互联网对于加快国民经济发展、推动科学技术进步和加速社会服务信息化进程的不可替代的作用,高度重视并积极推动网络技术的发展与应用。与此同时,良好的产业发展模式是互联网加快经济发展、推动科学技术进步和加速社会服务信息化的关键,也是中国网络安全和信息化建设的目标之一。所以中国一方面大力推进"互联网+"行动计划,推动移动互联网、云计算、大数据、物联网等与现代制造业结合,促进电子商务、工业互联网和互联网金融健康发展,引导互联网企业拓展国际市场③。

---

① 全国人民代表大会常务委员会:《中华人民共和国网络安全法》,2016年11月7日发布。
② 国家互联网信息办公室:《国家网络空间安全战略》,2016年12月27日发布。
③ 2015年3月5日李克强总理在政府工作报告中首次提出"互联网+"行动计划,并提出制定"互联网+"行动计划。2015年7月4日,经李克强总理签批,国务院印发《关于积极推进"互联网+"行动的指导意见》。

另一方面,中国意识到必须坚持创新驱动发展,积极创造有利于技术创新的政策环境,统筹资源和力量,以企业为主体,产学研用相结合,协同攻关、以点带面、整体推进,以期尽快在核心技术上取得突破。此外,中国还特别重视加强研究和人才监督,建立完善国家网络安全技术支撑体系,例如实施网络安全人才工程,加强网络安全学科专业建设,打造一流网络安全学院和创新园区,从而形成有利于人才培养和创新创业的生态环境①。

5. 致力于国家间合作及和平发展的国际环境

开展国际合作,寻求国际共识,从而创造和平发展的国际环境,一直是中国网络空间战略的重要目标。鉴于国际社会对中国严格的互联网管理政策的不理解,中国在阐明自身原则和政策的同时,寻求形成国际共识,特别是寻求与发展中国家形成的共识非常重要。《网络空间国际合作战略》指出:"中国致力于与国际社会各方建立广泛的合作伙伴关系,积极拓展与其他国家的网络事务对话机制,广泛开展双边网络外交政策交流和务实合作。"中国不仅与有关国家继续举行双边互联网论坛,而且积极"推动深化上合组织、金砖国家网络安全务实合作。促进东盟地区论坛网络安全进程平衡发展。积极推动和支持亚信会议、中非合作论坛、中阿合作论坛、中拉论坛、亚非法律协商组织等区域组织开展网络安全合作。推进亚太经合组织、二十国集团等组织在互联网和数字经济等领域合作的倡议。探讨与其他地区组织在网络领域的交流对话"②。《国家网络空间安全战略》也强调,"在相互尊重、相互信任的基础上,加强国际网络空间对话合作,推动互联网全球治理体系

---

① 国家互联网信息办公室:《国家网络空间安全战略》,2016年12月27日发布。
② 外交部和国家互联网信息办公室:《网络空间国际合作战略》,2017年3月1日发布。

变革。深化同各国的双边、多边网络安全对话交流和信息沟通,有效管控分歧,积极参与全球和区域组织网络安全合作"①。同时,中国在网络空间国际合作方面支持联合国发挥主导作用,支持推动制定各方普遍接受的网络空间国际规则、网络空间国际反恐公约,健全打击网络犯罪司法协助机制,深化在政策法律、技术创新、标准规范、应急响应、关键信息基础设施保护等领域的国际合作。

三、中美网络空间战略模式的不同侧重

国家网络空间战略的核心是对网络空间利益的维护和围绕网络空间权力的博弈。在实际战略施行中,各国围绕网络空间权力的博弈大致表现为控制、威慑、干涉和合作四种模式②。网络空间战略模式的不同侧重和组合决定了中美网络空间战略的总体取向。

第一种是控制模式。"控制"也可称为"主导",是国际政治权力争夺的最高级别策略。争夺网络空间的主导地位以及通过控制网络空间来控制世界一直是美国的战略思维导向。计算机网络的建立与普及彻底改变了人类生存及生活的模式。甚至可以说,谁掌握了信息,控制了网络,谁就将拥有整个世界。控制模式的采纳与否,不仅取决于当事国的自身意愿,更重要地是取决于自身的实力和地位。

在网络空间战略上,中国作为网络空间的后来者和既有网络空间规则的跟随者,没有意愿也没有能力考虑控制模式,前文对中国作为"建设性参与者"的定位已有分析。而美国作为互联网的源

---

① 国家互联网信息办公室:《国家网络空间安全战略》,2016年12月27日发布。
② 刘勃然、黄凤志:《网络空间国际政治权力博弈问题探析》,《社会主义研究》2012年第3期,第120—126页。

起国，在如下几个方面拥有采取控制模式的优势。一是网络运行规则的制定。规则包括网络的架构与协议的制定。目前绝大部分网络空间规则都源自美国，因为目前通用的国际互联网仍然是基于阿帕网的原型并运用美国军方所推荐采用的 TCP/IP 协议而蓬勃发展至今。二是控制互联网运行的基础设施。在控制互联网运行的基础设施方面，美国控制了域名根服务器。当前的互联网一共有 13 台根服务器，分别设置在美国、英国、日本以及瑞典。所有的根服务器以及 IP 地址等，由所谓的公众非营利组织"互联网名称与数字地址分配机构"（ICANN）进行统一管理。三是网络硬件和软件技术方面，美国在如计算机芯片、网络交换机等硬件以及操作系统、规模型数据库、应用软件等软件方面依然保持绝对领先。代表网络技术最为先进的美国网络高科技企业的"八大金刚"把持着全世界大部分市场份额。目前，世界上与网络相关的绝大部分设备均出自美国，这些设备是互联网运行的最为基础的软硬件。棱镜门事件中美国借助各大美国公司把监听的触角伸向全世界充分说明了这一点。四是新技术新标准的研发与制定，如云计算、大数据、人工智能等。这一点美国毫不含糊，各届政府的政策支持和美国企业对大数据等新技术的投资相配合，已经在支撑政务活动、增强社会服务能力、辅助商业决策等方面产生初步成效。

第二种是威慑模式。网络威慑有两种：一种属于技术范畴，将网络威慑视为对阻止网络恶意活动的行动；另一种则使用军事话语，将网络威慑视为利用网络武器瘫痪对方网络系统、从而克敌制胜的一种军事行动。目前，世界上对这一模式运用得最为娴熟的国家是美国，凭借着强大的军事实力和网络攻防能力，美国能对他国的网络攻击行为进行快速还击和报复，从而对敌国形成有效震慑。这种实施还击和报复的力量表现为传统和非传统两种类型。

奥巴马政府开始,美国的网络威慑政策进入了快速推进期。《网络空间国际战略》将网络攻击视作军事行为,提出"必要时,像应对其他任何威胁那样应对网络空间的敌对行动",这本身就是一种威慑宣言。在网络威慑上,中国可以说是被迫在美国引领的潮流下不得不采取一定的应对措施,在增强自身防御能力的同时加强网络空间威慑能力的储备。例如,中共十九大报告特别指出,"加快军事智能化发展,提高基于网络信息体系的联合作战能力、全域作战能力"①。这在某种程度上说明了中国对网络空间威慑能力的重视,尽管从能力上还谈不上对网络空间战略的威慑模式的利用。

第三种是干涉模式。干涉是指影响其他主权国家内部事务的外部行为。它可能仅仅表现为一次讲话、一次广播,也可以是经济援助、派遣军事顾问、支持反对派、封锁、有限军事行动及军事入侵②。网络空间的干涉模式分为直接和间接两种。对他国互联网政策进行指责,是一种典型的干涉行为。间接干涉是通过网络、广播等媒介舆论,煽风点火,大造舆论攻势,传递负面信息,影响他国对外政策的制定,从而间接达到干涉他国内政的目的③。在网络空间战略的干涉模式上,中美之间是典型的被干涉与干涉的关系。作为一个互联网大国,中国的网络审查制度一直被美国等西方国家批评。前面所分析的"网络政治化背景下的美国意识形态扩张"也是间接干涉模式的典型代表。而中国自 1953 年周恩来总理首

---

① 习近平:《决胜全面建成小康社会,夺取新时代中国特色社会主义伟大胜利——在中国共产党第十九次全国代表大会的报告》,2017 年 10 月 18 日。
② Hillary Rodham Clinton, "Internet Rights and Wrongs: Choices & Challenges in a Networked World" (February 15, 2011), U.S. Department of State, https://2009-2017.state.gov/secretary/20092013clinton/rm/2011/02/156619.htm, retrieved March 5, 2017.
③ 刘勃然、黄凤志:《网络空间国际政治权力博弈问题探析》,《社会主义研究》2012 年第 3 期,第 123 页。

次完整地提出"互相尊重领土主权(在亚非会议上改为互相尊重主权和领土完整)、互不侵犯、互不干涉内政、平等互惠(在中印、中缅联合声明中改为平等互利)与和平共处"五项原则后,这五项原则成为中国发展国际关系的指导原则。在网络空间战略方面,中国同样坚持"互不干涉内政"原则。

第四种是合作模式。权力的维系不是孤立的,而是相互依赖的。网络空间尤其如此,许多网络空间威胁都是跨越国界的问题,如病毒的全球传播、网络恐怖主义的日渐普遍,都有待国家之间的通力合作才能有效应对。通过合作(有时表现为联盟),权力可以得到更大化的维系。在合作模式的运用上,中美无疑都在努力推进这一模式。但是,中美对于这一模式的运用也略有区别。美国网络空间战略的合作模式主要体现为与盟友的网络空间合作,而这种合作大多是非对称的。例如,美国不断升级与亚太盟国的网络合作水平,把网络与军事、情报等结合在一起,正逐步构建亚太同盟集体网络防御体系。自2013年起,美日每年都会举行网络对话,交换网络合作的建议,在应对网络威胁与严重网络事件、信息共享以及保护关键基础设施等方面健全网络安全合作机制,协调网络政策。2016年3月,美国与韩国表明了两国网络空间合作的内容,涉及协调网络安全政策、共同开发应对网络攻击的技术、交流共享全球网络威胁的情报信息等方面①,并且美韩成立网络合作小组和网络特别小组等机制,强化网络合作②。2011年9月,美

---

① 李恒阳:《美国网络安全面临的新挑战及应对策略》,《美国研究》2016年第4期,第114页。
② U.S. Department of Defense and Ministry of National Defense of Republic of Korea, *Joint Communiqué of the 48th U.S.-ROK Security Consultative Meeting*, October 20, 2016, the U.S. Department of State, https://www.defense.gov/Portals/1/Documents/pubs/USROKSecurityJointCommunique2016.pdf, retrieved March 5, 2017.

澳双方一致同意将网络战纳入美澳共同防御条约①。但美国的盟友体系的网络合作并不是对称的,美国凭借其遥遥领先的网络技术、网络资源、网络人才以及强劲的经济实力在其亚太网络安全合作布局中起着关键作用,领导地位不可动摇。同美国依靠同盟国构筑网络安全防御体系相比,中国在网络安全上奉行的是"结伴而不结盟"的政策。结盟思维体现的是军事对抗的传统安全观,而结伴思维则是立足于和平发展的新安全观。中国主要通过与其他发展中国家和新兴经济体的平等合作开展网络空间战略合作。中国在金砖国家、东南亚国家联盟、上海合作组织等平台尝试各种网络安全合作。同时,中国也积极与美国等发达国家双边商讨网络空间合作,中美、中韩、中英等都已经开始某种形式的合作。从全球层面看,中国也积极参与各种全球性和跨地区性网络安全会议和活动,而且还主动搭建各种国际合作平台,如世界互联网大会等。

基于网络空间权力博弈的复杂性,各国所采取的博弈模式并不是单一的,往往在控制、威慑、干涉、合作四种模式的基础上随机组合,形成多种综合性模式。对于美国而言,这四种模式都被赋予一定重要性,从而组成了其先发制人的霸权控制战略。正如2015年2月美国在发布的《国家安全战略》中明确指出的那样:"作为互联网的起源地,美国对领导网络化(networked)的世界,具有特殊的责任。"②这种霸权不仅是保持或扩大网络(实力)霸权,而且包括主导制定网络空间国际规则的各种努力,以及推进网络

---

① Office of the Spokesperson, *U.S.-Australia Ministerial Consultations 2011 Joint Statement on Cyberspace*, September 15, 2011, the U.S. Department of State, https://2009-2017.state.gov/r/pa/prs/ps/2011/09/172490.htm, retrieved March 5, 2017.
② The White House, *National Security Strategy*, February 2015.

外交从而以软实力维护美国领导下的世界秩序。而对于中国等其他国家而言，鉴于美国强大的网络实力，许多国家倾向于网络空间的"跟随战略"，以便获取更多的国家利益。网络空间战略的四种模式中最符合中国的是合作模式。对于中国而言，解决其自身的安全和发展是最重要的任务。因此，中国对外强调国家信息主权、网络主权，积极防止侵害，对内监管网络信息流动，保持国内社会稳定，同时，以参与者、建设者的心态与身份融入现有体系当中，量力而行地对现有体制进行逐渐变革，因而属于以合作模式为主的网络空间渐进稳定战略。

总而言之，美国的网络空间战略总体上体现了先发制人的特点，如将战略重点放在国际层面，预先制定战略、加强同盟、设置有关网络空间的全球议题，掌握网络空间标准及治理的主导权，以此来维持其网络空间的优势地位。其最典型的体现是其三部曲的实施：第一是构建网络空间的敌人，如这几年对来自中国的网络威胁的媒体舆论的不断强化；第二是网络空间安全化，其结果是网络空间的被特殊化和制度化，如将网络升级为国家战略资产，并将网络空间定义为国防"第五大行动领域"；第三是在安全层面、国际制度、国际盟友等方面制定相应政策和措施。

中国有其独具特色的网络安全观，这与中国的国情是分不开的。解读中国的网络安全，必须将其置于总体国家安全观和网络强国目标的框架下。中国网络安全战略可以归结为渐进稳定型，即对内重点是依靠信息监管等网络治理方式保持社会和政治稳定性，对外则以和平的、渐进的方式作为建设性参与者积极参与网络空间国际规则的制定和改进，并量力而行地逐步实现网络空间的国际治理。具体而言，中国在网络空间战略核心要点主要包括四个方面，即捍卫网络空间主权以保障国家安全、强调政府在网络空间全球治理中的主导权、支持其他行为体参与互联网治理、注重以实力发展与国内治理加强全球治理实力。总体而言，中国更倾向于从国家整体主义角度看待网络安全。

中美网络空间战略目标之间的一致性与矛盾同时存在。由于中美社会经济发展都深深依赖网络，中美网络空间战略的对内目标有一定共同之处，即都致力于营造一个有序稳定的网络空间环境。在对外目标方面，两者则存在较大差异：美国的网络空间战略是为了维持美国在网络空间的霸权和主导优势；而中国的网络空间战略则在优先保障对内目标的同时，以和平的、渐进的方式，量力而行地参与网络空间的国际治理，目的仍然是保障国家安全和国家的发展利益。中美网络空间战略的差异主要源自两国对核心网络安全利益和威胁的不同认知。虽然两者都对关键信息基础设施安全高度重视，但是中国首要关注的是与自身社会转型相关的政治安全和社会稳定威胁，其次是网络整体的安全性威胁；而美国主要防范的是对其网络霸权的威胁。随着中国网络空间力量的不断上升，中美之间的网络空间博弈将日渐加剧。

在不同的网络空间战略目标指引下，中美网络空间战略手段和模式都不尽相同。为了维持其网络霸权，美国综合了控制、威慑、干涉、合作等多种网络空间战略模式，采取先发制人的以实力保安全的战略手段，具体措施不仅包括控制网络核心资源和主导运行规则，而且还包括通过推进国内政企合作和国际联盟伙伴关系加强网络空间的攻防实力优势。而中国鉴于所处的社会转型阶段特征和总体战略环境，首要任务是保障网络环境的稳定和网络活动的可控从而促进自身的安全与发展，因而中国采取的是以合作模式为主的网络空间渐进稳定战略，战略手段可以理解为治理谋安全,具体战略措施则包括在网络主权原则指引下对网络治理对象、治理架构、治理能力基础以及国际治理环境的建设。中美网络空间战略的一致与矛盾塑造了中美网络空间关系。

第七章
网络政治分析的话语视角：
以中美网络战叙事为例

话语是影响中美网络政治的又一重要变量，也因此是中美网络政治分析的一个重要视角。国际政治既是一种实践，也是一种话语互动。针对同一话语或事实，不同国家会产生不同的理解和回应，而话语效果的关键在于受众对言语者使用的语言及其构建的社会事实产生了怎样的理解和形成了何种意义[①]。同理，话语也是中美网络政治互动的重要影响因素，而其中又以安全化的话语之影响最为深远。

哥本哈根学派的安全化理论是冷战后安全研究议程中重要的创新性概念与理论。该理论认为，安全问题的产生不是先行既定的，而是很大程度上于建构中被认定的，这种被认定的过程即是安全化的过程[②]。安全化理论的重要代表奥利·维夫（Ole Wæver）将安全理解为言语行为，强调"用言辞表达'安全'本身即是（与安

---

① 孙吉胜、何伟：《国际政治话语的理解、意义生成与接受》，《国际政治研究》2018年第3期，第38页。
② Ole Wæver, "Politics, Security, Theory", *Security Dialogue*, 2011, Vol.42, No.4-5, pp.465-480.

全相关的)行为"①,从而使得言语行为(speech act)成了安全建构的重要途径,即安全化就是"对威胁的话语建构",言语行为是安全的核心。安全化过程中安全威胁的"被判断"和安全议题的"被提出"是一种典型的言语行为过程,一旦使用"安全"一词就意味着国家给某事物贴上了一个标签,主张行使特殊权力、动用资源来抵御和消除威胁②。因此,安全化某种程度上被视为一种主体间建构的言语行为。

在中美网络政治问题研究中,我们同样发现,网络安全虽然是现实存在的问题,但是也有被安全化的过程,即在言语中构建并不存在的虚拟问题,或在言语中刻意提升网络安全问题的性质等,如对于网络战的描述和分析就是一个典型案例。因此,本章将以网络战叙事为例来分析安全化话语对于网络空间战略决策的影响。这里的"叙事"基本等同于安全化理论中的"言语",但可以避免"言语"的口语化误解。"言语—行为"的社会性特征意味着它离不开言语者的社会地位③。也就是说,具有不同社会地位的主体所产生的不同言语的行为动机都可能存在区别。所以,笔者试图从不同的主体视角来分析中美关系中的网络战叙事。研究和认清网络战叙事背后的安全化动因有助于降低中美在网络安全问题方面的直接对抗意识,有助于避免不必要的安全手段并加强沟通理性与互动机制,从而趋近"去安全化"的最终目标④,减少中美在网络空

---

① Ole Wæver, "Politics, Security, Theory", *Security Dialogue*, 2011, Vol.42, No. 4-5, p.55.
② 崔顺姬:《区域安全复合体理论——基于"传统安全"和"人的安全"视角的分析》,《浙江大学学报(人文社会科学版)》2008 年第 1 期,第 18 页。
③ 王凌:《"安全化"的路径分析——以中海油竞购优尼科案为例》,《当代亚太》2011 年第 5 期,第 78 页。
④ 李开盛:《"去安全化"理论的逻辑与路径分析》,《现代国际关系》2015 年第 1 期,第 55—62 页。

间的网络政治冲突。

第一节　网络安全环境的话语建构与网络战叙事

一、网络安全环境的主观性与话语建构

网络安全环境反映的是不同的安全化主体对网络安全的认知差异，以及由此塑造的安全实践。互联网技术迅速发展的一个连带产物是网络恐惧的蔓延。网络恐惧是指互联网技术专家之外的普通人群对互联网社会的脆弱性、互联网依赖、互联网技术发展失控所产生的心理恐慌。网络恐惧具有根深蒂固的心理渊源，是历史上技术悲观主义的新近体现。夸大危险并过度反应是人类在演化中形成的固有心理特性。在网络恐惧的作用下，一方面，人们倾向于夸大所面临的网络安全风险及潜在威胁，低估社会承受和应对网络安全问题的能力；另一方面，人们易于相信政治家、媒体和企业的网络威胁渲染，而不是根据客观事实和逻辑推理作出理性判断。当然，除了恐惧，网络安全环境的塑造还与利益集团的逐利行为以及大国之间的权力博弈相关。这意味着网络安全在很大程度上是可塑的，而对网络安全风险的过度解读进一步强化了威胁认知，导致以冲突和控制为主导的安全实践，实际上营造着互信更低、规则弱化的网络安全环境（例如，网络军备竞赛），从而陷入趋向冲突的"自我实现的预言"。

网络安全环境在本质上是一种客观现实基础上的主观状态。其一，人们在用词上习惯于使用生物医学和军事方面的术语来描述网络安全问题。例如，"病毒""蠕虫""僵尸"等词语被广泛地用来形容互联网技术故障，在描述美国所面临的网络威胁时，"网络

战""网络大规模杀伤性武器""网络珍珠港""网络九一一"等越来越普遍地被人们不假思索地使用。其二,国家之间正常的网络安全竞争被无限扩大,一些政治家和学者经常草木皆兵,把普通的网络间谍活动渲染为网络战争。例如,前美国国家安全局局长迈克·麦康奈尔在《华盛顿邮报》中明确宣称,"美国今天正在打一场网络大战,然而我们却正在输掉这场战争……我们的网络防御极其欠缺"①。媒体时常把发生在爱沙尼亚(2007 年)和格鲁吉亚(2008 年)的网络攻击当作现代网络战的典型并用以证明网络战已经从想象变为事实,尽管事后证明这些网络攻击既没有多少技术含量也没有给两国造成多大影响。

网络安全环境的塑造还与话语建构相关。通过情景假定、类比、逻辑演绎等多种途径,安全化主体建构出不同的网络威胁意象。琳恩·汉森(Lene Hansen)与其合作者将这些意象的建构过程分为如下三类②。一是"超安全化"(hyper-securitization),即网络安全话语依赖于假想的灾难情境,使安全意象的严重性和紧迫性远高于现实安全威胁。超安全化的话语主体往往强调突发网络安全事件可能造成的毁灭性后果,特别是社会、金融、军事等领域核心信息系统的瘫痪,可能带来整个社会政治秩序的崩塌。在这种语境下,其他大规模杀伤性武器(如核武器和生物武器)的历史

---

① Mike McConnell, "Mike McConnell on How to Win the Cyber-War We're Losing" (February 28, 2010), *The Washington Post* (online), http://www.washingtonpost.com/wp-dyn/content/article/2010/02/25/AR2010022502493.html, retrieved December 25, 2018.
② Lene Hansen and Helen Nissenbaum, "Digital Disaster, Cyber Security, and the Copenhagen School", *International Studies Quarterly*, 2009, Vol.53, No.4, pp. 1163-1168.

经验常常被用来推测网络空间安全的潜在影响①,尽管这些经验在网络空间并无真实的先例可循。二是"日常安全实践"(everyday security practice),这类话语将网络安全意象与受众的普遍经历和日常知识联系在一起,从而使危险图景"近在眼前"。通过使用"病毒""感染""漏洞"等贴近日常生活的比喻,话语主体建构出网络安全与受众对象之间的直接联系,也为相应地提高预防措施的安全策略主张提供了合法性。三是"技术化"(technification),即将网络安全问题的权威话语赋予网络安全技术专家。这类话语往往将网络安全描述为根本上由技术发展导致的次生问题。

二、网络战叙事

叙事(narratives)通常是指我们对于一个故事的描述,即为了帮助我们处理复杂的现实,而将一系列事件通过更合理和简洁的描述来加以解释和说明②。往往这些叙事就成为不同利益主体的文字工具,一些事件和原因说明经过叙事的挑选和多次重复,可能就成了"事实"。

网络战叙事(narratives of cyberwar)是在网络空间中以国家之间冲突为主题产生的叙事。根据这些叙事的主张,网络空间已经成为一个战争域,在这个空间内,黑客们代表自己的政府或者支持恐怖组织破坏网络空间,引起相应的物理破坏乃至人员伤亡。"信息战"一词是指军方利用信息和通信技术来指导军事行动。由

---

① Gregory Koblentz and Brian Mazanec,"Viral Warfare: The Security Implications of Cyber and Biological Weapons", *Comparative Strategy*, 2013, Vol. 32, No. 5, pp.418-434.
② Barbara Czarniawska, *Narratives in Social Science Research*, London: SAGE, 2004, pp.17-20.

于"信息战"这个概念过于广泛,1993年,约翰·阿奎拉(John Arquilla)和戴维·龙菲尔德(David Ronfeldt)决定采用另外一个术语,即兰德公司首次发表的《网络战来了!》("Cyberwar is Coming!")一文中的"网络战"(cyberwar)①。尽管阿奎拉和龙菲尔德承认使用这个新的概念需要进一步的说明,但是他们将其描述为"以干扰和破坏对方所依赖的信息和通信系统为目的的战争方式,这些信息广义地讲甚至包括军事文化"②。网络战争现在仍然是争论的主题,其范畴常常过于宽泛而缺乏指导决策的意义。许多研究对它提供了不同的定义,但有的甚至根本没有提供任何定义,概念使用具有相当的随意性。网络战缺乏明晰解释有很多原因,不同背景的人对之有不同的理解,换言之,不同的利益主体会有不同的网络战叙事。

就其实质而言,叙事就是一种话语。和一般话语相比,叙事所描述的对象往往牵涉多个行为体,同时,叙事所采纳的方式也是多种形式,比如对言论、动作、行为等各种相关词语的运用③。此外,叙事往往是对一件事或一系列事情的系统性描述,而话语则有可能仅仅是随机的口语交流④。在对于网络战的描述中,因为随机的口语交流并不能作为研究的正式对象,所以笔者倾向于使用"网络战叙事"这一表述。

叙事本身最后是否能够成为行动,还取决于很多因素。"在'安全化'这一社会建构过程中,拥有话语权的国家代理人提出'存

---

① John Arquilla and David Ronfeldt, "Cyberwar is Coming!", *Comparative Strategy*, 1993, Vol.12, No.2, pp.141-165.
② Ibid.
③ 可参见叙事(narrative discourse)的定义, Glossary of Linguistic Terms, available at https://glossary.sil.org/term/narrative-discourse, retrieved August 23, 2018。
④ 可参见叙事与话语的区别,"Narrative Vs. Discourse—What's the Difference", WikiDiff, https://wikidiff.com/narrative/discourse, retrieved August 23, 2018。

在性威胁'只是最初的环节,下一步则是进行社会动员"①。在这个过程中,安全施动者会利用自己掌握的各种手段和资源对听众进行诱导、说服,必要时甚至夸大威胁,制造紧急事态。如果得不到回应,"安全化"就会失败②。如果听众接受,"安全化"过程则得以成功完成。所以,叙事成为政策决策和具体行动还存在一个复杂的过程。

在国际关系领域,人们通常对政治话语(包括对外政策话语)感兴趣。话语(包括国际政治、经济、文化、军事等话语)是通过为国际事务命名和提供意义解释而产生并流通的,如西方文化和价值体系中的关键词——民主、自由、恐怖主义、全球化等话语。可以认为,命名权和解释权就是一种霸权,它直接影响公众的社会认知和价值判断。话语权背后体现的是强者对弱者的权力支配关系,越是弱势者越要争取成为话语构建与流通的积极参与者,积极投身于事关意义(即利益)的国际流行的通用表述,因为在国际话语流通中获得发言权并发出响亮的声音,是扭转劣势的主要途径之一③。因为国际关系不仅仅是物质实在,而且还由人类大量的语言活动构成;尽管国际关系的现实是一种客观存在,但是对于许多人(甚至是大部分人)来说,他们所认识和理解的国际关系现实,主要还是由语言符号所建构起来的国际关系"现实";而且这种认识和理解主要是通过语言的途径获得的;人们对国际关系的研究主要依赖语言作为工具,并利用文字将研究的结果作为国际关

---

① 王凌:《"安全化"的路径分析——以中海油竞购优尼科案为例》,《当代亚太》2011年第5期,第81页。
② Paul Roe, "Securitization and Minority Rights Security", *Dialogue*, 2004, Vol.35, No.3, p.281.
③ 胡春阳:《话语分析:传播研究的新途径》,上海人民出版社2007年版,第75页。

系"知识"固定下来①。尽管存在着国际关系的客观现实,但是,经过话语、语言叙述出来的国际关系现实才是直接抵达公众的"现实",然而这种现实是被诠释、剪裁和处理过的"现实"。

因此,在国际关系研究中,要想更加接近国际关系的最初现实,人们需要对不同的"现实"进行理解。谁在叙述国际关系"现实",叙述者的身份是什么,叙述者处于何种环境、站在何种角度并以何种方式进行叙述。在这个过程中,人们可以发现叙述者对现实的看法和政治意图是什么,并观察叙述者如何通过话语从事社会实践活动。譬如,政治家和对外政策制定者如何利用(甚至操纵)一定的话语,去确立自己的政治议程或实现一定的对外政策意图和目标,包括他们如何通过话语建构"威胁"和"危机"。

同理,在研究中美网络关系时,我们需要考察其中一个关键词——"网络战"是如何被不同主体描述和建构的,需要了解这些主体产生或利用这一话语叙述的表面和潜在动因,并从"网络战"角度了解中美网络关系的话语建构过程。

第二节　不同主体视角下的网络战叙事

网络战叙事的行为主体有很多,因为网络战可能是政策制定者之间的相互辩论主题,也可能是普通网民茶余饭后的讨论点。但是真正有决策影响力的网络战叙事的利益主体大致包括三类,即媒体、决策者和专家,这三类主体的网络战叙事对国家行为决策以及公众对网络战的理解都有着重要意义。剖析这些利

---

① 刘永涛:《理解含义:理论、话语和国际关系》,《外交评论》2007年第2期,第20页。

益主体和他们的动机能够对网络战研究有一定的启发和思索,从而可以让我们更加客观地认识网络战叙事并避免决策过程中的可能错误。

一、媒体报道中的网络战争:外来威胁、网络灾难与言过其实

媒体对于网络战争的报道有许多不同的角度,但主要采取如下三种叙事方式。第一种叙事是强调来自外来主体的威胁,例如美国对中俄网络威胁的渲染。第二种叙事关注网络武器和网络灾难,例如臭名昭著的震网(Stuxnet)蠕虫病毒。这两种叙事往往会结合在一起并且掺和一些网络阴谋论和网络犯罪的故事,从而给读者呈现一幕充满悬疑味道的网络战叙事。第三种叙事,或许也是最不流行的,它声称网络战争还没有发生,并不像人们所说的会有那么严重的威胁。不同的叙事可能出现于同一媒体来源,因为这可使媒体避免明显的偏颇嫌疑。

网络战争自 2007 年开始成为媒体报道流行的题材。俄罗斯和爱沙尼亚之间的分歧引发了第一次世人熟知的网络战争。根据报道,俄罗斯黑客攻击了爱沙尼亚的网络,丑化了他们的政府官网,并导致一些服务功能不能正常使用。结果,爱沙尼亚政府和西方媒体开始推测俄罗斯政府参与了此次网络攻击。这起网络攻击是一次自发式民间黑客行为还是政府行为依然不得而知。报道强调网络攻击使爱沙尼亚失去了行动能力(paralyzed),但是真实情形并没有报道描述的那么严重。

当 2008 年俄罗斯和格鲁吉亚之间再次发生冲突时,媒体又谈论起网络战争。黑客在网络空间的行为与现实世界的行动紧密相随,似乎在网上网下之间建立了一个可能的联系,甚至有人怀疑俄

罗斯政府和网络犯罪团伙的相互勾结①。一开始媒体只是在构建叙事，还依然缺乏现在媒体报道常见的自信基调。在这样情形下的"网络战"的概念是非常有争议的，因为网络攻击并没有引起物理破坏和人员伤亡，犯罪者的身份也是未知的，这样的攻击只是引起短暂的功能失调而不是永恒的破坏。这些媒体数以倍计地夸大了信息，使得俄罗斯的网络战威胁成为西方世界新的担心。随后由于故事的不断重复和进一步传播，有些新的情节和行为体不断出现，网络战慢慢就变成了一个既定事实。

来自俄罗斯和中国的黑客威胁似乎已经成为现在网络战相关报道中重复出现的主题②。许多媒体指责所谓的中国政府窃取美国情报的间谍行为，他们把这种网络窃秘和网络犯罪归类为网络战事件。2012年和2013年，这类指责达到了顶峰。《纽约时报》发表了一篇来自网络安全公司麦迪昂特的关于"APT1报告"的文章③，文章对于中国政府的指责到了新的一个高度。除了网络战争，一些其他的表达也会在媒体报道中出现，例如，"国家安全威胁""网络窃密""不对等网络战""激进的黑客活动"，这些词汇所隐含的负面属性和侵犯意义旨在让读者建立一种恐惧感和排斥感。上述第一种网络战叙事的基本目的是警醒读者小心"外来威胁"。

媒体报道的第二种叙事方式中，关注点不再是战争概念的本

---

① John Markoff, "Before the Gunfire, Cyberattacks" (August 12, 2008), *The New York Times*, https://www.nytimes.com/2008/08/13/technology/13cyber.html, retrieved March 20, 2016.
② Conn Hallinan, "Cyber War: Reality or Hype?" (January 20, 2012), *The Huffington Post*, https://www.huffingtonpost.com/conn-hallinan/cyber-war-reality-or-hype_b_1219843.html, retrieved April 20, 2014.
③ Mandiant, *Mandiant Intelligence Center Report APT1: Exposing One of China's Cyber Espionage Units*, April 3, 2014, National Cyberwatch Center, https://www.nationalcyberwatch.org/resource/apt1-exposing-one-of-chinas-cyber-espionage-units-2/, retrieved March 2, 2017.

身而是对事件的深层次挖掘。震网(Stuxnet)蠕虫病毒(此病毒是一种网络武器,用于破坏伊朗的核项目)出现之后,这种叙事开始流行。自那之后,媒体报道了越来越多的类似的网络威胁题材,例如,"Duqu""Flame"和"Gauss"病毒。这些叙事的一个特点是,因为震网(Stuxnet)蠕虫病毒被认为是美国政府的产品,所以大多数媒体报道都宣扬这种病毒的复杂性以及它使得传统战争看上去很落后[1]。这种网络武器的危害叙事通过对于若隐若现的网络战争的灾难幻觉描述来吸引公众,让他们觉得这是一个数字黑暗时代的预兆。然而,尽管在报道中存在这种恐惧意识诱导,但是网络战叙事并没有引起太多反感,而是激起制造这种新型超级武器的欲望。因此,震网(Stuxnet)蠕虫病毒不仅仅是一个威胁,也是美国的网络空间霸权的代表。报道声称,网络战争的影响力可能比"珍珠港"或者"9·11"事件的破坏力更大,引起的问题可能比核扩散还多[2]。在这样的叙事中,鼠标在任何一个技能娴熟的黑客手中基本变成了引爆炸弹的工具,然而事情远没有那么简单。

还有一种媒体报道的网络战叙事则试图减缓这样的大肆宣传,称网络战争还没有发生[3]。根据这种叙事,至今还没有发生具有破坏性结果的网络攻击,也没有足够的证据证明政府的参与,并且大多数发生的网络事件只是暂时的干扰而已。这些叙事表示,由于通过计算机网络操作没有造成人员伤亡和长期破坏,大多数

---

[1] Ralph Langner, "Stuxnet's Secret Twin" (November 19, 2013), *Foreign Policy*, https://foreignpolicy.com/2013/11/19/stuxnets-secret-twin/, retrieved December 10, 2017.

[2] Michael Joseph Gross, "Silent War" (June 6, 2013), Vanity Fair, http://www.vanityfair.com/culture/2013/07/new-cyberwar-victims-american-business, retrieved April 20, 2014.

[3] Thomas Rid, "Think Again: Cyber-war" (February 27, 2012), *Foreign Policy*, https://foreignpolicy.com/2012/02/27/think-again-cyberwar/, retrieved May 1, 2015.

所谓的网络战争其实只是网络犯罪或者是网络间谍活动。再者，这些叙事声称网络战一词意义不大，因为网络攻击的威慑力没有那么强，破坏力也不大，其技术局限性使之无法引起严重的破坏①。除了美国以外，俄罗斯和中国也具备网络战能力，但是除非有冲突发生或者重要利益受到威胁，这些国家并不会轻易使用网络战武器。支持这种叙事者认为网络战争的大肆宣扬是为了重构网络空间并且提供一种新的威胁以使人民更加顺从地接受监督②。尽管最后这种网络战叙事降低了网络威胁实际的危险性，但必须承认的是网络战概念的不断出现已使之越来越流行，有些似乎已经有"既定事实"的支撑，尽管很少人会真正去讨论这些"既定事实"。

过去数年中，"网络战"常常成为新闻头条，似乎任何带有恶意的网络活动都被贴上了"网络战"的标签。这些例子如知识产权侵权、黑客组织活动、互联网审查和网络间谍等，可见网络战叙事的界限非常模糊。尽管媒体倾向于建构故事以吸引读者，并获取他们的自身利益，但这并不是新闻记者的全部责任。事实上，专家和决策者这两个群体也制造了一些混淆，网络战争这一议题也需要专家和决策者们对之进行规范化。媒体基本是在回应他们的声音，同时提供一个更符合读者需要的受众材料。

二、决策者眼中的网络战争：国家安全问题

在美国的决策者眼中，网络战争对于国家安全是一种威胁。

---

① Henry Farrell, "Cyber-Pearl Harbor is a Myth" (November 11, 2013), *The Washington Post*, http://www.washingtonpost.com/blogs/monkey-cage/wp/2013/11/11/cyber-pearl-harbor-is-a-myth/, retrieved April 16, 2015.
② Ryan Singel, "Cyberwar Hype Intended to Destroy the Open Internet" (March 1, 2010), Wired, http://www.wired.com/2010/03/cyber-war-hype/, retrieved April 15, 2015.

虽然不是所有决策者都喜欢用"网络战"这个具有争论的术语,但是网络威胁使美国的重要设施如电网和军事通信系统遭受威胁的观点正被广泛传播。普遍接受的观点是,通过网络攻击入侵美国公司和国防系统的国家,其目的是在网络战中获取优势,他们的行为正在侵蚀美国的权力。也有决策者声称,在最糟糕的情况下,网络战争或者网络恐怖攻击可能造成震惊全国的巨大损失。如同媒体报道一样,决策者构造的叙事在网络战的概念中结合了网络犯罪和网络间谍行为。

理查德·克拉克(Richard Clarke)是《网络战争》(*Cyber War: The Next Threat to National Security and What to Do about It*)一书的作者,也是白宫前安全顾问。在其 2010 年出版的这本书中,他将网络战争描述为"国家行为体或其代理人所发起或支持的未经授权侵入另一国家的计算机或者网络,或是影响计算机系统的任何其他行动,其目的是增加、改变、篡改数据,或引起计算机、网络系统或其所控制对象的功能瘫痪或者损坏"[1]。根据他的书籍,网络攻击被简单地认为与传统的武装攻击具有一样的破坏性,最大的网络威胁来自俄罗斯、中国和朝鲜,而黑客是这些政府进行网络攻击的资源。2010 年,在五角大楼的国防网络受到外来威胁后,美国国防部前副部长威廉·林恩三世(William J. Lynn III)发表声明称美国将采取先发制人的网络空间战略,并命名网络空间为"第五战场"[2]。这个声明是在美国前国防部长罗伯特·盖茨(Robert Gates)刚下令构建美国网络司令部之后发表的。

---

[1] Richard A. Clarke and Robert K. Knake, *Cyber War: The Next Threat to National Security and What to Do about It*, New York: HarperCollins, 2010, p.70.
[2] William J. Lynn III, "Defending a New Domain: The Pentagon's Cyberstrategy", *Foreign Affairs*, 2010, Vol.89, No.5, pp.97-108.

理查德·克拉克则定义了"三位一体"的防御战略,用以保护美国主要的国家机器①。他建议美国政府控制一级互联网服务供应商并且建造一个深层数据包检查工具来监控通过国家网络的数据。他认为,尽管系统是自动化的,但仍需要人类干预来有效预警侵犯和不能低估的威胁。奥巴马总统也强调了国家安全局监控系统的必要性,他认为,"如果没有能力探测数字通信,我们就不能预防恐怖袭击或者网络威胁"②。事实上,正如棱镜门事件所揭露的那样,美国国家安全局已经拥有这样的网络监控工具,尽管许多人表达了对于民权侵犯的担忧。

虽然美国的决策者们在网络战争这个议题上的观点有细微的不同,但网络攻击能够造成巨大破坏这个观念正在他们的叙事中不断重复。美国国防部前秘书长莱昂·帕内塔(Leon Panetta)曾发表声明道,一个巨大范围的网络攻击能够如"9·11"事件一样具有杀伤力,他相信,美国即将面临一个"网络珍珠港",这个袭击将会造成物理伤害和人员伤亡,会使国家机器瘫痪并震惊全国,从而引发强烈的美利坚脆弱感"③。帕内塔的声明变成了许多媒体报道的主调,为网络灾难的叙事提供了论据。

这些叙事表达的威胁包括网络恐怖组织或者像中国、俄罗斯和伊朗这些国家来源的网络攻击。尽管最初很少有决策者故意指

---

① Richard A. Clarke and Robert K. Knake, *Cyber War: The Next Threat to National Security and What to Do about It*, New York: HarperCollins, 2010, pp. 160-178.
② "Obama Speaks about Surveillance Changes" (January 17, 2014), CNN, http://transcripts.cnn.com/TRANSCRIPTS/1401/17/lvab.02.html, retrieved April 16, 2015.
③ Leon E. Panetta, "Remarks by Secretary Panetta on Cybersecurity to the Business Executives for National Security, New York City" (October 11, 2012), U.S. Department of Defense, http://archive.defense.gov/transcripts/transcript.aspx?transcriptid=5136, retrieved October 15, 2015.

控其他政府,但迹象似乎显示了他们基于所获取信息而产生的越来越多的担忧。专家指出,美国正失去网络战争优势①。奥巴马管理团队的国家安全顾问汤姆·多尼隆(Tom Donilon)称,来自中国的入侵是不能容忍的,中美双方政府应该就如何避免此事进行深入探讨②。这种叙事在2013年国会年度报告中达到顶峰,这一报告控诉中国采用计算机网络开发能力获取信息从而在危机时刻使中国人民解放军获益。虽然斯诺登揭秘使美国暂时沉默了一段时间,但随后美国司法部对五名中国军方人员的"网络间谍"活动的无端指控再次使这一议题进入大众视线。美国决策者现在一个常见的观点是网络威胁需要政府介入才能实现国家利益的保护,并且网络安全优先程度需要提高。因此决策者一致倾向利用带有戏剧夸张和紧张局势色彩的叙事特征。这些声明有很多值得推敲的问题:一般的计算机网络入侵和工业间谍活动也往往被提升到网络战层面;报复成了回应网络攻击的主要手段,而这会危害国家之间的关系;虽然大多数指控明确指向中国,但却没有足够的证据证明网络攻击有政府牵涉其中。

事实上,网络安全问题牵涉的主体很多,网络战叙事的构造还离不开IT技术人员和国际关系学者等专家,而专家们不同的背景和利益导向使网络战叙事更趋混淆不清。

---

① Paul D. Shinkman, "America Is Losing the Cyber War"(September 29, 2016), U.S. News, https://www.usnews.com/news/articles/2016-09-29/cyber-wars-how-the-us-stacks-up-against-its-digital-adversaries, retrieved May 16, 2017.
② Tom Donilon, "The United States and the Asia-Pacific in 2013"(March 11, 2013), The White House, https://obamawhitehouse.archives.gov/the-press-office/2013/03/11/remarks-tom-donilon-national-security-advisor-president-united-states-an, retrieved May16, 2016.

三、专家眼中的网络战争:多面议题

网络战争和网络安全具有多学科性质。来自不同背景的专家和学者对这个概念有不同的理解。比如说,"攻击"一词在国际法和网络安全中就不是同一个概念:对于一个国家而言,攻击意味着产生物理伤害或人员伤亡;而在一个网络安全专家眼中,任何恶意的计算机入侵都是攻击。政策的制定正面临着一个挑战,即如何准确定义这些概念。专家们已经开始从跨学科角度和战略学、国际关系、国际法等不同角度探讨网络战争这个议题。

有人尝试通过创造一个跨学科方法来解决这个议题,但结果不尽如人意。其中一个尝试是《网络战入门》一书中从技术层面对网络战的解释和对国际关系面临问题的分析。此书作者们定义网络战争为"在网络空间中国家或者非国家行为者采取的政策延伸行动,要么是为了构建对另一个国家安全的严重威胁,要么是一国国家安全已经受到威胁的响应"[1]。这个定义的问题是安全本身被划分为几个不同层次,没有设定造成物理伤害或人员伤亡的限定条件,从而使这个定义过于宽广,几乎可以包含所有的黑客行为。在这些情况下,网络战争成了一个网络空间内的混乱和危险的代名词。而使用源于其他国家的黑客叙事,尤其来自中国和俄国,有助于促进外来威胁叙事的被接受度。

不同背景的专家对网络战争的战略意义有不同的分析。杰弗里·卡尔(Jeffrey Carr)是网络安全咨询公司(Taia Global Inc.)的创始人,他在美国陆军战争大学和美国空军技术学院发表演讲时声称,网络战争是真实的,在网络空间内发生的每一次操作都可能

---

[1] Paulo Shakarian, Jana Shakarian and Andrew Ruef, *Introduction to Cyber-Warfare: A Multidisciplinary Approach*, Waltham MA: Elsevier, 2013, p.2.

和某军事行动或者军事改革同步,可能促进军事目标的识别和攻击。尽管他所提供的支持证据是有争议的,但他的观点比较接近于战略学和国际关系研究领域的学者观点,他们大多认为网络战争是一种可支持物理攻击的方法。根据兰德公司的资深管理科学家马丁·利比基(Martin Libicki)的观点,战争并不能只通过网络操作实施,要达到战争目的,国家仍然需要动用武装力量。网络攻击只能作为物理攻击的支持手段,而且网络攻击还需要足够的情报支撑。网络攻击的受害者也可能会故意隐瞒实情从而迷惑攻击者,而网络武器被发现后其有效性就会大大降低,因为网络武器所利用的漏洞可能会被修复,这种漏洞一旦修补后就会使之前使用的网络武器失效。网络威慑的可行性也不大,因为一个没有公开细节的威胁是非常难于让人相信的,而对细节的任何一个明示又可能使受害人马上加固自己的系统①。因此,尽管在利比基眼中网络战争是可能的,但对于国家来说,过度依靠网络战争会引起一定的风险,需要进一步评估网络战的复杂性。

在国际关系和战略研究领域,有一种关于中美网络战争的猜测。正如克里斯托弗·布隆克(Cristopher Bronk)在其文章《数字迷城:展望 2020 年八九月份的中国网络战》("Blown to Bits: China's War in Cyberspace, August-September 2020")中提到的,中国在战略性网络操作中早已是一个领先者,他还认为中国的防火墙是其网络空间战略能力的重要方面。布隆克在这篇文章中推测中国和美国之间网络战争的可能性,得出结论:网络空间的攻击可能会造成意想不到的结果,并且国家会越发依赖这种手段以

---

① Martin C. Libicki, *Cyberdeterence and Cyberwar*, 2009, RAND, http://www.rand.org/content/dam/rand/pubs/monographs/2009/RAND_MG877.pdf, retrieved August 8, 2017.

避免制裁和来自国际社会的指责。布隆克还号召学术界、工业界和政府将必要的资源汇合起来共同防止这种意外结果的发生①。保护国家免受网络战争是《网络威斯特伐利亚时代的来临》("Rise of a Cybered Westphalian Age")一文的中心主题②。在这篇文章中,两位作者支持在网络空间内构建边界,并建议网络司令部发展网络防御和攻击能力,开发网络威胁预警监控工具。

应对网络威胁不仅是能力问题,最需要的是能够有一个国际都能接受的统一标准来评价网络战争行为。然而,这些行为很难用现存的法律和规定来进行管理。事实上,国际法的专家已经尝试创建新的法律框架来解决这个问题。美国海军战争学院教授和国际法学者迈克尔·施密特(Michael Schmitt)为北约的一个项目制定了详细手册,即《塔林手册》(Tallinn Manual on the International Law Applicable to Cyber Warfare)。根据《塔林手册》,能够引起系统损毁或者人员伤亡的网络攻击将被认定为战争行为,一些产生同样后果的数据攻击行为也适用于此。许多专家对此表示同意,并认为如果系统损毁的修复需要物理硬件的替换才能实现也应被视作战争行为。因此,造成系统受损且需要物理恢复的攻击将被认为是网络战争,但如果只是简单的软件重装就可以修复则不属于这一范畴③。这种网络战争的定义由于范围大为缩小更易避免混淆,应用性相对增强。

不同于决策者们相对统一的网络战叙事基调,专家们有不同

---

① Christopher Bronk, "Blown to Bits: China's War in Cyberspace", *Strategic Studies Quarterly*, Spring 2011, pp.1-20.
② Chris C. Demchak and Peter Dombrowski, "Rise of a Cybered Westphalian Age", *Strategic Studies Quarterly*, Spring 2011, pp.32-61.
③ Michael N. Schmitt, *Tallinn Manual on the International Law Applicable to Cyber Warfare*, New York: Cambridge University Press, 2013, pp.106-110.

的视角并对网络战争有更深入的分析。尽管来自不同学科的专家们的观点有所区别,但是显而易见的是,相似的背景通常产生相似的叙事。一些学者和专家对网络战叙事的利弊各执己见,不同学科的讨论仍在不断继续。

第三节 网络战叙事的产生动因

网络战争叙事的动因不仅是表达对于国家和社会安全的担心。创造这些叙事的主体拥有他们各自的利益,有的时候是共享的,有的时候是冲突的,有的已经明确表达,有的隐藏其后。

一、大众传媒的网络战叙事动因

大众媒体往往是在专家和决策者之后才讨论网络战概念,但是媒体是这个概念流行并引起公众注意的最主要推手。在过去几年中,媒体报道的基调和频率明显有所变化,在决策者公开指责其他国家政府之前,媒体已经构建好威胁来自外部的叙事。紧张局势成为报道的叙事基调,因为这类叙事迎合了喜欢戏剧性报道和暴力新闻的读者口味,从而可以为媒体带来更多的经济利益。当然也有一些报道指出这些言过其实行为背后的风险,但是他们的努力往往被淹没在主基调的声音当中。

中美两国的大众传媒在政治外交决策中的地位略有不同。美国的大众传媒在外交决策中的地位相对而言更加重要,尽管特朗普上台之后,媒体和总统之间的关系正在发生变化[①]。首先,美国

[①] Jason Daley, "The Complicated History between the Press and the Presidency" (June 14, 2016), SmithsonianMag, https://www.smithsonianmag.com/smart-news/complicated-history-between-press-and-presidency-180959406/, retrieved December 1, 2018.

的大众传媒协助制造了各种政治人物,美国主要传媒的国内新闻绝大部分都是关于政治人物的动态、新闻和分析报道。其次,美国大众传媒通过向公众传递全球信息,编制新闻程序,从而诠释外交政策,影响外交政策议程。再次,大众传媒还通过对社会舆论的控制和引导影响政治,如通过自己的方式将自身崇奉的价值观念传播给公众,影响其价值判断。美国大众传媒对政治的巨大影响作用根植于传媒有着丰厚的"自由支撑"的背景。但是,不得不承认,这一"自由"受到诸多限制,如行业上和美国政府方面的制约条款。因此,在涉及国家利益的重大新闻和报道中,传媒与政府基本保持一致。但是,毫无疑问,作为营利性行业,大众传媒的经济利益始终是其进行政治外交话语构建与叙事表达时的最重要考量之一。

中国的大众传媒在政治话语方面某种程度上表现出了一定的双面性,即传统媒体相对稳妥的政治叙述表达,以及网络媒体和网络言论的相对多元化。这一现实,一方面可能是由于新媒体的发展过于迅猛,相关政策无法及时跟进快速发展带来的较大自由度;另一方面则可能也是由于相关政策采取了新的修正机制,希望通过不断地发现问题从而不断地修正相关规定,而不是先限制再修正。无论基于何种因素,新媒体所面临的限制比中国传统的大众传媒发展所面临的限制少。

二、决策者的网络战叙事动因

决策者的网络战叙事的表面动因往往是基于国家安全的保护,其中也包括经济安全,如对知识产权的合理保护。决策者致力于促进网络安全立法以保护这些安全利益。但利用网络战争来挑起实际上无关战争的议题,表明背后可能有其他的目的。例如,某一政策遭到了反对,因此需要一个叙事来帮助加速政策落实进程。国家具有保护其人民免受外部和内部威胁的责任。不可否认的是,事实威胁的确会危害社会秩序与和平,为了证明一些行为或者政策的合理性,决策者需要强调威胁的害处,有时甚至需要夸大威胁使问题看上去足够严重或者危险。为了改变公众的认知,这些威胁需要让人足够信服。

安全威胁的构建是一个需要安全化的过程,即让它成为对一个特定主体的存在性威胁,因为,存在性威胁的构建意味着一种最高优先级和紧张气氛,如果这个问题没有得到解决,可能会引起致命的后果。当帕内塔在对网络安全问题发表言论时,他所面对的是一群想要促进一些政策落实的商人,他希望通过制造紧张气氛以便让被民权组织反对的《网络情报分享及保护法案》(Cyber Intelligence Sharing and Protection Act, CISPA)这样的政策得以通过。他并没有隐瞒这一目的,他承认,"为了对我们的民主提供必要的保护,网络安全法律必须被国会通过。如果没有,我们是易受攻击的,国会必须有所行动,必须要有一个全面的法案"。为了制造一种紧张和紧急的感觉,为了加速政策制定的进程,他补充道,"我们没有其他选择,因为我们面对的威胁已经存在"[1]。但是,"将一些问题进行安全化的风险在于它给政府以特权并且为架空公民权利和自由提供了合法性"[2]。网络空间的重建能够被私营企业利用来增加其实力,但也会给政府提供监管人民的

---

[1] Leon E. Panetta, "Remarks by Secretary Panetta on Cybersecurity to the Business Executives for National Security, New York City" (October 11, 2012), U.S. Department of Defense, http://archive.defense.gov/transcripts/transcript.aspx?transcriptid=5136, retrieved October 15, 2015.
[2] Barry Buzan and Lene Hansen, *The Evolution of International Security Studies*, New York: Cambridge University Press, 2009, p.217.

工具。

中美决策者的决策过程都是在一定的外部环境下,为了追求最大化的国家利益而进行的内部机制运作。外交决策最高的目标就是国家利益最大化,而最简单的也是最根本的国家利益就是国家生存、安全、发展和尊严。国家利益既是客观存在的,也是人们主观界定的。而决策者的话语选择就是主观界定国家利益的过程。但是中美决策者的话语也略有区别。某种程度上,美国的政出多门和中国的统一渠道形成了对比。比如在中美网络关系中,美国的军方、国防部、白宫等都有关于来自中国网络威胁的相关报道,同时这些报道也不一定完全相同,是有意无意地将各群体利益和观点公开化的过程。中国方面,决策者对"网络战"一词的利用相对谨慎,一般不轻易使用。中国官方相对统一的声音主要来自外交部和主要领导人的言论,因为中国的决策出台过程相对美国而言隐于幕后,其中中国共产党在决策中处于最核心的地位。

三、专家的网络战叙事动因

专家们的网络战叙事也有许多不同的利益动机。一方面,一些研究是为了知识的增长或者为了给国家提供真实的、无偏颇的见解和建议。像马丁·利比基和迈克尔·施密特进行的研究就比较中立,他们认真深入地分析了网络战争问题。另一方面,不少网络安全专家卷入了一场巨大的利益冲突中。网络威胁应对政策一旦通过,网络安全专家们实际上可能是首先获利的,因为其他公司和政府需要他们提供服务。2014 年,奥巴马的财政预算中网络相关经费增加到 130 亿美元,同时联邦 IT 预算总共累积达到

820亿美元①。在APT1报告发布后，曼迪昂特公司获得了10亿美元的商业项目，使其总收入相较上一年度增加了60%②。其他公司也从资源重组中获取了大量利益，甚至给政府提供网络武器的黑市交易也在兴起③。更令人担心的是决策者现在正自己建立网络安全公司，其中一些正在为美国最大的国防承包商做说客。例如，推动建立网络司令部的美国国防部前副部长威廉·林恩三世曾经是雷神（Raytheon）公司的说客。这个公司致力于提供军事通信、空军和导弹防御、雷达的电子系统以及网络安全和电子战解决方案。小布什政府的国土安全部长迈克尔·切尔托夫（Michael Chertoff）建立了自己的网络安全咨询公司"Certoff Group"。霍华德·施密特（Howard Schmidt）是2012年5月之前的奥巴马管理团队中的网络安全协调官，他和2005年前第一任美国国土安全部长汤姆·里奇（Tom Ridge）一起建立了一个网络安全咨询公司，名为"Ridge Schmidt Cyber LLC"④。正因为这些，专家丧失了他们的公信力，因为他们为了自己的利益散播了令人混淆的叙事，动

---

① Mohana Ravindranath, "Obama's Budget Proposal Would Increase Spending on Cybersecurity" (April 15, 2013), *The Washington Post*, https://www.washingtonpost.com/business/on-it/obamas-budget-proposal-would-increase-spending-on-cybersecurity/2013/04/14/218e71d6-a2b8-11e2-be47-b44febada3a8_story.html?utm_term=.991ea76679ec, retrieved December 21, 2015.

② Associated Press in Washington, "China Hacking Claims: Tech Firms Move to Front Line in U.S. Cyberwar" (February 21, 2013), *The Guardian*, https://www.theguardian.com/world/2013/feb/21/china-hacking-claims-tech-firms, retrieved December 20, 2015.

③ Lillian Ablon, Martin C. Libicki and Andrea A. Golay, *Markets for Cybercrime Tools and Stolen Data, Hackers' Bazaar*, 2014, RAND, http://www.rand.org/content/dam/rand/pubs/research_reports/RR600/RR610/RAND_RR610.pdf, retrieved April 30, 2015.

④ "Tom Ridge, Howard Schmidt Launch New Cybersecurity Executive Services Firm" (March 6, 2013), PR Newswire, https://www.prnewswire.com/news-releases/tom-ridge-howard-schmidt-launch-new-cybersecurity-executive-services-firm-195497671.html, retrieved December 21, 2015.

机是制造威胁以让别人更加依赖他们的服务和保护。这些网络战叙事所暗示的方向某种程度上是他们个人利益的动机使然,因此越来越难分辨谁是真正的政策顾问,而谁是利益推销人员。

中美学者专家们在外交决策中的地位与作用也略有区别。美国的学者专家们在美国的政治外交决策中处于重要地位有两方面原因。第一是美国的旋转门。通过"旋转门",美国的智库(包括一些高校)不但为下届政府培养人才,使得"在野"者的知识有"入朝"转化为权力的可能性,也为前任政府官员提供了一个休养生息、再次入朝的机会和平台。正是"旋转门"所形成的政府与智库之间的人际传播网络和巨大的政策影响力赋予了智库特殊的外交地位和角色,有时会成为在幕后推动双边关系的"助推器"。美国的智库有一定的独立性,其独立性包括思想的独立、资金的独立和政治的独立。所谓思想的独立是指智库专家们研究的独立性,学者以开放的思维进行研究,并通过对事实的客观分析获得结论。资金独立性指资金来源大都保持尽可能的多元化,包括大量公共和私人的资助方。政治的独立是指美国智库往往独立于政党政治之外,在研究过程中遵循客观、独立原则。虽然某些智库的研究带有一定的政治倾向性,但大多数美国智库都力求自己的研究成果不受任何党派和意识形态的影响。第二是美国的游说政治。在美国的政治运行图谱里,行政、立法、司法三权分立,似乎各司其职,互不干涉;但选举政治的内核实质,其实是各个利益集团之间定期的实力对决和利益重组。随着游说活动专业化、职业化、信息化程度的不断提高,游说行业也从过去半遮半掩、含含糊糊的灰色地带,一跃成为公众瞩目、不可或缺的高级政府公关门类。游说活动取决于财力、人力和智力。其中智力则主要依赖于学者专家们的贡献。也就是说,尽管美国的学者专家的观点尽量保持独立性,但是如前面案例所指出的,也难免与某利益集团有千丝万缕的利益相关性。

中国的智库与美国智库在运作、成果产出等方面既具有共性,又具有自己的鲜明个性和特色。从共性而言,智库服务决策的属性决定了智库的独立性是相对的,世界上不存在所谓的完全和绝对独立的智库。中美智库对政府的批评都有底线和原则,即在宪法和法律的框架之内。从区别来看,中国与西方的文化和社会体制不一样,但批评的武器都在同样运用,只不过是批评的形式和方式有差别。相较美国智库观点的公开化,中国智库批评政府主要通过内部渠道,而不是在媒体公开表达。此外,中美智库在资金来源和管理方面有所差别。美国政府提供免税政策和资金,一般不具体干预智库管理事务;中国政府为智库制定了系列标准,因而中国智库相对缺乏活力。

总而言之,话语是影响中美网络政治的重要变量。以网络战叙事为例,媒体、决策者和专家是最有代表性的产生网络战叙事的主体,同时也是对社会大众以及外交决策最能产生影响力的主体。媒体报道对于网络战争一般采取三种叙事方式,分别强调来自外来主体的威胁、关注网络武器和网络灾难以及少数声称网络战争还没有发生。对于决策者而言,网络战显然是一个国家安全问题,尽管不是所有决策者喜欢用"网络战"这个具有争论的术语。专家们对网络战的分析有很多视角,如战略学、国际关系、国际法及跨学科分析等,不同背景的专家和学者对网络战这个概念则有不同的理解。

虽然不同主体的网络战叙事的动因都是对于国家和社会安全的担心的不同程度表达,但是各叙事主体拥有他们各自的利益。例如,大众传媒的经济利益,决策者的政策优先次序,专家们的独立性和背后的利益瓜葛,等等。相比而言,大众传媒、决策者和学者专家在中美外交决策体系中的地位和作用略有区别。

　　基于不同的利益动机,媒体、决策者和专家这三个主体有着不同的网络战叙事。为了避免错误的网络战相关决策,三者需要加强沟通。专家们在避免国家间误解和一些问题的升级方面起着非常重要的指引角色。大多数关于网络战争的谜团只因为缺乏对于特定技术细节的理解才产生,正如乐尼·汉森(Lene Hansen)和海伦·尼森巴奥(Helen Nissenbaum)所指出的,"网络安全的技术性要求国际关系专家对于主流技术方法和问题有一定的熟悉度"[①]。首先,国际关系专家和网络安全专家应充分交流与合作,以避免思维定势、思想偏见和意见混淆;其次,决策者也需要对问题有更深入的理解,对传播关于外来威胁、灾难恐怖和双重标准的叙事进行风险评估;最后,将这些网络战叙事带到成千上万的受众面前的媒体,则应注意他们的叙事方式和风格,因为他们的选择很有可能会对世界造成未知结果的长期影响。

[①] Lene Hansen and Helen Nissenbaum, "Digital Disaster, Cyber Security and the Copenhagen School", *International Studies Quarterly*, 2009, No.53, p.1172.

第八章
网络政治分析的信任视角：
中美网络空间的战略互信

战略互信问题是影响中美关系中的网络政治的重要变量。随着网络问题在中美关系中的甚嚣尘上，各种有关中美网络问题研究的报告和文章屡见报端和杂志。学者和专家们除了分析和指出中美网络争端的内涵和实质外，也不乏提出各种改善网络空间的中美关系的建议，而其中最频繁提及的则是中美应该建立网络空间的战略互信。然而，何为网络空间的战略互信？中美目前网络空间的战略互信现状如何？关键议题有哪些？影响因素和背后原因又有哪些？如果没有对这些问题进行认真思考，仅仅简单地建议增强网络空间的战略互信恐怕是徒劳的。因此，本章拟从网络空间领域的战略互信问题入手，探讨上述问题的答案。

第一节 网络空间战略互信概述

网络空间战略互信多次被中美双方提及。2012年3月，美国布鲁金斯学会李侃如（Kenneth Lieberthal）教授和王缉思在其合作的著名报告《中美战略互疑:解析与应对》中专门提到了网络安全问题对中美战略互信的影响①。美国国务院副国务卿罗伯特·霍马茨(Robert Hormats)在2013年4月9日第六届中美互联网论坛的开幕式上称,华盛顿相信源自中国的网络侵入和窃取行为已达到"严重高度",但中美可以协力推进的诸多共同利益都期待我们更深的合作和更多的互信②。中国国务院新闻办公室、国家互联网信息办公室副主任钱小芊在此开幕式上也提出三点建议,首条即是"增进两国间维护网络安全的战略互信"③。

战略互信是国家和国家之间或国家与国际组织等主要非国家行为体间为了减少因对彼此战略意图、战略能力和重要行为产生的错误判断,降低双方在重大利益上的冲突风险,而在双边关系关键领域采取的共同持久努力以及由此形成的关于对方的积极预期④。中美网络空间的战略互信则是一种基于彼此在网络空间战略利益的计算基础上对相互的网络空间行为和意图的正向估计,从而采取对客观可能存在的不确定性和风险忽略的主观判断和心理态度。战略互信,并不是信任主体间不存在任何现实利益冲突,而是各主体能够客观认识和理性对待相互间的矛盾与分歧,从而为最终解决问题提供一种能够共同接受的前提。从本质上讲,战略互信是一种"非零和博弈",是一种基于相互妥协和相互礼让的

---

① Kenneth Lieberthal and Wang Jisi, *Addressing U.S.-China Strategic Distrust*, John L. Thornton China Center Monograph Series, No.4, March 2012, available at https://www.brookings.edu/wp-content/uploads/2016/06/0330_china_lieberthal.pdf.
② Robert D. Hormats, "Keynote Address at U.S.-China Internet Industry Forum" (April 9, 2013), HighBeam Research, https://www.highbeam.com/doc/1G1-326304669.html, retrieved March 26, 2016.
③ 钱小芊:《加强对话增进互信,共同应对网络安全挑战》,《信息安全与通信保密》2013年第5期,第2—3页。
④ 刘庆:《"战略互信"概念辨析》,《国际论坛》2008年第1期,第42页。

行为准则和程序安排,是一种特殊的国际合作方式。

网络空间战略互信的范畴与传统国家间信任的分野有所不同。中美网络空间战略互信从属于中美整体战略互信,然而又有其自身的独特性。在实践中,传统国家间信任往往被划分为政治、军事、社会等不同领域。而网络空间的战略信任则横跨所有这些领域,是对于所有网络空间相关问题上的相互认知,既有网络民族主义和网络审查等政治问题,也有网络战等军事和安全问题,还有网络犯罪等社会问题。

网络空间已经成为中美战略互疑和相互揭丑不断升级的一个敏感领域,网络问题相应成为中美关系中的一个棘手问题。在美中构建起来的关系网中,没有什么问题像网络安全一样,在极短时间内出现,具有如此重大的意义,又引发如此大的摩擦①。然而,中美各自对网络空间的日渐依赖又使之成为一个不可回避的问题。中美之间有广泛的共同利益需求,但最根本的利益莫过于中美之间长期交往的不可选择性。美国经济史学家尼尔·弗格森(Niall Ferguson)甚至曾把"China"和"America"合并出"Chimerica"这个英语新词,即"中美国"用来描绘中美双边依赖、不可分割的状况②。而网络问题的热炒和相互质疑,使中美关系某种程度上正面临着网络空间战略互信的缺失,这将进一步影响双方对彼此长期意图的整体判断。

---

① Kenneth G. Lieberthal and Peter W. Singer, *Cybersecurity and U.S.-China Relations*, February 23, 2012, Brookings Institution, available at https://www.brookings.edu/wp-content/uploads/2016/06/0223_cybersecurity_china_us_lieberthal_singer_pdf_english.pdf.
② 参见"中美国(Chimerica)"来源解释,Wikipedia, https://en.wikipedia.org/wiki/Chimerica, retrieved March 3, 2016。

第二节　中美网络空间战略互信的现状与表现

根据信任强度，战略互信主要有三种表现形式，即高度信任、中度信任和低度信任[①]。在不同的国家关系中，中美之间归属于低度信任。在中美关系的不同领域中，互信程度也不同[②]。相对于经济政治军事等领域，中美在网络空间的战略互信又可以被认为是目前互信程度最低的领域。用李侃如的话说，网络空间已成为当前中美关系中相互敌对意识最强的一个领域[③]。中美双方都对彼此的网络空间行为和政策存在着极大的疑虑和担忧，严重影响了双方在网络空间的战略互信。而对这些疑虑和担忧的梳理将有助于我们认清中美网络空间战略互信的现状。

诚然，中美在网络空间并不是没有互信的交叉点。中美在网络空间的共同利益与面临的共同威胁是中美网络空间互信的基础。健康有序的网络空间符合所有国家的利益。而网络犯罪、信息安全问题等挑战也需要全世界各国政府联合行动始有望解决。因此，在一些操作性功能层面，如网络犯罪预防、信息技术合作与分享等方面中美已经初步迈开了互信与合作的步伐。在应对网络犯罪方面，中美已开始一系列国际合作举措，如成立中美执法合作

[①] 巴内和哈森将建立信任措施分为低度信任、中度信任和高度信任。具体可参见Jay B. Barney and Mark H. Hansen, "Trust worthiness as A Source of Competitive Advantage Strategic", *Strategic Management Journal*, 1994, Vol. 15, pp. 175-190.

[②] 有学者认为，中美战略互信的现状是：政治领域中美战略互信不足，经济领域形成基本互信，军事领域中美缺乏互信。李泽实：《后金融危机时代中美战略互信探讨》，《特区经济》2011年12月，第105页。

[③] Kenneth Lieberthal and Wang Jisi, *Addressing U.S.-China Strategic Distrust*, John L. Thornton China Center Monograph Series, No. 4, March 2012, p. 47, available at https://www.brookings.edu/wp-content/uploads/2016/06/0330_china_lieberthal.pdf.

联合联络小组。中美互联网业界也早已设立一些定期交流与合作机制,如"中美互联网论坛"。尽管如此,我们不得不承认,在战略层面,中美网络空间的相互认知状态仍是疑虑多于互信。

一、美国如何看中国

美国对中国网络空间的关注是多角度多方面的。2012年3月,诺斯罗普·格鲁曼公司(Northrop Grumman Corp)在受美中经济与安全评估委员会的委托撰写关于中国网络能力评估的报告时,明确提到了美国政府的委托关注点[①]:一是中国网络战战略的发展状态,哪些军方机构和个人在参与网络战概念及战略的推行;二是中国针对美国的网络间谍和情报收集的行为和能力的新发展;三是中国对美国的网络攻击对美国在西太平洋地区及美国本土的军事存在的潜在含义;四是中国网络行为(computer network operations, CNO)和网络利用(computer network exploitation, CNE)的主要参与者、相互机构关系和政府背景;五是中国最有影响力的电信和网络相关研究机构、公司、团体的研究兴趣、活动以及其与军方和政府的关联评估;六是中国一般网络犯罪和政府发起的行动的比较和评估;七是中美网络安全公司的合作对美国的网络安全可能带来的威胁和脆弱性评估。由此可见,美国不仅关注中国当前的网络空间能力,还对相关的研究和后续发展感兴趣;不仅关心中国网络能力的实际应用,还关注其背后的战略概念和理论;不仅关心中国军事层面的网络战能力,还关心经济层面和社会层面的网络能力对美国的可能影响。

---

① The U.S.-China Economic and Security Review Commission, *Occupying the Information High Ground: Chinese Capabilities for Computer Network Operations and Cyber Espionage*, March 8, 2012.

总体而言,影响中美网络空间战略互信的美国方面认知主要在于如下几点。

(一) 认为中国政府主导了针对美国的有组织有预谋的网络攻击

这一点是影响中美网络空间战略互信的重要美方认知。21世纪头十年,美国有关"中国黑客攻击"的报道只是零星出现,如今却连篇累牍。以前的报道只是提及"来自中国的黑客",现在的报道则直截了当地称,这些网络攻击是得到"国家支持"或"军方支持"的黑客行为。官方的报道如美中经济与安全评估委员会的《中国计算机网络行动和网络间谍能力报告》(2012年3月7日发布,其中特意对网络犯罪和国家发起的网络攻击进行了所谓的"比较");民间的如曼迪昂特(Mandiant)公司的报告(2013年2月19日发布,报告称"与中国军方有关的黑客"多次攻击美国网站)、美国威瑞森(Verizon)公司的《数据窃取调查年度报告》(2013年4月23日发布,称中国是"世界范围内与政府相关的知识产权网络窃取案的主角")等。奥巴马在2013年3月也在一次会议上称,影响美国企业和基础设施的网络威胁在增加,其中一些是"由国家资助的"[1]。2013年5月6日,美国国防部则首次在其呈交国会的年度中国军力报告中点名指控中国政府和军方在幕后策划了针对美国的网络攻击,称世界各地在2012年发生的电脑网络系统入侵事件中,有迹象显示其中一些攻击直接来自中国政府和军方[2]。

---

[1] "Obama: Some Chinese Cyber Attacks Are 'State Sponsored'" (March 13, 2013), Infowars, http://www.infowars.com/obama-some-chinese-cyber-attacks-are-state-sponsored/, retrieved March 24, 2016.
[2] Office of the Secretary of Defense, *Annual Report to Congress: Military and Security Developments Involving the People's Republic of China* 2013, May 6, 2013.

媒体报道和个人言论就更是铺天盖地、不胜枚举了。

美国这一关于中国"政府主导"的预谋的网络攻击的认知存在两个质疑点。一是网络攻击来源的难以确定性。网络黑客攻击是全球性问题，具有匿名性、跨国性和欺骗性。网络空间的开放性使任何人任何组织都可能成为攻击源，而且网络攻击既可以从自己所在国家发起，也可以从另一国发起。即使是以 IP 地址或以追踪到的所谓攻击源的 IP 地址来准确界定攻击来自何方和攻击者是谁，都不一定可靠和可信①。盗用 IP 地址进行黑客攻击几乎每天都在发生，是网上常见做法。而且，调查显示，攻破九成以上美国企业网络只需最基本的黑客技术②。

二是政府和民间来源的难以区别性。《中国计算机网络行动和网络间谍能力报告》指出，有组织的网络犯罪和国家发起的网络行为多数情况下都是在相同的环境下行动，所针对的也是类似的目标群。在难以鉴别的情况下，该报告认为，网络犯罪行为一般不会盯住同一目标，而是具有行动的随机性。而国家发起的网络行为一般都是针对那些在地下网络犯罪市场无法进行货币化衡量的目标和数据，因为网络犯罪一般对国防信息、军事数据、政府政策分析文件等不太关注③。美国威瑞森公司发表的《数据窃取调查年度报告》中则称，"由于入侵案例较多，中国的网络入侵行为容易

---

① 温宪：《中美三维学者谈美国渲染"中国网络攻击"：中美应称为互联网安全的伙伴》，《环球时报》，2013 年 4 月 2 日，第 7 版。
② James Andrew Lewis, "Five Myths about Chinese Hackers" (March 22, 2013), *The Washington Post*, http://articles.washingtonpost.com/2013-03-22/opinions/37923854_1_chinese-hackers-cyberattacks-cold-war, retrieved May 2, 2016.
③ The U.S.-China Economic and Security Review Commission, *Occupying the Information High Ground: Chinese Capabilities for Computer Network Operations and Cyber Espionage*, March 8, 2012.

被识别,因为固定的黑客群体使用的战术都是相似的"①。由此可以看出,美国对攻击来源的分析往往并不是根据实际的技术数据分析,而多数是根据被攻击的内容对象和所谓战术的主观判断。这就带有非常大的片面性和偏见性,甚至有将重要网络攻击都归于政府发起行为的趋向,很大程度上破坏了中美战略互信的基础。

(二)认为中国政府支持盗取知识产权的网络间谍行为

美国最近强化的第二点认知是认为中国政府对盗取美国知识产权等网络间谍行为的支持。《中国计算机网络行动和网络间谍能力报告》指出,中国政府发起的专业情报收集对象不仅仅包括一国的敏感国家安全和政策制定信息,而且越来越多地趋向于收集各种经济信息和商业秘密,以帮助外国商业竞争者打败美国同行。

美国曼迪昂特公司报告宣称,中国军方一支名为"61398"的部队在2013年之前的7年中攻击了141个美国机构②。美国威瑞森公司的《数据窃取调查年度报告》称对2012年被报道的4.7万例网络攻击事件进行分析发现,其中621起为完全数据入侵,完全数据入侵中的3/4是"经济利益驱使",1/5为"政府关联"。而中国则是"世界范围内与政府相关的知识产权网络窃取案的主角"③。这些可能有背后经济利益驱使的报告大大破坏了中美网络空间的

---

① Verizon (Enterprise), *2013 Data Breach Investigations Report*, April 23, 2013, Verizon Enterprise website, https://www.verizonenterprise.com/resources/reports/rp_data-breach-investigations-report-2013_en_xg.pdf, retrieved May 3, 2017.
② Mandiant, *Mandiant Intelligence Center Report APT1: Exposing One of China's Cyber Espionage Units*, April 3, 2014, National Cyberwatch Center, https://www.nationalcyberwatch.org/resource/apt1-exposing-one-of-chinas-cyber-espionage-units-2/, retrieved March 2, 2017.
③ Verizon (Enterprise), *2013 Data Breach Investigations Report*, April 23, 2013, Verizon Enterprise website, https://www.verizonenterprise.com/resources/reports/rp_data-breach-investigations-report-2013_en_xg.pdf, retrieved May 3, 2017.

战略互信。

还有专家从制度因素和动机因素对这一观点加以所谓的理论分析支撑。制度因素方面,认为在美国,军事间谍是英雄,经济间谍是罪犯,两者存在着显著区别,但是在中国这两者之间的界限并不明显。所以,美国应该让这个界限变得更明确,并说服中国不要跨越界限①。事实上,在中国,这种经济间谍也是不被允许的②。动机因素方面,美前高官认为创新和研发恰恰是美国的两个长项,而"对中国人来说,窃取创新成果和知识产权比投入成本和实践来自我创新的效率要高得多"③。这些不负责任的主观推断是破坏中美网络空间战略互信的导火索。

(三)认为中国日渐发展的网络空间能力会威胁高度依赖网络的美国

美国这种担心基于两方面,一是中国网络空间能力的后发优势,二是美国对网络的高度依赖以及相伴的脆弱性。皮尤研究中心在研究报告《第三代互联网的未来》中提到,由于中国的网络设施发展晚于美国,所以它更可能实现跳跃式发展④。同时,相比于其他物理空间,美国在网络空间具有更大的脆弱性,两洋屏障在网

---

① James Andrew Lewis, "Five Myths about Chinese Hackers" (March 22, 2013), *The Washington Post*, http://articles.washingtonpost.com/2013-03-22/opinions/37923854_1_chinese-hackers-cyberattacks-cold-war, retrieved May 2, 2016.
② Andrew Browne, "China: Cyberattacks Are Like Nuclear Bombs" (April 22, 2013), *The Wall Street Journal*, http://online.wsj.com/article/SB10001424127887323551004578438842382520654.html, retrieved May 3, 2016.
③ Mike Mcconnell, Michael Chertoff and William Lynn, "China's Cyber Thievery Is National Policy—And Must Be Challenged" (January 27, 2012), *The Wall Street Journal*, http://online.wsj.com/article/SB10001424052970203718504577178832338032176.html, retrieved May 2, 2016.
④ Lee Rainie and Janna Anderson, *The Future of the Internet III*, December 14, 2008, Pew Research Center, http://www.pewinternet.org/Reports/2008/The-Future-of-the-Internet-III/, retrieved May 2, 2016.

络空间不再有效。

美国的担心体现在很多正式和非正式的报告或发言中,尤其是对中国网络战能力的担忧。美国担心其日益依赖的信息系统在为其带来不对称优势的同时也可能成为美国的"阿喀琉斯之踵",担心中国会利用这种不对称优势弥补与美国的军事实力差距[1]。例如,美中经济与安全评估委员会发布的报告《中国计算机网络行动和网络间谍能力报告》正标题就是"占据信息高地"(Occupying the Information High Ground)。报告认为,中国的网络战能力已经具备了对美军构成真正威胁的能力。

中国这些年来见证了网络的飞速发展,但是距离赶超美国应该说还有很大的距离。确切的说法应该是中美目前在网络空间各具优势。美国拥有最多的网络资源,如 IP 地址数量、网络带宽、数据库等。而中国拥有最大的网民群体,截至 2017 年 12 月,我国网民规模达 7.72 亿人,普及率达到 55.8%[2]。然而,中国的网络空间能力在短期内也不可能超过美国,很多相关技术的研发非一日之功。而且美国目前在网络空间依然拥有最后的裁决权。作为互联网的发源地,美国拥有包括 IP 地址分配等诸多源头服务的控制权。这些都是中国目前无法逾越的屏障。

(四)认为中国老百姓都想突破中国政府的网上管控

美国政府倡导所谓的"网络自由",并欲将之向全世界推广。大多数美国人和美国政要几乎都想当然地认为中国政府的严格网

---

[1] Jason Fritz, "How China Will Use Cyber Warfare to Leapfrog in Military Competitiveness", *Culture Mandala: The Bulletin of the Centre for East-West Cultural and Economic Studies*, 2008, Vol.8, No.1, Article 2, pp.28-80.
[2] 中国互联网络信息中心:《第 41 次中国互联网络发展状况统计报告》(2018 年 1 月 31 日),中国互联网络信息中心网站,http://www.cnnic.net/hlwfzyj/hlwxzbg/hlwtjbg/201803/P020180305409870339136.pdf,最后浏览日期:2018 年 2 月 21 日。

上管控陷老百姓于痛苦和不快之中。美国观察家和人权组织频频对中国的严格网络管控进行批评,并纷纷免费提供各种"翻墙"技术。而美国政府更是这些"翻墙"软件和"影子网络"等技术的主要资助者。2011年年初,美国国务院曾宣布投入2 500万美元,以开发技术工具,使所谓网上活跃分子、不同政见者,以及一般公众能够绕过网络审查[1]。

然而,来自美国权威调查机构皮尤研究中心专家的报告则显示,大多数中国人对来自政府的网络管控表示赞同。2000年到2007年的调查数据表明,平均有80%的受访中国人都认为政府应该对网络加以管控,2007年单年该数据则为85%。更有意思的是,关于网络上的政治信息,2005年有8%的受访者认为应该加以管控,2007年这一数据竟然上升至41%[2]。而对管控的主体,大多数人的选择次序都首先是政府,然后才是网络公司,最后是父母、学校等。应该说,受访对象还是有比较广泛的代表性的,其中既有网民,也有非网民。大多数人认为网络环境中,网络内容的可信度越来越低,但是他们对政府网站内容的信任度始终高居不下。

(五)认为中国政府说的和做的不一致,担心中国的战略意图不明确

这是影响中美网络空间战略互信的最糟糕的主观认识。这是

---

[1] Hillary Rodham Clinton, "Internet Rights and Wrongs: Choices & Challenges in a Networked World"(February 15, 2011), U.S. Department of State, https://2009-2017. state. gov/secretary/20092013clinton/rm/2011/02/156619. htm, retrieved June 2, 2017.

[2] Deborah Fallows, "Most Chinese Say They Approve of Government Internet Control"(March 27, 2008), Pew Research Center, http://www.pewinternet.org/~/media/Files/Reports/2008/PIP_China_Internet_2008.pdf.pdf, retrieved May 5, 2017.

因为前几年中国在应对来自美国的各种网络指控时的话语贫乏与缺失。中国面对美国所谓的中国政府主导的黑客行为指控时，所体现出来的基本是一种被动的固定回答模式，即强调中国也是此类行为的受害者。而这些往往被美方认为是其"逃避罪责的无力辩护"①。

2013年起，中国政府在应对网络攻击指控时基调稍有转变。曼迪昂特报告发布后，中国政府在否认中国军队支持任何黑客行为的同时，也强调了针对中国军队接入国际互联网用户终端的境外攻击中有相当数量攻击源来自美国。事实上，美国专家也承认，中国确实也是网络战争受害者②。

战略误判很大程度上源于信息不对称，而信息不对称既源于对方的思维定式不易改变，也在于己方不善于推销自己的东西。美国的网络空间战略是以各种总统令、通告、行政令和战略文件为基础，实现了国家对网络空间强有力的宏观调控；中国虽然发布了多个网络空间相关的规范性文件，如《网络安全法》《国家网络空间安全战略》《网络空间国际合作战略》以及配套的许多具体相关政策，但是国际社会依然对中国的言行是否一致存在一定疑问，特别是对网络空间命运共同体和网络主权的质疑。

二、中国如何看美国

起源于美国的互联网为中国带来了巨大的社会和经济的进步，全世界也因为互联网的发明变成了真正的"地球村"。但在中美关系的当前形势背景下，中国对美国的认知也是影响中美

---

① Jason Healey, "China Is a Cyber Victim Too" (April 16, 2013), *Foreign Policy*, http://www.foreignpolicy.com/articles/2013/04/16/china_is_a_cyberwar_victim_too, retrieved May 5, 2016.
② Ibid.

网络空间战略互信的重要因素。中国对美国的认知主要包括如下几点。

(一) 认为美国试图通过网络手段影响中国社会政治发展,破坏中国政治稳定,甚至颠覆中国政府

从网络本身的性质来看,其为以美国为首的西方国家向世界全方位、全天候地推销其意识形态、政治制度模式和价值标准提供了新的载体和渠道,使社会主义国家的政治制度和政治稳定受到了威胁,因为互联网自由开放性和离散性的特点相当程度上加大了政府管理与控制的难度,为境内外敌对势力和敌对分子进行颠覆破坏活动提供了客观条件与便利。

美国官员曾公开宣称,将互联网作为颠覆他国政权的重要手段,鼓励他国反政府势力利用美国互联网企业从事颠覆活动。美国防部前部长罗伯特·盖茨(Robert Gates)认为社交媒体正发挥着类似于冷战时期前苏联国内地下出版物的重要作用,"这些通讯工具所提供的通信自由,对美国而言,是巨大的战略资产",因为"这些新科技让独裁政府难以控制信息"①。盖茨还要求国防部充分利用社交媒体等工具,去接触全世界,特别是年轻人。前美国驻华大使洪博培(Joe Hutsman)在其竞选共和党候选人辩论时也曾宣称要利用美国政府在中国内部的内应、网民和年轻人搞垮中国。

在具体行动上,美国还从资金和技术上对各国异议分子进行支持。据称,国务院计划斥资 7 000 万美元,设立"影子"互联网和手机通信网络,协助中国、伊朗、叙利亚、利比亚等所谓反对派国家

---

① Cath Riley, "Social Networks as Foreign Policy", *The New York Times*, December 13, 2009.

与外界通信,避开本国政府监控或封锁网络①。美国国家民主基金会(National Endowment of Democracy,NED)是美国最大的"美分党"组织②。NED 每年都会资助分布于全球各地的"向往民主"的组织,而这些组织往往是所在国的颠覆势力和分裂势力,如臭名昭著的中国疆独(世维会)、藏独(藏青会),以及一些大陆颠覆组织和人员。

(二)认为美国借网络安全和国家安全之名在经贸层面打压中国

在中国看来,美国不仅利用网络试图影响中国的政治稳定和安全,而且试图以网络安全和国家安全等理由对中国的经济进行打压,具体手段包括出口管制、进口采购限制、市场开放限制等。以国家安全为借口的实质是在美中贸易失衡和中美力量消长的大背景下,美国为了保持其绝对优势、延缓中国获取相应能力的对策之一,同时也是为了回避自身竞争力有所下降的国内压力的反应之一。

美国对中国进行的技术出口管制早在中华人民共和国成立时就开始了。而进口采购限制的一个案例是美国国会通过并由奥巴马在 2013 年 3 月 26 日签署的一项名为"2013 年合并与进一步持续拨款法案",该法案第 516 条规定③,美国商务部、司法部、国家

---

① Sean Hollister, "US Funds Shadow Networks, Builds 'Internet in a Suitcase' for Repressed Protesters" (June 12, 2011), Engadget, http://www.engadget.com/2011/06/12/us-funds-shadow-networks-builds-internet-in-a-suitcase-for-re/, retrieved May 3, 2016.
② "美分党"是爱国人士对境外敌对人士或其支持者的称呼。现在特指美国等西方阵营的政府反华宣传机构,或者直接间接地受到其反华基金的资助的反华团体或者个人,以及一些不明真相的盲目跟风的网民。
③ The 113th Congress, *Public Law 113-6: Consolidated and Further Continuing Appropriations Act 2013*, March 26, 2013.

宇航局和国家科学基金会不得利用任何拨款采购由中国拥有、管理或资助的一个或多个机构所生产、制造或组装的信息技术系统。究其真正原因，近年来华为、中兴等中国企业的兴起，令美国同类企业如思科等感受到了竞争压力。当技术、专利等商业理由都挡不住中国人，并很可能触犯WTO非歧视性条款的情况下，国家安全就成了最好的阻挠来自中国的信息技术公司进入美国市场的贸易保护借口。

市场开放限制的案例代表则是华为在美国的收购受阻事件。根据一些相关评估，美国政府认为中国信息技术公司和美国网络安全公司的合作将给美国国家安全带来威胁。针对华为2011年提出的收购赛门铁克股权的方案，美方认为，此类合作不仅对美国的知识产权构成了威胁，而且将对美国的国家长远竞争力形成影响。中美在网络技术上的研发合作可能会造成美国IP地址遭窃，使中国人能够利用网络信任关系进入美国目标IP地址。这些考虑使华为收购案最后在国会以国家安全的理由被拦下。华为事件不仅对华为公司本身形成了商业发展阻力，更重要的是大大打击了更多的可能与美国网络公司有合作的中国企业的信心，以及中国对美国的战略信任。

（三）认为美国将中国刻意塑造成网络空间敌人

在网络空间方面，美国力图将中国塑造成双重敌人：一是从网络安全角度将中国塑造成美国在网络空间的敌人；二是从网络自由角度将中国塑造成整个网络空间的敌人。

美国从网络安全角度强调中国对美国的威胁，通过前述各种官方和非官方报告、言论、媒体文章等将中国塑造成自己的敌人，甚至以中国为"假想敌"进行网络战演习。在人民币汇率、贸易争端等老话题炒作已逐渐失去新意和冲击力的情况下，信息技术和网络安全成为新的"中国威胁论"的话题增长点。

美国更强的一招是从网络自由角度将中国塑造成整个网络空间的敌人。不仅政界人士如希拉里在演讲中批评中国的互联网自由①,商界人士如谷歌创始人也有类似言论②。事实上,中国对互联网的审查和管制已经被世界上其他许多国家认为是必要的并被效仿。就是美国自己,虽然对外提倡跨国界的自由网络进入,对内也是有自由限度的。

(四)认为美国占据了网络空间总体实力的优势地位

虽然这些年来见证了互联网在中国各个领域的迅速膨胀和发展,但是中国依然深深担忧自身的网络能力,认为美国占据了网络空间总体实力的优势地位,特别是网络攻击能力和网络空间治理的国际机制两个方面。

尽管美国的网络空间依赖度和防御能力被认为扯了其综合得分的后腿,但是美国的网络攻击能力依然排名第一③。根据解密的一份美国国家安全局文件,美国早在克林顿时期就开始了网络战研究④。而美国国家安全局所属秘密机构"定制人口组织"(Office of Tailored Access Operations,TAO)则被爆网袭中国 15 年⑤。

---

① Hillary Rodham Clinton, "Internet Rights and Wrongs: Choices & Challenges in a Networked World" (February 15, 2011), U.S. Department of State, https://2009-2017.state.gov/secretary/20092013clinton/rm/2011/02/156619.htm, retrieved June 2, 2017.
② Damon Poeter, "Google's Brin Bashes Hollywood, China, Facebook as Enemies of Internet Freedom" (April 15, 2012), PC Magazine, http://www.pcmag.com/article2/0,2817,2403063,00.asp, retrieved May 4, 2017.
③ 袁艺:《美打造网盾为网络战铺路》,《环球时报》,2013 年 4 月 22 日,第 14 版。
④ Jeffrey T. Richelson and Malcolm Byrne, "When American Became a Cyberwarior" (April 26, 2013), Foreign Policy, http://www.foreignpolicy.com/articles/2013/04/26/when_america_became_a_cyberwarrior_nsa_declassified, retrieved May 4, 2017.
⑤ Matthew M. Aid, "Inside the NSA's Ultra-Secret China Hacking Group" (June 10, 2013), Foreign Policy, http://www.foreignpolicy.com/articles/2013/06/10/inside_the_nsa_s_ultra_secret_china_hacking_group, retrieved May 4, 2017.

在网络空间治理的国际机制方面,中国认为中美之间存在着与生俱来的不平等。美国目前在网络空间依然拥有最后的裁决权。作为互联网的发源地,美国拥有包括 IP 地址分配等诸多源头服务的控制权和规则制定权。互联网的主根服务器在美国,而其余 12 台辅根服务器分别位于美国、日本、英国和瑞典,中国无法直接参与管理。同时,虽然中国这几年网络空间扩展很快(包括网民数量、网站、自己的搜索引擎等),但中国目前事实上所用的系统软硬件都还是依赖美国。据称,美国国家安全局有能力偷窥 54% 的来自亚洲但途经美国的网络通信①。而且,不排除发生极端情况下中国的顶级域名被中止的可能。因此,这些不平等使中国认为自身在网络空间竞争中面临着不可逾越的制度障碍。

(五) 认为美国以霸权思维试图控制网络空间

在中国看来,美国在网络空间的霸权思维体现在如下几个方面。

首先是在理论上提出"网络威慑"理论。早在 2009 年,兰德公司就表示网络战是信息时代的核武器,其威慑程度甚至远远超过原子弹②,这样判断的理由如下。一是网络战威慑范围更大。相比摧毁范围有限的核武器,一次网络攻击理论上可以瘫痪一个国家,甚至整个世界。二是网络战威慑效果更强。网络战不仅可以在网络空间制造混乱,也可以通过网络行动攻击实体空间,而且其匿名性也将使威慑报复陷入混乱。三是网络战

---

① John Markoff, "Internet Traffic Begins to Bypass the U.S." (August 29, 2008), *The New York Times*, https://www.nytimes.com/2008/08/30/business/30pipes.html, retrieved June 3, 2016.
② Martin C. Libicki, *Cyberdeterence and Cyberwar*, 2009, RAND, http://www.rand.org/content/dam/rand/pubs/monographs/2009/RAND_MG877.pdf, retrieved August 8, 2017.

威慑的速度更快。一个网络天才瞬间即可发动一场致命的网络攻击。四是网络战威慑方式更多。对一个国家政权来说,网络战不仅可以实施攻击瘫痪其民生基础,而且能通过思想殖民颠覆其国体政体①。

其次是在行动上对网络战能力的提前建设。美国占据的很多个"第一"或许能够说明问题:美国是第一个提出将网络空间作为战场的国家;美国是第一个建立网军和网络司令部的国家;美国是第一个推行网络实战的国家。2017 年 8 月,特朗普宣布将网络司令部升级为与战略司令部同级的联合作战司令部。

最后是在政策和标准上捷足先登,抢占山头。2011 年 5 月美国发布《网络空间国际战略》,其内容与目标已从美国自身的网络空间范围扩展到全球网络空间。同时,作为互联网的源起国,美国不但主宰了网络空间技术标准,而且也一直把握着网络空间的控制权,如对互联网名称与数字地址分配机构(ICANN)的实质控制权。虽然 2016 年美国商务部移交了 ICANN 的直接监控权,但是 ICANN 作为注册在美国的非营利机构仍不失为美国施加主导影响权的工具,而且美国多次明确反对建立网络空间国际规则。在 2012 年 12 月的国际电信联盟大会上,美国拒绝接受国际电信联盟最新条约中有关互联网的哪怕是温和的表述,并游说几十个国家拒绝签署条约②。也就是说,美国拒绝认可即便只是象征意义上对全球网络的监管。

---

① 秦安:《以我为敌,美网络战略误判很严重》,《环球时报》,2013 年 4 月 13 日,第 7 版。
② Eric Pfanner, "U.S. Rejects Telecommunications Treaty" (December 13, 2012), *The New York Times*, http://www.nytimes.com/2012/12/14/technology/14iht-treaty14.html, retrieved May 25, 2016.

第三节　中美网络空间战略互信缺失的原因分析

中美上述认知说明了网络空间战略互信的严重缺乏,某种程度上已经是战略互疑,尤其是美国对中国的认知方面。而且如前面所列举的官方、媒体、公众的反应来看,双方的网络空间战略互疑有逐步加重的趋势。中美网络空间战略互信是中美整体战略认知的一个部分,因此战略互信不足或者战略互疑是由中美整体战略认知的状态决定的。然而,网络空间的特殊性又使其成为中美战略关系中不信任情绪最容易表现并被放大的领域。具体而言,造成如此结果的原因可以分为两类,一是基础原因,二是激化原因。基础原因构成了中美网络空间战略互信缺失的背景。

一、基础原因

中美网络空间战略互信缺乏的基础原因也有两方面,一是网络空间的特有性质,二是中美关系本身的结构性矛盾和功能性问题等引起的整体战略认知。

从网络空间本身来看,这是一个人类活动的新型领域。网络从20世纪90年代中期开始走进人类社会生活以来,其影响力逐日上升。但是,这依然还是一个摸索中的新空间,国家间相关的规则和制度尚未最终形成,包括对网络攻击和网络战的定义也尚未形成统一认识。网络空间自身的匿名和虚拟特性使恶意攻击源难以确定。网络空间传播的快捷性和蝴蝶效应又使原本脆弱的中美整体战略认知在网络空间最容易被表现并放大。而且,在中美之间,各自的网络空间政策都处于相对早期形成阶段,双方对彼此的网络空间领域的红线认识也还不清楚①。这些都使网络空间的战略互信比其他领域更加难以建立。

从中美关系的整体来看，两国异质性较强，结构性矛盾较深，很大程度上制约了网络空间战略互信的建构进程。所谓"结构性矛盾"，是指那些涉及两国根本战略利益与政治理念冲突、因两国历史文化传统不同而长期积累的一些根本性差异。这大体包括五个方面的问题：一是意识形态和社会制度分歧；二是文明的冲突，主要表现为附着在不同文明之上的政治理念、国际关系理念之间的巨大差异以及能够影响两国关系深度交融的民众间的文化隔阂；三是地缘政治与地缘战略的冲突，美国将亚太大陆视为必须控制的战略要地，随着中国崛起而必然促成的中国国家利益扩展，中国在本土之外地理空间的一举一动，势必被解读为触犯美国的地缘战略空间；四是崛起大国与守成霸权国之间的对立，而中国倡导的"和平崛起"或"和平发展"论迄今并未形成足以令西方信服的理论解析力和现实说服力；五是在台湾问题上已然形成的剪不断、理还乱的复杂局面②。

事实上，除了最后一点，中美这些结构性矛盾在网络空间也都有所对应体现。一是网络的传播和扩散作用更加强化了中美的意识形态和社会制度的分歧；二是美国所倡导的"网络自由"和中国所倡导的"网络主权"之间的冲突；三是地理屏障在网络空间彻底被打破，每个参与国的利益都可以认为是遍布全球的，这给美国的

---

① Kenneth Lieberthal and Wang Jisi, *Addressing U.S.-China Strategic Distrust*, Brookings Institution, John L. Thornton China Center Monograph Series, No.4, March 2012, pp. 46-47, available at https://www.brookings.edu/wp-content/uploads/2016/06/0330_china_lieberthal.pdf.
② 袁鹏：《战略互信与战略稳定——当前中美关系面临的主要任务》，《现代国际关系》2008年第1期，第33—34页。

战略优势带来了压力;四是围绕中国军队的新式武器研发、网络战和太空战能力提升等,美国国内掀起"中国威胁论",感受到"中国崛起"挑战美国地位的紧张和焦虑。这些结构性矛盾的存在结果是,尽管中美两国政府高层一再相互宣示自己的战略意图不是为了损害对方,但都难以化解两国社会中已经固化并在加深的疑虑。

影响整体中美战略互信的还有功能性问题。功能性问题主要是指贸易、投资、金融、技术、教育、文化、移民、公共卫生、环境保护、气候变化等"低级政治"问题。特朗普政府的"美国优先"政策和中美贸易争端使得这一问题尤其严重。功能性问题虽不决定一个国家的生死存亡,但却关系着一个国家的国计民生。而网络空间在现代社会的广泛应用使得这些功能性问题都与网络密不可分,因为网络的传播功能和组织功能使之总能找到渗透各个领域的途径。

二、激化原因

除了上述基础原因,中美网络空间的战略互信急剧受损还在于一些具体事件的刺激,这些具体事件可以称为激化原因。在信任关系没有建立前,任何关于对方战略意图和战略能力真实度的判断结论都带有不确定性。在这种情况下,行为者的心理态度会根据对具体事件的确认发生强弱变化。

这些年对中美网络空间战略互信比较有冲击力和代表性的具体事件如下。

(一)谷歌事件

2010年3月23日,谷歌借黑客攻击问题指责中国,宣布停止对谷歌中国搜索服务的"过滤审查",并将搜索服务由中国内地转至中国香港。谷歌的退出从其自身考虑,黑客攻击只是借口之一,笔者认为还有两方面实质原因:一是政治和价值观层面,作为美国公司,美国国会认为谷歌公司应坚持互联网自由和美国的价值观;二是经济层面,谷歌面对百度公司的竞争,在中国市场表现不佳。谷歌事件引发了中美外交风波,并被高度政治化,美国国务院随后也亲自参与质疑,并委派联邦调查局对此进行调查。谷歌事件对中美网络空间战略互信投下了一颗重磅炸弹,加深了美国对中国互联网事业的无端指责,特别是对所谓黑客攻击的炒作。

(二)华为、中兴事件

虽然华为不直接参与网络空间运作,但是其产品属于网络空间的技术支持部分,和网络空间战略互信息息相关。2012年10月8日,美国众议院情报委员会发布报告认为,华为和中兴通讯可能威胁美国国家通信安全,认为中国的这两家公司会对美国安全构成威胁,它们的设备可能监视美国的情况,为中国提供间谍服务。美国相关方面要求其公司停止与中国通讯商华为和中兴进行贸易往来。而这几年的发展并未缓解美国对于这几个代表性中国企业的戒备。2018年4月16日晚,美国商务部发布公告称,美国政府在未来7年内禁止中兴通讯向美国企业购买敏感产品,理由是中兴通讯被控存在出口管制违规行为。虽然经过努力,同年7月12日美国商务部表示美国已经与中国中兴公司签署协议,取消三个月来禁止美国供应商与中兴进行商业往来的禁令,中兴公司将能够恢复运营,但同时表明禁令将在中兴向美国支付4亿美元保证金之后解除。2018年12月华为CFO孟晚舟转机加拿大时被美方要求扣押,理由据悉也是因华为涉嫌违反美国对伊朗的贸易制裁。美国以国家安全为借口打压中国高科技企业的做法大大打击了中美战略互信。

（三）"棱镜门"事件

2013年，斯诺登揭开了美国长期的网络空间监控黑幕，"棱镜门"事件爆发并持续发酵。"棱镜门"事件揭露了美国具备全球网络监控的能力。中国、俄罗斯等十几个国家和地区的网络和信息系统均遭受美国监听，大量的情报信息被窃取。"棱镜门"还揭露了美国监控手段的多样化和监控对象的多元化。美国监控可以通过网络攻击、安装窃听装置、截取光缆通信数据、进入大企业数据库等各种手段和途径来实现。监控对象也很多，甚至包括很多国家的元首和驻外使领馆。2013年7月，据英国《卫报》披露：美国国家安全局对38个外国驻美大使馆启动网络监控项目，监控对象包括日本、韩国等亚太盟友和欧盟机构、法国、意大利等欧洲盟友。"棱镜门"事件使得各国对于美国的网络空间战略信任大打折扣，美国奉行的"信息自由"和"互联网自由"遭到国际社会质疑。"棱镜门"事件也给全世界敲响了警钟，大多数国家以此为契机加强了对自身网络安全的审查，并且各国政府和人民更加关注网络数据及公民隐私安全。

（四）中国军官被美国"起诉"事件

2014年5月19日，美国司法部以涉嫌经济间谍犯罪为理由，起诉中国五名军官窃取美国核反应堆资料和太阳能公司的核心技术资料。美国此举主要是在网络安全方面的国际公关之举，目的是想在"棱镜门"事件失信于国际社会后，极力挽回颜面，借此事件重新登上道义高地。中国相关部门及时回应：中国政府和军队从未参与任何通过网络窃取商业秘密的行为，美国也没有给出令人信服的证据。该事件使得中美网络安全工作组的合作一度被搁置，使得中美网络空间互信陷入低谷。

（五）美国几个研究报告的相继出台

美国发布的这些报告如,2012年3月7日,美中经济与安全评估委员会发布的《中国计算机网络行为和网络间谍能力报告》;2013年2月19日,美国曼迪昂特网络安全公司发布的《高级持续威胁:揭密中国从事网络间谍活动的单位》;2013年4月23日,美国威瑞森公司发布的《数据窃取调查年度报告》。

在美国公众中最具有冲击力和说服力的莫过于号称历时6年追踪141家遭受攻击企业的数字线索而得出的曼迪昂特报告了。该报告将"中国网络威胁论"推向了新的高潮,使中美之间围绕网络攻击进行的争论比以往任何时候都激烈,并推动了美国随后的贸易保护措施,如对中国信息技术产品的限购等。根据笔者随后针对访问中国的美国国会助手代表团的小型面对面调查[1],100%的受访者认为曼迪昂特报告可信,比以前其他任何官方报告更具有说服力,因为这是一家非官方的私人公司,不带有任何政治偏见。这些议员助手多数承担着立法主任的职位,他们的立场显然会对其后职业生涯中的政策建议有着举足轻重的作用。

且不谈这些出台报告的公司是否可能受政府委托。有一点是显然的:它们出具了这些引人注目的报告之后,公司的知名度将大大提高,这将有利于吸引更多的民间客户,从而增加公司潜在的收益。同时,它们也可能因此获得更多的政府委托评估项目和政府客户等。这些耸人听闻的威胁论使这些私营公司从以前的纯粹为市场提供服务一下子转变为为国防、执法和情报机构等提供"解决方案"。2013年4月10日,奥巴马向国会提交了2014年财年国防

---

[1] 2013年4月3日,美国国会议员助手代表团访问复旦大学美国研究中心。作为主要接待人之一,笔者对来访者作了这一小型调查。代表团由美中政策基金会项目主任欧内斯廷·谢·王(Ernestine Hsieh Wang)领队,包括14名初次来访中国的来自各重要州的联邦议员的立法主任等。

预算草案。在为数不多的几个增加开支的领域中,网络安全成为其中之一。根据这项预算草案,在新财年中,五角大楼的网络安全经费将从上一年的 39 亿美元提升至 47 亿美元。而白宫管理和预算办公室发言人称,各部门网络安全预算经费总额达 130 亿美元①。而这些为美国网络安全威胁摇旗呐喊的人士和公司是否会在增加的预算中分得一杯羹虽然没有公开报道,但是,如观察人士所言,美国网络安全的巨大市场使人们不得不警惕德怀特·艾森豪威尔(Dwight Eisenhower)曾经警告过的可能的军工复合体(military-industrial complex)的出现②。

总而言之,在战略层面,中美网络空间的相互认知状态目前是疑虑多于互信,这主要体现为中美双方对对方的认知。美方认为:中国政府主导了针对美国的有组织有预谋的网络攻击;中国政府支持盗取知识产权的网络间谍行为;中国日渐发展的网络空间能力会威胁高度依赖网络的美国;中国老百姓都想突破中国政府的网上管控;中国政府说的和做的不一致并担心中国的战略意图不明确。而中国则认为:美国试图通过网络手段影响中国社会政治发展,破坏中国政治稳定,甚至颠覆中国政府;美国借网络安全和国家安全之名在经贸层面打压中国;美国将中国刻意塑造成网络空间敌人;美国占据了网络空间总体实力的优势地位;美国以霸权思维试图控制网络空间。

造成当前中美网络空间战略互信严重缺乏的原因既有基础因素,即网络空间的特有性质以及中美关系本身的结构性矛盾和功

---

① Eric Chabrow, "Obama Budget Favors Cybersecurity" (April 11, 2013), Bank Info Security, http://www.bankinfosecurity.com/obama-budget-favors-cybersecurity-a-5673/op-1, retrieved August 7, 2016.
② Ronald Deibert, "Tracking the Emerging Arms Race in Cyberspace", *Bulletin of the Atomic Scientists*, 2011, Vol.67, No.1, p.5.

能性问题等引起的中美整体战略认知,也有谷歌事件、华为事件和美国官方及民间几个研究报告的出台等激化原因。

最后,需要特别指出的是,中美网络空间战略互信并不是完全的伪命题。中美在网络安全方面的矛盾与分歧并非根本性和不可调和的,而是蕴含着转化为对话与合作的有利条件,其对中美关系也并未造成破坏性的根本影响。所以,网络问题并不是中美关系中的结构性问题。如果双方能够加强正确积极的认知,特别是美方能够减少和消除偏见,完全有可能增强中美网络空间的战略互信,并让网络空间成为中美关系的积极因素。

"逆水行舟,不进则退",国际政治和中美关系的历史表明,两国"和则两利,斗则俱伤"。中美两国应摒弃零和思维、冷战思维、傲慢与狭隘思维,坚持"中美关系的本质是互利共赢"的新型战略思维,逐步建立积累网络空间战略互信,从而为中美在网络空间的合作创造条件和增加可能性,以推进两国及全球的网络空间的安全与繁荣。

第九章
网络空间命运共同体框架下的中美新型大国关系

对中美网络政治研究的最后落脚点是借助对现实议题、机制原因等分析找到未来中美网络政治的发展方向。基于此目的,本章紧扣几个核心词,即"大国责任""网络空间命运共同体""中美新型大国关系",首先分析在网络空间治理中的大国重要性逻辑,然后分析中国所倡议的网络空间命运共同体的必然性与路径选择,最后对网络空间命运共同体框架下的中美新型大国关系构建提出策略建议。

第一节 网络空间治理的大国责任

随着网络带宽的持续增加、移动智能终端的日益普及以及社会化功能不断从传统空间向网络空间转移,网络的重要性达到了前所未有的高度,网络空间已经成为人类社会的"第二类生存空间"。与此同时,各种与网络空间相关的对公民隐私、企业利益、国家安全等的威胁也无时无刻不在提醒我们对这一空间的治理需求。斯诺登事件的发生和持续发酵则为全球敲响了网络安全的警钟。中国也终于推出了酝酿已久的顶层设计,成立了"中央网络安全和信息化领导小组",确立了与"两个一百年"战略目标同步推进的"网络强国"的战略部署,彰显了中国维护网络空间繁荣与安全的大国责任意识。

一、大国责任与大国界定

在无政府状态的国际社会,缺乏一个界定国际权利、责任和义务的统一权威机构。这种无政府状态和主权原则的结合在很大程度上决定了国家对国际责任的自我界定性。然而,不可否认的是,自威斯特伐利亚体系建立以来,大国始终是无政府国际社会的实际主宰者,大国责任也是维系国际秩序有效运转的原则和保障。

2005年,时任美国副国务卿的罗伯特·佐利克(Robert Zoellick)提出了"负责任的利益攸关方"的概念。而后,立足于权力与责任视角的关于国家的国际责任的探讨愈发激烈,"大国责任"的理念遂逐渐被政界、学界、媒体等引入,尤其是针对中国的"大国责任",更成为各方关注的焦点。

对于大国责任的理解,目前学界其实并没有统一定义,它也不是一个具体、严谨的概念,而是国际社会对大国所提出的精神认同与道义诉求,或者说是一种社会建构。清华大学国际问题研究所所长阎学通教授认为,大国是指霸权国(唯一超级大国)之外的几个主要国家,而大国责任则主要指上述国家所担负的责任[①]。大国责任并不是随着国家实力的增长而逐渐积累的。大国责任如同其他许多国际现象那样,首先来自国际社会成员互动而形成的共

---

① 《学者谈大国责任与心态:勇于承担国际道义责任》,《环球时报》,2005年8月15日。

有观念。大国责任强调的是国际社会的主要行为体在应对全球问题上的职责。由于国际行为体在长期互动中逐渐产生了相互依存、共同命运和同质性等认识,其身份和利益建构也正逐步摆脱敌对和对抗的困境,走向以朋友、利益攸关方为特征的新的身份,这些新的身份和利益反过来也建构着新的国际体系文化,因而带来了"大国责任"观念的逐渐形成①。

大国责任的内涵包括一个大国对国际社会所应负的政治、经济、安全、道义等方面的责任,它是指在力所能及的范围内一个国家对国际社会所作的贡献。传统主权意义上的国家责任是对内的,责任对象是管辖范围内的社会成员。如雷纳特·梅恩茨(Renate Mayntz)认为,国家责任包括管理特定的社会与其他社会之间的关系;管理社会内部个人与个人之间、集体与集体之间的关系;向政治-行政体系提供所需要的资源;为了满足公共需要而提供公共服务;引导社会发展以实现特定的目标②。而大国责任不同于传统政治理论中的国家责任,因为大国责任不仅是一种内向型的责任,更是一种外向型的责任,如处理自身社会与其他社会之间的关系,甚至处理其他社会之间的多方面关系。

不同历史时期,有不同的大国,因而也存在着不同的大国标准。一般传统认为,大国一般土地辽阔,人口众多,资源丰富,与小国相比,具有生存能力强、战争潜力雄厚、回旋余地大等有利条件。乔治·莫德尔斯基(George Medelski)认为大国"必须能够发动一场霸权战争"③。兰克(Ranke)认为大国"有能力对付其他任何国

---

① 刘杨钺:《现实建构主义视野下的大国责任》,《国际论坛》2009 年第 5 期,第 45 页。
② Renate Mayntz, *Sociologia Dell'amministrzione Pubblica*, Italy: Il Mulino, 1982, pp.62-63.
③ 转引自郭树勇:《大国成长的逻辑》,北京大学出版社 2006 年版,第 3 页。

家甚至是其他国家的联盟"①。马丁·怀特(Matin Weight)认为,"大国是指具有普遍利益的国家,其利益范围等同于国家体系本身"②。上述定义分别从军事实力、政治力量和国家利益去界定大国,勾勒出了大国的总体轮廓。一般来说,这是对大国的传统定义方式。

但是,这并不是大国的全部涵义。大国身份是在国家互动中形成的角色认知。彼得·卡赞斯坦(Peter Katzenstein)认为国家身份有两种基本形式,即固有身份(至少与既定的社会结构有关)和关系身份(由社会结构中的关系确定),也叫内在身份与相关身份③。这与温特在其论文《集体身份的形成与国际国家》中区分的国家的团体身份和社会身份有所类似。团体身份是指构成国家行为体个性的内在品质,根源于国内政治,这种身份具有物质基础,对国家来说就是指国民与领土;社会身份是指国家行为体在与他者互动过程中形成的一种相对于他者的社会角色认知,是由与其他行为体的关系决定的,它总是存在于互动的进程中,存在于国家互动中形成的某种共有观念之中④。显然,大国地位是一种国家互动中的相关身份和社会身份。正如国内学者秦亚青所认为的,"国际身份指一个国家相对于国际社会的角色。具体而言,国际身份是一个现代意义上的主权国家与国际社会的认同程度"⑤。

换言之,大国地位并非仅仅来自自身的绝对权力,它还来自国

---

① 转引自郭树勇:《大国成长的逻辑》,北京大学出版社 2006 年版,第 4 页。
② 转引自刘飞涛:《权力、责任和大国认同》,《太平洋学报》2004年第 12 期,第 27 页。
③ Peter J. Katzenstein, ed., *The Culture of National Security: Norms and Identity in World Politics*, New York: Columbia University Press, 1996, p.6.
④ [美] 亚力山大·温特:《国际政治的社会理论》,秦亚青译,上海人民出版社 2000 年版,第 282 页。
⑤ 秦亚青:《国家身份、战略文化和安全利益——关于中国与国际社会关系的三个假设》,《世界经济与政治》2003年第 1 期,第 10—20 页。

际社会的认同,包括大国群体认同、大国自我认同和来自中小国家的外部认同。所谓大国群体认同,是指大国俱乐部成员之间依据权力和责任而进行的相互肯定,即互相承认或默认对方的大国身份和地位;所谓大国自我认同,是指一个大国的自我意识,即依据自身的权力和责任自我肯定大国的身份和地位;所谓中小国家的外部认同,指的是大国凭借其权力以及对待国际义务和国际责任的态度而赢得的中小国家的地位认同①。根据建构主义理论,在国际社会中国际身份建构国家利益的方向和价值判断,进而也就建构了国际责任。因此,大国地位就决定了大国责任的同时存在。

大国资格通常由实力、利益存在范围、被承认的国际特殊权利、被承认的国际特殊身份构成。英国学者赫德利·布尔(Hedley Bull)认为,由于国际社会中的各国在权力上不平等,所以大国在享有特权的同时也承担着维护国际秩序的管理性责任和义务。他认为,"大国是这样的国家:它们被其他国家承认为,并被它们本国的领导人和民众设想为具有某些特殊的权利和义务"②。我国学者郭树勇也认为,大国称谓根本上不在面积、经济实力之大,而是来自一个国家的国际威信、世界贡献与特殊责任。特殊责任主要是指一个大国超出一般国家利益与责任范围之外的国际义务③。

大国不一定是网络大国,同时网络大国也不一定是大国,虽然两者有诸多重合。网络大国应该同时具备一定的网络市场和网民规模、网络行动能力(网络技术能力)以及在网络空间的国际影响力等要素。从这个意义上看,美国、中国、俄罗斯显然既是网络大

---

① 刘飞涛:《权力、责任和大国认同》,《太平洋学报》2004年第12期,第28页。
② Hedley Bull, *The Anarchical Society: A Study of Order in World Politics*, Beijing: Peking University Press, 2007, p.202.
③ 郭树勇:《论和平发展进程中的中国大国形象》,《毛泽东邓小平理论研究》2005年第11期,第52页。

国,也是传统意义上的大国。但也存在这样一些国家,可能网络规模并不很大,然而却有着巨大的网络空间国际影响力。例如,爱沙尼亚不仅是第一场国家层次的网络战争的发生地,也是北约卓越合作网络防御中心的所在地,而且数十名法律专家为北约撰写的网络战手册也是以其首都命名,即《塔林手册》。当然,笔者主要还是探讨传统大国在网络空间治理中的大国责任。

二、网络空间治理作为大国责任之理由

客观地讲,网络空间的任何一个参与者都对其治理负有一份责任,因为网络空间是共享的,网络空间秩序是共建的,因此大家都有责任来维护网络空间的繁荣和秩序。但是不同行为体的能力有大小,所能承担的责任是有区别的。大国与小国不一样,大国必须担负特殊的国际义务。大国是国际社会的轴心力量,必须具备指引性的、有定见的、能够挽大厦于将倾的力量;大国必须具有战略意志以及将这些战略意志上升为国际意志的力量,再把国际意志作为整个国际化的核心原则,必须具有足够的自主性来保卫国际社会的核心原则①。

迄今,网络空间还是一个全球共享的公共领域,其价值和意义也主要在于其全球共享性。这就决定了网络空间的治理超越了任何一个国家或主体可以操纵的能力范围。然而,大国可以也有必要在网络空间治理中发挥核心和主导作用。无论从哪个角度看,有效的网络空间治理都离不开大国责任。

首先,从利益来看,国家比其他行为体更有网络空间治理的优先责任。虽然网络独立于政府管控外的"网络空间自治论"观点主

---

① 郭树勇:《论和平发展进程中的中国大国形象》,《毛泽东邓小平理论研究》2005年第11期,第54页。

宰了互联网诞生后的头25年,但是,随着网络技术的逐步成熟、随着其在社会各领域的重要性以及对国家的战略意义的上升,网络空间必将不再是"自由的乌托邦"或者技术精英眼中纯粹的"开放的公共空间",国家必将成为网络空间治理中最重要的"利益攸关方"。而对网络空间全球治理的参与乃至成为其中的主导者则是实现国家利益的必然选择。

大国责任与国家利益是相辅相成的。履行更大的责任,是为了国家利益的最大化和长久化。美国学者把国家利益分为三个主要层次:一是国家的核心利益,即保卫其领土和人民;二是建立和维护有利于该国的世界秩序;三是向外输出该国的价值观念①。阎学通教授在《中国国家利益分析》一书中,认为国家责任应包含在国家利益之中,提出了"对国际事务承担更多的责任,的确已成为中国的重要利益"的观点②。而中国提出的"网络强国"的目标说明中国的国际身份正在由一个注重经济利益和传统安全利益的独善其身的发展中国家成为一个也注重网络空间的兼济天下的"负责任大国"。

其次,从能力来看,大国比小国更有网络空间治理的优先责任。自威斯特伐利亚体系建立以来,"大国责任"也是维系国际秩序有效运转的原则和保障。赫德利·布尔指出,在无政府状态的国际关系中,国家拥有权力就要负相应的责任。大国之所以成为大国就是因为它们承担了其负有的特殊国际责任,仅有硬实力的强大还不能称为真正意义上的大国,大国有义务去促进国际平等、维持均势和维护秩序等。布尔认为,由于国际社会中的各国在权

---

① John T. Rourke, *International Politics on the World Stage: The Menu for Choice* (Fourth Edition), New York: W. H. Freeman and Company, 1992, pp.187-188.
② 阎学通:《中国国家利益分析》,天津人民出版社1997年版,第208页。

力上不平等,所以大国在享有特权的同时也承担着维护国际秩序的管理性责任和义务①。

大国责任在网络空间治理中尤为重要。网络空间治理不仅仅依靠法规或者契约即可以达成,还需要坚实的信息技术作为后盾。而信息技术的高固定成本与低边际收益使得大国无论在技术、资金还是规范方面都远非小国能比,这也使得"搭便车"现象在网络空间表现得非常突出。这从当前拥有网络核心技术自主知识产权的国家数目寥寥无几可见一斑。

最后,从治理效果看,大国责任以及在大国责任意识下的大国合作和协调可以带来网络空间治理的最佳效果。由于大国不仅有各自主权的内在权威性和合法性,而且有着控制资源方面的巨大优势,因此大国合作与协调往往有着较为明显的成效,并最终有可能促成相关国际条约、协定的达成。反之,网络空间已经成为任何一个大国的重要国家利益空间,因而缺乏大国参与和合作的国际或全球网络空间治理效果都不可能达至最优。

大国责任与目前主导的网络空间治理的"多利益攸关方模式"并不矛盾。虽然这一模式强调民族国家、全球市场、全球基层社会多主体多层次参与网络空间的全球治理,但它并未排斥大国在其中的特殊重要作用。"多利益攸关方模式"理论上是美好的,但在实际操作中有困难。问题是:一群相互依存的行为体如何把自己组织起来,进行自主性治理,并通过自主性努力克服搭便车现象、回避责任或机会主义诱惑,以取得持久性共同利益的实现。同时,大国责任意识下的网络空间大国合作与协调也并不排除"多利益攸关方模式"中其他行为体的作用和监督。网络空

---

① Hedley Bull, *The Anarchical Society: A Study of Order in World Politics*, London: Macmillan, 1977, pp.206-209.

间的大国责任与其他领域的大国责任不同的是,在网络空间,大国责任可以随时接受网民和其他治理行为体的监督,同时,这些行为体也可以通过网络随时表达自己的利益需求,所以,网络空间的大国责任是一种结合了公民自治并和多利益攸关方相融的大国责任。

目前网络空间治理模式的争论中还有两类观点。一种观点是以非政府组织为主体的治理模式。非政府组织的网络治理模式具有很大的灵活性与伸缩性,能够很快地适应具体情况的变化而作出反应。但非政府组织的活动由于存在着组织上的分散性、网络空间权威性的不足以及对资金、技术等因素有较大依赖性等弊病,要承担更大的全球治理责任还需要走很长的一段路[1]。另一种观点是有限领域治理模式,即是以国际组织为主体的代表性治理模式,如联合国主导的网络空间治理机制建议。但是由于受其治理主体国际组织自身条件的限制,有限领域治理模式在网络空间全球治理过程中的有效性同样受到很多局限。在资源方面,国际组织的主要资金收入源于主权国家并受其所限,而且也没有坚实的技术支撑,这就使国际组织在对主权国家进行网络空间协调、管理与制约时时常存在资源危机。在管理方面,机构庞杂、制度混乱等问题造成国际组织治理效率下降。此外,大量的决议、宣言等文件在具体执行时困难重重,一方面,国际组织没有强制力,另一方面,主要成员国和大国的利益被触及时经常会强烈反对[2]。所以,在很大程度上,国际组织的有限领域治理存在一定的局限性,它也离不开大国合作与协调。换言之,缺乏大国责任的网络空间治理模

---

[1] 吕晓莉:《全球治理:模式比较与现实选择》,《现代国际关系》2005 年第 3 期,第 12 页。
[2] 同上文,第 10—11 页。

式都不可能长久有效。

三、网络空间治理的大国责任之内涵

"大国责任"同"国际责任"一样,认定或定义源于三个方面:国际法定义、自我定义及他方定义。来自这三个方面定义的"国际责任"在内容上有重叠之处,但也有很大的不同,甚至包含了完全对立的内容。一是国际法意义的"国际责任"。其内涵包括国际不法行为责任、履行国际公约责任、履行国际职权的国际责任以及基于国际道义、国际价值原则和国际共同利益的"共同责任"或"集体责任"。面对日益突出的网络空间矛盾与冲突以及各国拥有越来越多的共同利益,国际社会有必要尝试更多的网络空间条约的制定,如网络战及网络武器等相关条约。二是自我定义的"国际责任"。责任是一种主观判断和认同,主要反映了国家、政府或领导人的国内外政策倾向、国际身份认同,以及国家的战略选择和利益考虑。自我认定的"国际责任"可以通过不同形式和渠道表达出来,如通过官方文件、领导人讲话等形式向外界表述或宣示的国际责任,或是体现在国家战略及国内外政策中。三是他方定义的国际责任。被外界定义、期待或强加的国际责任,即一个国家被其他国家或其他人定义的国际责任。因为有不同利益、价值观和文化的存在,人们对国际责任的理解和解释往往不同,常会对一个国家应该承担什么样的国际责任形成期待、压力乃至采取强加于人的做法[1]。正如西方对中国网络空间管制和网络自由妄加批判一样。

大国责任有多种视角。根据类别,大国责任可以分为法律责

---

[1] 李东燕:《从国际责任的认定与特征看中国的国际责任》,《现代国际关系》2011年第8期,第52—54页。

任、政治责任和道义责任①。法律责任是指"根据相关法律或规则进行抉择、决策和判断的责任或义务";政治责任是指"依据对可能后果的周全估算以及对权利要求的公正估价,理性地、道义地行使自由决定权"的义务;道义责任则可以简单地概括为"对他者的需要或权利要求予以响应"的义务②。其中法律责任具有利己性,道义责任具有利他性,而政治责任介于两者之间。事实上,由于大国权力和网络空间性质的特殊性,大国责任应是法律责任、政治责任和道义责任三者的结合,而且从目前的发展阶段看,网络空间的大国责任在三者之间的分野还不明朗。

根据地域范围,有学者认为大国责任的顺序包括三个层次:本土责任、地区责任和全球责任③。还有学者以中国为例,认为大国责任可以划分为国内责任和国际责任。国内责任就是构建和谐社会,国际责任就是构建和谐世界;国际责任又可区分为区域责任和世界责任,区域责任即构建区域范围的和谐秩序,世界责任即构建世界范围的和谐秩序④。但是网络空间全球联通的特性打破了以地理疆域为划分的责任层次。因此,笔者认为网络空间的大国责任更加适合用三个递进层次来进行分析,即基础责任、有限责任和领导责任⑤。

基础责任是在遵从当前国际规范的前提下努力发展自身能力

---

① 刘飞涛:《权力、责任和大国认同》,《太平洋学报》2004年第12期,第26页。
② James Mayall, *The Community of States: A Study in International Political Theory*, Sidney: George Allen & Unwin Ltd., 1982, pp.161-162.
③ 肖欢容:《中国的大国责任与地区主义战略》,《世界经济与政治》2003年第1期,第48页。
④ 钮菊生、吴凯:《和谐世界理念下的中国大国责任》,《学习论坛》2011年第7期,第45页。
⑤ 也有学者将"领导责任"表述为"领袖责任"。见周鑫宇:《中国国际责任的层次分析》,《国际论坛》2011年第6期,第8页。

从而为网络空间安全和繁荣作出相应贡献的责任。在中央网络安全和信息化领导小组第一次会议上，习近平指出，建设网络强国，要有自己的过硬的技术；要有丰富全面的信息服务，繁荣发展的网络文化；要有良好的信息基础设施，形成实力雄厚的信息经济；要有高素质的网络安全和信息化人才队伍；要积极开展双边、多边的互联网国际交流合作①。这些体现了中国致力于承担网络空间治理中大国责任的一个方面，即基础责任。

有限责任是维护当前网络空间规范和秩序并制止破坏的责任，其执行的意愿与各国在当前规则体系中的利益息息相关。任何国际规则的运转都需要有成本。国际体系内利益攸关的国家需要分担这一成本并提供所谓的国际"公共产品"。有限责任还包括制止对国际规范的破坏，即当挑战和危害国际秩序的事件出现之后，相关国家需要对破坏者进行惩戒，或对遭到破坏的秩序加以恢复。国家维持国际规则的意愿和能力是不同的。一般来说，国家的综合国力越强大，其维护国际规则的能力也就越强大；国家在国际规则中受益越大，维护现有国际规则的意愿越强②。目前网络空间的国际规范还处于朦胧的争议状态，所以这一有限责任还显得非常有限。

领导责任则是创建和发展网络空间规范的责任，这是大国区别于小国的重要方面。这种改造的动力一方面源自现有网络空间规范的不完善、不合理或者不公平，另一方面也源自网络空间权力格局的变化。国际社会对大国责任的呼唤，既反映了国际政治权

---

① 习近平：《努力把我国建设成为网络强国》(2014年2月27日)，人民网，http://politics.people.com.cn/n/2014/0227/c70731-24486582.html，最后浏览日期：2018年12月28日。

② 周鑫宇：《中国国际责任的层次分析》，《国际论坛》2011年第6期，第7页。

力分配的现实,也反映了国际规范与秩序的社会化进程①。同样,网络空间治理中的大国责任也反映了网络空间权力结构的变化及其中网络规范的社会化要求。在网络空间的发展初期,美国有限的网络霸权对网络空间的标准化发展及其在全球的普及起到了重要的推动作用。然而,随着美国网络霸权力量的提升以及各国在网络空间力量的上升和利益的融合度增加,网络空间的一超独霸现象已经开始威胁网络空间的安全性和正义性,网络空间的大国责任开始逐渐显现。同时,网络空间的权力扩散使得原先可以由个别超级大国独立解决的问题,都需要各个大国的通力合作来完成。这就赋予了各主要大国共同承担国际责任的使命。同时,网络空间的后发优势也使各大国和超级大国之间的网络空间能力差距逐步缩小。

大国除了维系大国间的均势外,还肩负着特殊的"正义"职责。因此,网络空间治理中大国除了对内发展网络技术、繁荣网络文化和维护网络安全外,还应努力参与网络空间价值观的建构、网络空间行为标准的制定以及网络空间国际议程的规划。目前网络空间运行仍然遵循三十多年前生成的技术标准,网络空间的资源分配权也一直由在美国政府实质控制下的"互联网名称与数字地址分配机构"(ICANN)掌握,真正的网络空间全球治理还徒有虚名。随着网络空间生态的变化以及大数据时代的到来,大国有责任推动网络空间国际议程的改造,并为国际关系民主化以及全球共享的网络安全作出贡献。

所以说,网络空间的大国责任的内涵,应当区分不同的时代背景,而首要条件,是需要具备承担大国责任的硬实力,即落实好本

---

① 刘杨钺:《现实建构主义视野下的大国责任》,《国际论坛》2009年第5期,第46页。

国自身安全和发展，以及在此基础之上承担更多的国际义务和国际责任，承担维护、建设和改革国际体系方面的领导责任，并为国际社会多作贡献。"大国责任"不仅包含根据国际法条约义务延伸的国际义务和责任，不仅是对合理的国际体系和多边公约的积极维护，更是对不合理国际制度的改革和创新，以及对国际危机的有效应对和对全球事务的有效治理。这也是网络空间大国责任的建构方向，因为网络空间的繁荣和安全依赖于主要大国在科技交流、自我约束、领头作用等方面的努力。网络空间的大国责任也因此更多地被赋予全球治理的涵义，即通过大国的合作来解决网络空间的全球性问题。

四、中国担负网络空间的大国责任之条件与必要性

就中国网络空间的大国责任和中国"网络大国"自我角色认知的形成而言，物质实力、主观意愿以及他者期望和评价等变量在中国自我角色认知的形成过程中发挥了关键作用[①]。

首先，中国网民基数的庞大构成了中国"网络大国"意识的基础条件。中国1994年正式接入互联网，经过二十多年来的发展，无论从实力还是规模看，中国已经成为一个网络大国。随着中国的信息技术科研投入日渐加大，中国在网络空间还将获得更为重要的地位和影响力。从这些事实看，中国已经具备了一定的承担网络空间大国责任的规模和实力。

其次，国家经济发展水平和网络空间技术水平的迅速提升无疑也具有决定性因素。国家能力是承担责任的物质基础，缺乏实力支撑的对外承诺只会造成自身实力的透支，进而损害一国的国

---

① 徐正源：《中国负责任大国角色认知的形成机制分析》，《教学与研究》2010年第1期，第60—61页。

家利益。网民数量的增长并不是国家网络空间能力的全部内涵，近年来中国总体经济发展趋势和网络空间技术的提升使中国在网络空间的地位稳步上升。一方面，经济发展水平的提高使得中国国家实力相应提升，这不仅增强了中国的大国意识，也促使中国产生了扩大国际影响和获得声誉的需求；另一方面，物质力量和国家声誉的获得，反过来又刺激了中国进一步扩大网络空间国家利益、实现"自我发展"的意愿，从而为中国承担大国责任准备了物质条件。

再次，开放的政治倾向对中国大国意愿和责任意识的培育发挥了关键作用。"国际责任虽然总体上是国际市民意识的产物，但是很大程度上却扎根于各国文化和意识形态并由其界定。"[1]政治倾向主要指国家的主观政治意愿和政治视野的开放程度。随着中国国家实力的增强和国际政治环境的改变，中国逐步摆脱了原有的受害者心态，重新确立了大国意愿和责任意识，开始以积极、主动和开放的姿态参与国际事务和地区事务。可以说，斯诺登事件之前，中国在网络空间的外交姿态主要还是在"韬光养晦"思想影响下的被动应对式，如针对一些国家指责中国政府支持或参与网络攻击和网络窃密时，中国多以"中国不支持各种网络攻击行为""中国也是网络攻击的受害者"等防御性姿态来应对，甚至有外媒认为中国是在做"逃避罪责的无力辩护"[2]。而国家层面战略指导文件的缺乏又给其他国家留下了中国网络空间"战略模糊"的印象。然而，经过斯诺登事件的警示以及国家领导层的长期酝酿，中

---

[1] Yongjin Zhang and Greg Austin, *Power and Responsibility in Chinese Foreign Policy*, Canberra: Australian National University Press, 2001, p.51.
[2] Jason Healey, "China Is a Cyber Victim Too" (April 16, 2013), *Foreign Policy*, http://www.foreignpolicy.com/articles/2013/04/16/china_is_a_cyberwar_victim_too, retrieved June 3, 2016.

国如今在网络空间已开始表现出开放自信的大国心态和大国责任意愿,不仅提出了明确的网络强国目标,还提出了具体的工作重点。中国开始以网络大国的身份进入国际体系。

最后,来自国际社会的角色要求和他国的角色期望也是中国自我角色认知形成中的重要因素。中国在经过国家实力的迅速积累后,已经渐渐改变了内向型的政治视野,开始关注自身的国际影响问题,并将其在国际社会中的国家形象界定为国家利益的重要内容。中国也逐渐在全世界眼中成为网络大国。但是,尽管国际社会对中国的网络空间能力常有不实抬举,中国也需要有清晰的自我辨识能力。中国在科技创新能力、军事现代化水平和文化软实力方面仍然十分薄弱,在国际议程设置、标准制定和话语权争夺上同样处于弱势地位。网络大国并不等于网络强国,中国还只是网络大国。大国不等于强国,大国更多的是指一个国家的物质构成,而强国更多的是后天争取的。构成大国的要素变化缓慢,而构成强国的要素变化较快,竞争激烈。但不论是大国还是强国,都是相对而言的,都是在一定的参照系中进行定位的。

承担网络空间的大国责任,塑造并彰显负责任网络大国的形象,符合中国的根本利益要求。首先,大国在网络空间承担的国际责任越多,就越容易获得该领域的发言权,适度的大国责任可带来更多的利益空间。实践表明,中国是全球网络化的受益者,因此参与解决日趋明显的网络空间安全与公平问题符合中国的国家利益。其次,承担合理的大国责任是中国消除其他国家的疑虑的需要。如果不明确表明中国的网络空间目标,可能影响外部对中国走向的预期,使中国的国际舆论环境更为复杂。没有明确定位,其战略意图、外交行为、意识形态等都可能被别国丑化、污蔑甚至诋毁。失真的国家形象一旦形成,就有一定的惯性作用,要修正、改变则需要付出极大的代价。再次,中国宣布网络强国目标,不仅有利于增强软实力,提高本国人民的自信心和凝聚力,赢得国内民众对国家各项工作的理解和支持,而且有利于掌握对外关系的主动权,有利于增强国际认同,创造有利的外部环境。因此,要积极主动地塑造自身形象,抢占先机,赢得主动。

尽管中国承担网络空间的大国责任是不可避免的,但是我们还要注意以下几点。

第一,中国承担网络空间的大国责任应该是适度的。作为网络空间的后起之秀,中国应适度地把握网络空间治理的大国责任。一方面,如果中国拒绝承认或承担大国责任,容易被看成只顾自身利益而不愿对网络空间秩序作贡献的"极端利己主义者"或者"中庸主义者"。中国不能把规范网络空间的权力拱手让人,而应以主动、积极的姿态参与网络空间规则的调整、改造,使之反映中国的利益诉求。另一方面,如果过度承担责任,特别是过分强调领导责任,则亦会遭受既有网络强国的战略猜疑和抵制。超出能力的大国责任还可能会给我国带来制约。因此,必须量力而行,不能透支自身资源去承担那些本不该去承担的"责任"。中国自身社会的网络安全和发展问题还很多,中国政府的最大责任是让全体中国人都享受到现代化网络化的成果,实现全面发展。一个羽翼远未丰满的发展中国家,如过度强调"网络强国"概念,可能引发新一轮的网络空间"中国威胁论"。

第二,中国在网络空间的大国责任应该是具有"中国特色"的。一国的政治文化来源有经验文化和价值文化两类。经验文化使中国处理对外关系时倾向于不赞成对他国主权的过度干涉。价值文化存在于中国的历史传统中,经过长期的发展形成稳定的民族文化心理模式。中国所主张的国际秩序的核心就是平等、互利、尊重、和谐。"和谐世界"理念强调的是包容性、多元性,即"和而不同"。中国强调,依靠自身发展以提高国家影响力和国际感召力,以潜移默化的方式获得国际认同。中共十八大报告提出关于构建"人类命运共同体"的主张,再次强调中国在追求本国利益的同时,兼顾他国合理关切,在谋求本国发展的同时促进各国共同发展。中国仍然是发展中国家,网络时代聚精会神发展自身经济和保持国内政治稳定仍是中国的首要任务。同时,作为世界上最大的发展中国家,中国自身内部的经济发展和政治稳定也关乎世界的和平稳定与共同繁荣。

第三,承担网络空间大国责任并不意味着同西方既有网络大国的碰撞、摩擦甚至冲突,而是同西方既有大国的合作与协调,并对网络空间进行共同管理。网络空间作为人类的新型公地,所有占用者必须合作才能避免出现"公地悲剧"。在网络空间大国责任上,中国应"有所为,有所不为"。"有所为"并非是要挑战美国的霸权地位,而是说中国作为一个成长中的世界大国,应积极参与网络空间国际事务,主动参与塑造网络空间国际秩序,特别是在建立网络空间新秩序上要发挥主导性的作用,让国际社会听到中国的声音,以负责任的大国形象参与网络空间的发展。大国在维护世界和平与稳定、促进繁荣增长中肩负着特殊的责任。如何打破历史上大国"零和竞争"的恶性循环,避免"修昔底德陷阱",共同探讨建立新型大国关系乃至网络空间的新型大国关系,是确保网络空间和平稳定的关键。

第四,大国责任并不只是享受网络空间治理中的权力和利益,还应当承担相应的风险,中国承担网络空间治理中的大国责任也将面临来自国际社会的各种挑战和压力,如网络空间政策和行为的透明度问题、网络监管与网络自由的价值对立等。作为网络空间的崛起大国,中国谋求大国责任和地位的过程中必然会受到既有大国的战略猜疑甚至抵制。同时,对于中国这一国情复杂的发展中国家和网络空间后来者而言,其网络空间能力还非常有限,其成熟理性的国民心态还需培育,其大国责任应量力而行,应首先确保国内的持续稳定发展和基础责任的实施。此外,需要指出的是,网络空间的大国责任并不等于网络霸权,构建全球共享的网络空间安全以及和谐的网络空间新秩序才是中国将要承担的大国责任的归宿。

第二节 网络空间命运共同体的内在逻辑与路径选择

"网络空间命运共同体"是习近平主席在 2015 年 12 月举行的第二届世界互联网大会发表的主旨演讲中提出的概念①。互联网是人类的共同家园,各国应推动网络空间互联互通、共享共治,应共同构建网络空间命运共同体,从而为开创人类发展更加美好的未来助力。网络空间命运共同体是不可逆的网络化与数字化时代的必然方向,也是人类命运共同体合乎逻辑的发展和延伸解读。"网络空间命运共同体"有助于我们找到消除人类信息鸿沟和应对网络空间威胁的有效方法,最终建立和平稳定、共同发展的全球网络空间。

一、网络空间命运共同体之必然选择

网络空间命运共同体不是虚幻的目标,而是实际存在的不可

---

① 《习近平出席第二届世界互联网大会开幕式并发表主旨演讲》(2015 年 12 月 16 日),国家互联网信息办公室网站,http://www.cac.gov.cn/2015-12/16/c_1117480642.htm,最后浏览日期:2017 年 12 月 5 日。

避免的事实。人类命运共同体源自人类共生关系,源自互联互通的人类社会基本存在方式。网络的意义就在互联互通。从原始社会、农业社会到工业文明,人类历史在交往共通中不断向前迈进。而网络将人类社会带入了物质、信息、文化、价值等各领域的全面共通共融状态,网络空间成为"一荣俱荣,一损俱损"的命运共同体。在网络空间命运共同体中,各行为体休戚与共,共担责任,共谋发展,才能共享安全可靠的网络空间及其带来的巨大福利。

(一)网络空间命运共同体是不可逆的网络化时代的必然方向

网络空间命运共同体是全球化信息化进程的自然产物,是不可逆的网络化时代的必然方向。德国社会学家斐迪南·滕尼斯(Ferdinand Tennis)在其《共同体与社会》一书中指出,相比于社会是一种机械的聚合和人为产物,共同体应该被理解为一种有机体。共同体要么是建立在历史上形成的共同拥有确定的物质空间或地理区域的自然联合体,如村庄、城市等;要么是如家族、宗族等建立在血缘关系基础上的自然联合体;要么是建立在朋友、师徒等关系基础上的思想联合体①。根据滕尼斯的理论,网络空间命运共同体可以理解成主要是一种自然的产物,比如全球化、信息化等客观历史发展进程为整个世界提供了互联互通的基本条件,创造了一荣俱荣、一损俱损的共享空间,这一现实条件是不以任何人的意志为转移的②,也是不可逆转的。

互联网从诞生之初就决定了网络空间命运共同体的必然方向。首先,互联网的运作建立在全球统一的基本协议即传输控制

---

① [德]斐迪南·滕尼斯:《共同体与社会——纯粹社会学的基本概念》,林荣远译,商务印书馆1999年版。
② 赵可金:《人类命运共同体与中国公共外交的方向》,《公共外交季刊》2016年第4期,第7页。

协议/因特网互联协议(TCP/IP协议)之上①。这是互联网最基本的协议,是国际互联网络的基础,定义了电子设备如何联网以及数据传输的标准。这一全球统一协议基础架构决定了网络空间具有开放、共享特征,决定了网络的去中心化建构模式。其次,互联网打造了国际交流的公共平台,具有高度全球化的特征。互联网打破了时间、空间对人类活动的限制,突破了国家、地区、种族、民族、宗教、社会制度等有形和无形的"疆界",信息流动速度和范围扩大,传播的效率提高,实现了全球范围的人类交往,促成了你中有我、我中有你的相互交织状态,这构成了"网络空间命运共同体"的关键性因素。再次,随着物联网时代的到来,数字化生存已经成为不可抗拒的人类共有的生活方式和社会存在状态②。数字化生存不仅成为个体的生存方式,即应用数字技术在数字空间工作、生活和学习的全新生存方式;而且还成为一种社会存在状态,即一种新的以数字化形式显现的社会生存现象和文化现象③。最后,网络空间的脆弱性和网络空间带来的风险也具有全球性。互联网结构决定了任何一个节点都可能成为整个网络安全防护的弱点。在网络空间,任何国家既不可能独善其身,也不可能独力御敌。世界各国面临着许多共同问题与威胁,各种围绕互联网展开的非法活动如网络恐怖主义、网络极端主义、侵犯知识产权、网络监听、跨国网

---

① TCP/IP协议是传输控制协议/因特网互联协议(Transmission Control Protocol/Internet Protocol)的简写,又名网络通信协议。
② "数字化生存"最初是由美国学者尼古拉·尼葛洛庞帝(Nicholas Negroponte)在其1996年出版的《数字化生存》一书中提出的,按照他的解释,人类生存于一个虚拟的、数字化的生存空间,在这个空间里人们应用数字技术从事信息传播、交流、学习、工作等活动,这便是数字化生存。参见[美]尼古拉·尼葛洛庞帝:《数字化生存》,胡泳等译,海南出版社1997年版。
③ 蔡翠红:《国际关系中的大数据变革及其挑战》,《世界经济与政治》2014年第5期,第127页。

络诈骗等威胁着每一个存在于网络空间的主体。可以说,网络是促进世界发展的先驱性力量,同时网络也加速了人类风险社会的到来,网络空间命运共同体是应对人类共同风险的必然选择。

(二)网络空间命运共同体是人类命运共同体的自然延伸和典型代表

网络空间命运共同体是人类命运共同体思想的自然发展和延伸。坚持推动构建人类命运共同体是新时代中国特色社会主义思想的精神实质和丰富内涵之一。人类的发展史其实就是共同体的发展史。在不同时代背景和国际环境下,命运共同体的空间与种类不断演进。随着科技的进步,人类的相互关联逐步提升——从部分关联到全面关联,从传统领域到新兴空间。而网络空间作为第三次科技革命和信息化浪潮的产物,是人类共同活动领域的新拓展,也是人类命运共同体的自然延伸。美国学者威廉·麦克尼尔(William McNeill)在其描述"西方的兴起"之历史进程中曾宏观展示了"人类共同体史",他特别强调不同社会、不同文化之间的关联,认为人类社会部分关联是恒久存在的,所有人类社会在不同程度上都是相互关联的,而且这一认识在当今时代更显真实[①]。也就是说,人类"命运与共"虽早已存在,但其感受的真实性却不是与生俱来的。由信息化网络化推动的全球层面"互嵌"式关系结构决定了人类命运共同体的必然性。网络带来的信息化发展大大缩小了地球上的时空距离,不同国家之间、地区之间的交往越来越密切,国际社会"互嵌"式关系结构的特征更加明显。一方面,信息化促成了全球利益"互嵌"。经济全球化、社会信息化日益深入,在此基础上生成的合作共赢理念越来越得到更多国家和地区的理解与

---

① [美]威廉·哈迪·麦克尼尔:《西方文明史纲》,张卫平等译,新华出版社1992年版。

支持。另一方面,信息化也促成了风险"互嵌"。网络犯罪、网络恐怖主义等各类全球性问题日益突出,国家间相互依赖和风险"互嵌"达到前所未有的水平,没有任何一个国家或国家集团可以回避或独自解决这些全球性问题与风险。

网络空间命运共同体与人类命运共同体拥有相同的主体和价值核心,是人类命运共同体的典型代表。其一,两者涉及的主体相同,都是指全球范围的人类共同福祉和关怀,既非国家也非个人,而是将人类作为一个整体来看。网络空间中没有新的国家实体,网络空间中的依存关系归根到底是实体世界中的关系在网络空间的反映①。其二,两者的价值核心相同,都是一荣俱荣、一损俱损的命运共同体条件下的共生共存与共管共治,其目标都是以人类命运共同体意识促进不同国家间、民族间乃至个人间的和谐共生与共利共荣,从而达到人类文明幸福的可持续发展。其三,随着信息化和数字化进程的进一步深入,网络空间将逐步成为与实体空间不可分割的人类普遍活动领域,两者逐步融合,单一纯粹的网络空间将不复存在,网络空间命运共同体也因此成为人类命运共同体的典型代表。

二、网络空间命运共同体的内在逻辑

习近平认为"人类命运共同体"就是"共享"的共同体,即共享尊严、共享发展成果、共享安全保障、共掌世界命运。人类命运共同体涵盖并高于价值共同体、利益共同体、责任共同体和命运共同体,它们是并列而内涵不同的概念②。网络空间虽然有不同于物质空间的特征,但它同样承载着人类活动、延续着人类文明,因此

---

① 黄璜:《从三个层面看网络空间命运共同体》,《紫光阁》2016年第1期,第94页。
② 徐亮:《"命运共同体"的价值意义》,《唯实》2015年第9期,第88页。

也同样面临着资源分配、利益分割、秩序建立和权力博弈等问题。而推进互联网的共享、共管和共治正是提出"网络空间命运共同体"的宗旨。网络空间命运共同体的内在逻辑可以从如下四个方面进行解读。

(一)网络空间人类文明的通融效应

文明,是从历史中沉淀下来的,有益于增强人类对客观世界的适应和认知、符合人类精神追求、能被绝大多数人认可和接受的人文精神、发明创造以及公序良俗的总和。尽管萨缪尔·亨廷顿曾预言文明的冲突,但是在信息时代,真正发生的是文明的融合。人类共同体自身演变的历史过程可以认为是文明从区域性存在走向全球化的发展过程[①],是文明发展的横向融合与一体化的过程,即由各地区间的相互封闭到逐步开放,由彼此孤立分散到联系密切,并在竞争的同时发生相互借鉴与融合。从文明融合发展的角度看,人类命运共同体可以称为文明共同体,网络空间命运共同体也是文明共同体。

从直接效应看,其一,网络空间是不同文明的展示平台与窗口。人类文明的载体有很多种,如建筑、文物等物理载体,但更多的是通过信息表达出来。如今网络空间已经成为最大的信息库,网络空间也成为最便捷的展示文明的窗口。其二,网络空间还是有效的文明学习与交流的平台与工具。人其实是最重要的文明载体。全球化时代大大增加了人员的国际流动性,使人类有途径接触学习各种文化和文明。更重要的是,这个星球上超过一半的人已经拥有智能手机,而且移动互联网设备的总数已经超过了地球人类的总数。通过网络环境的文明竞争、冲突、互通与借鉴,不同

[①] 付正芸、冷树青:《历史唯物主义视阈中的文明融合发展》,《江西社会科学》2011年第7期,第39页。

文明共同体间的差距逐步缩小,文明的全球性拓展和融合得以不断推进,形成更具包容性和整合性的人类文明共同体。从间接效应看,信息网络正是促成人类文明融合发展的最重要的因素,不仅促进了文明融合的物质基础的全球一体化,而且也促成了支撑人类文明互动融合的价值理念的转变,和平与发展成为世界主流。

(二)网络空间人类利益的弥合效应

网络空间的价值就在于其链接性。同时,根据梅特卡夫法则(Metcalfe's Law),网络价值等于网络节点数的平方,即网络价值以用户数量的平方的速度增长。随着信息化的全球推进,越来越多的国家和地区被网络空间链接,网络空间承载的国家利益和民众利益也越来越多。以互联网为代表的信息通信技术深刻改变了人们的生产和生活方式,日益激励市场创新、促进经济繁荣、推动社会发展。"互联网+"正在融入各行各业,在大大提高社会生产力的同时,也使各行各业的发展与网络空间密不可分。各国事关国计民生的关键部门如金融、电力、能源储存与分配、交通管理等系统也日益实现网络化管理。一个安全、稳定、繁荣的网络空间,对一国乃至世界的和平与发展越来越具有重大意义,也成为全人类的共同利益。通过网络空间链接的共同利益,网络空间共同体也就具有了利益共同体的含义。

同时,网络空间的动员机制与利益表达机制也是人类利益弥合效应的重要推手。不同的利益个人、利益主体都有各自的利益指向。根据信息论创始人克劳德·艾尔伍德·香农(Claude Elwood Shannon)的经典定义,"信息是可以减少或消除不确定性的内容"[1]。香农认为,信息具有使不确定性减少的能力,信息量

---

[1] Claude Elwood Shannon,"A Mathematical Theory of Communication", *The Bell System Technical Journal*, 1948, Vol.27, p.381.

就是不确定性减少的程度。网络空间的信息传输和利益表达机制有利于不同利益主体之间的利益诉求,避免矛盾积累,从而达到利益整合的目的。互联网促使国际间进行充分的信息交换,从而有助于提供完整的信息并减少不确定性①。而网络空间的动员机制同样通过网络行动主义弥合不同的国内国际利益。通过收集、发表、政策对话、协调行动、直接游说决策者等不同模式②,不同主体的利益得以协调,共同利益也因此更易形成。

（三）网络空间权力的分散效应

网络空间命运共同体是共享利益和共担责任的命运共同体。责任的大小取决于权力的大小,权力的分散决定了只有共担责任才能应对各种网络空间挑战。从权力来看,借用哲学家华尔特·布赖斯·加利(Walter Bryce Gallie)的词语,网络空间现在已经出现了"威权危机"(crisis of authority)③,或者用英国国际政治经济学学者苏珊·斯特兰奇(Susan Strange)的词语,网络开始成为"权力流散"(diffusion of power)的重要场所④。美国学者约瑟夫·奈也指出,全球信息化时代,权力不再由国家独有,国家要和跨国公司以及个人等网络行为体共同分享权力⑤。各种网络空间的权力分散性体现在不同的行为主体所拥有的不同的网络权力:国际组

---

① 蔡翠红:《国际关系中的网络政治及其治理困境》,《世界经济与政治》2011年第5期,第96页。
② Dorothy E. Denning, "Activism, Hacktivism, and Cyberterrorism: The Internet as a Tool for Influencing Foreign Policy" (December 10, 2001), RAND Corporation, https://www.rand.org/content/dam/rand/pubs/monograph_reports/MR1382/MR1382.ch8.pdf, retrieved March 3, 2016.
③ Walter Bryce Gallie, "Essentially Contested Concepts", *Proceedings of the Aristotelian Society*, 1956, No.56, pp.167-198.
④ Susan Strange, *The Retreat of the State: The Diffusion of Power in the World Economy*, New York: Cambridge University Press, 1996.
⑤ Joseph S. Nye Jr., *The Future of Power*, New York: Public Affairs, 2011, pp.132-139.

织和国家间机构拥有的是一种体系性权力(systemic power),国家和政府拥有的是一种工具性或结构性权力(instrumental and structural power),代表市场的私营部门和技术精英拥有的是一种元权力(meta-power),代表社会的民间团体和个人拥有的是倡议的权力(advocacy power)。同时,这些权力之间又相互连接相互牵制,共同组成网络空间治理的责任共同体。

网络空间权力的分散链接效应根植于去中心化的网络结构以及信息的赋权功能。每一台联网电脑都是一个节点,每一个节点都是一个中转站,每个节点都是一个权力中心。权力就在这个纵横交错的网络中持续地流动着。同时,信息具有赋予权力的作用,信息是权力的来源。能有效利用网络的人往往能发布并获得更多更新的信息,从而占据信息上的优势,为在网络空间里争取更多的话语权提供基础,并拥有更多的权力。例如,一些专业性的网页通常包含许多信息条目链接,处于优势位置的链接往往能吸引最大人群的注意力,使其指向的网页具有了更大的权力。此外,掌握网络空间的相关技术知识也意味着拥有更多的权力。福柯认为,技术是权力实施的一种新形式,它被用来制定话语条例、建立规训、进行监视等,是一种有效的权力策略。网络空间权力的分散效应一方面使网络消弭了中心和权威,另一方面也决定了不同权力主体之间的相互依赖。

(四)网络空间对人类未来的捆绑效应

在网络空间命运共同体和人类命运共同体的词语剖析中,"共同体""网络空间""人类"在中西文化中大体相同,但"命运"在中西语汇中意思不能完全对应,这也导致了翻译的不统一。笔者整理中发现在近几年正式发行的中文学术刊物中,命运曾被翻译成destiny, fate 和 future。最近基本被统一翻译为 future(即"未来"),人类命运共同体的英文表达为 Community of Shared Future for Mankind,网络空间命运共同体的英文表达为 Community of Shared Future in Cyberspace。显然,把命运翻译成"未来"更能把握住这一语境中的含义,因为 destiny 和 fate 虽然字面意义和"命运"相对应,但是都有预先注定的宿命论含义,尤其是在基督教世界看来,命运(destiny)意味着一种前生注定不可改变的归宿。而人类命运共同体和网络空间命运共同体中的命运更具有积极意义,即通过人类的共同努力塑造更美好未来的涵义。

网络空间人类未来的捆绑效应包括两个方面即繁荣和脆弱性的共通。互联网是"双刃剑"。一方面,网络为人类发展创造了新的繁荣发展的机遇。以互联网为代表的信息技术给生产力带来质的飞跃,人类生活因为网络化而得以进步。各国利益深度交融,相互牵制,形成全球共同利益链。无论哪一环脱节,都有可能导致共同繁荣的利益链的断裂。另一方面,由于互联网的开放性、便利性以及技术的不完善性,网络极端主义、网络恐怖主义、跨国网络犯罪、侵犯知识产权和网络监听等违法犯罪活动在网络上层出不穷,而其危害也因为互联网全球互联互通的特性呈现全球化特点,大至国家,小到公民,都受到不同程度的侵害。从"震网"病毒到"心脏出血"漏洞,再到"想哭"病毒感染,全球性的网络安全事件一次次证明网络威胁已经成为整个人类社会的公敌,国家有国界而网络安全无国界。同时,网络空间权力的分散性又使任何一个国家都不可能独善其身,不可能凭借一己之力谋求自身的绝对安全,也没有一个国家可以从动荡世界中长期获得稳定的收益。网络空间对人类未来的捆绑效应归根结底源于这一事实,即无论愿意与否,任何国家都不可能逃脱,也无法避免数字化生存和网络化趋势。愿意者会主动融入,不愿意者也将被被动纳入。人类未来休戚与共的这种关系使得网络空间命运共同体某种意义上也是未来共同体。

三、网络空间命运共同体之路径选择

在第二届世界互联网大会上,习主席向全世界发出共同构建网络空间命运共同体的倡议时提出了五点主张:加快全球网络基础设施建设,促进互联互通;打造网上文化交流共享平台,促进交流互鉴;推动网络经济创新发展,促进共同繁荣;保障网络安全,促进有序发展;构建互联网治理体系,促进公平正义[①]。在第三届世界互联网大会上,习主席在上述"五点主张"的基础上进一步提出了构建网络空间命运共同体的"十六字方针",即"平等尊重、创新发展、开放共享、安全有序"。基于这十六字方针,笔者认为可作如下四方面的进一步解释。

(一)平等尊重基础上的共识构建:从理性主义到建构主义

平等尊重基础上的共识构建是网络空间命运共同体建设的最重要一环,而推动和鼓励行为体的行为逻辑从理性主义转向建构主义尤其重要,即从以结果型逻辑为主要特征的个体理性最终转变为一种建立在共有知识和价值观念上的"适当性逻辑"。卡尔·多伊奇(Karl Deutsch)曾试图从安全层面找到建立共同体的理论依据。他认为有两个条件可以促进安全共同体的形成:一是参与政治主体对彼此的需求和言行有足够的且非暴力的应对能力;二是和政治决策相关的主要价值观有足够的相容性[②],如自由经济、

[①] 《习近平出席第二届世界互联网大会开幕式并发表主旨演讲》(2015年12月16日),国家互联网信息办公室网站,http://www.cac.gov.cn/2015-12/16/c_1117480642.htm,最后浏览日期:2017年12月5日。

[②] Karl W. Deutsch, et al., *Political Community and the North Atlantic Area: International Organization in the Light of Historical Experience*, Princeton: Princeton University Press, 1957.

民主政治、主权独立等。可见价值共识是包括网络空间命运共同体在内的任何共同体建设的基本前提，也是网络空间命运共同体建设的最高境界。伊曼纽尔·奥德勒(Emanuel Adler)曾从发展的角度提出了共同体形成的"三个梯级"假定。他认为处于第一阶梯的主要影响因素是外来威胁、经济因素和技术进步；处在第二阶梯的主要影响因素有社会学习、权力结构和国际制度；而第三个阶梯是最高的一个等级，它包括互信和集体认同[1]。也就是说经过前两个阶段发展后，共同体内国家间的信任不仅在程度上提升，而且信任基础性质也发生了变化，从基于契约的信任逐步过渡到基于了解的高度互信。换言之，网络空间命运共同体的初级阶段中各行为体认识到加入共同体有经济、政治和安全上的好处，而最高阶段则是各行为体逐渐认为加入共同体是一种应该的、理所当然且不需要权衡的事情[2]。

（二）创新发展目标下的安全保障：从技术保安全到全面协同安全

创新发展和安全保障是网络空间命运共同体建设的一对关键平衡关系。互联网深刻改变着人们的生产生活，有力推动着社会发展，日益成为创新驱动发展的先导力量。而安全保障是创新发展的基础。处于网络安全命运共同体中的安全保障需要从技术保安全过渡到全面协同安全，这包括两方面涵义。一是从观念上建立"共享安全保障"的共识。维护网络安全是国际社会的共同责任。网络安全是全球性挑战，没有哪个国家能够置身事外、独善其身。各国应彼此确保不受网络威胁和面临危险、危害和损失，同时

---

[1] Emanuel Adler and Michael Barnett, eds., *Security Communities*, Cambridge: Cambridge University Press, 1998, pp.6-7, 30.
[2] 徐进、郭楚：《"命运共同体"概念辨析》，《战略决策研究》2016年第11期，第15页。

也不将自身网络安全建立在他国不安全的基础上。二是从行动上各国和网络空间各利益攸关方同心协力,综合运用技术、制度、治理等各种手段合作应对各种网络问题和挑战。网络空间中各种行为体可以掩盖真实身份和地址在世界各地随意行动而很难被发现,因此网络空间行为有难以溯源的特点。这一特性决定了技术实力再雄厚的国家也很难凭一己之力将恶意行为追踪至源头。正如360公司董事长兼CEO周鸿祎在世界互联网大会演讲中所提到的,过去我们更多地从技术角度讲安全,而今天的安全不能单纯地依靠技术,而是靠协同和合作①。因此,网络空间命运共同体中的安全是"合作安全、集体安全、共同安全"。

(三)开放共享目标下的行为逻辑:从零和博弈到合作共赢

网络空间命运共同体的建设需要各行为体摆脱零和思维定势并采取合作共赢的价值理念和行为逻辑,从而达到网络空间的开放共享。开放共享不仅体现在互联网物理时空的开放共享,更体现于人们在思维空间上的开放共享。属于非合作博弈的"零和博弈"已经有几千年的存在历史。然而,正如我国《网络空间国际合作战略》所指出的,国家和地区间的"数字鸿沟"不断拉大,关键信息基础设施存在较大风险隐患,网络恐怖主义成为全球公害,网络犯罪呈蔓延之势,同时,当前网络空间依然存在"发展不平衡、规则不健全、秩序不合理"等现实②。要从根本上解决这些问题,唯有共建共治、合作共赢,才能构建和平、安全、开放、合作、有序的网络空间。合作共赢是网络时代人类命运相互依存的一体化要求,也是科技进步和全球化背景下的社会进化结果。国际关系已经不再

---

① 《热点人物(周鸿祎)》,《信息安全与通信保密》2016年第9期,第12页。
② 外交部和国家互联网信息办公室:《网络空间国际合作战略》,2017年3月1日发布。

表现为你死我活的安全威胁和领土扩张的传统战略敌对关系,而是一种"社会进化式"的战略竞争①。正如习近平所指出的,网络空间命运共同体建设的合作共赢具体可从五个方面展开,即加快全球网络基础设施建设、打造网上文化交流共享平台、推动网络经济创新发展、保障网络安全以及构建互联网治理体系。

(四)安全有序目标下的全球治理:从求同到求和

网络空间的安全有序发展是治理全球互联网秩序的基本准则和目标,网络空间命运共同体的建设需要人类社会从求同到求和的全球治理观念转变。"网络空间命运共同体"并不是简单的孤立行为体的聚合,而应视为一个整体,这两种认识看待事物的方式存在区别,即求同与求和的区别。这也是共同体和社会的区别。共同体是自然形成的、整体本位的,而社会是非自然的即有目的人的联合,是个人本位的②。在共同体里,尽管有种种的差异,仍然保持着结合;在社会里,尽管有种种的结合,仍然保持着分离。命运共同体的概念并不意味着在一个共同体当中的每一个个体都是完全等同的。中国提出人类命运共同体和网络空间命运共同体,并不是否认当今世界存在的各种矛盾,而是强调即便存在着如此众多的矛盾,也不可回避人类存在着共同利益,倡导要采取包容、开放、共赢的思维来聚同化异③。当前世界各国在网络空间同样有不同乃至冲突的利益诉求,价值观也有差异,完全谋求全球共识基础上的全球治理模式仍存在一定困难。因此,网络空间全球治理

---

① Shiping Tang, *Social Evolution of International Politics*, Oxford: Oxford University Press, 2013. 亦可参见蔡翠红:《中美关系中的"修昔底德陷阱"话语》,《国际问题研究》2016 年第 3 期,第 23 页。
② 陈宇光:《论滕尼斯对"共同体"与"社会"的阐释》,《南通工学院学报(社会科学版)》2004 年第 4 期,第 4—5 页。
③ 赵可金:《人类命运共同体与中国公共外交的方向》,《公共外交季刊》2016 年第 4 期,第 8 页。

的理想模式并不一定是求同,也可以是不同问题不同角度的共同解决,是各行为体在遵循四项原则即尊重网络主权、维护和平安全、促进开放合作、构建良好秩序基础上进行努力的求和模式。

第三节 网络空间命运共同体框架下的中美新型大国关系之构建

一、网络空间中的中美关系走出安全困境的实践基础

虽然中美关系在网络空间中呈现为冲突、竞争与合作的复合体,但是,当代信息社会新闻的商业选择性让我们更多地看到了冲突的一面。在网络无政府状态下,对国家而言,一方往往将另一方发出的信号理解为威胁,并且针锋相对地发出同样的威胁信号,安全困境就会产生。但是安全困境并不是无政府状态所固有的,它也是在行为体互动的实践中被建构的。网络空间中的中美关系是一种正在建构的国家间关系,中美双方都在探索,包括利益界定、目标定位、行为规则、危机管理等,而认知层面的理解则可能影响所有这些因素。虽然在传统的两强关系中,实力、弱点和意图的交织决定着它们究竟将彼此视为伙伴还是威胁。但是,在物质的性质和力量大小确定的前提下,观念的作用可以将霍布斯的杀戮文化建构成洛克的竞争文化和康德的朋友文化,从而改变国家间的关系①。根据温特的理论,霍布斯文化可以通过相对稳定的实践构建认同和利益,从而向洛克的竞争文化和康德的朋友文化转变②。

---

① 姚勤华:《温特建构主义哲学观解析》,《世界经济与政治论坛》2010 年第 5 期,第 88 页。
② Alexander Wendt,"Anarchy Is What States Make of It: The Social Construction of Power Politics", *International Organization*,1992,Vol.46,No.2,pp.415-416.

同样,网络空间的中美关系走出安全困境需要以下观念基础上的稳定实践。

(一)对网络监管和网络主权的认同

国家间对主权制度的相互承认是逃离"霍布斯世界"的一种方式。同样,对网络主权的承认是网络空间中的中美关系摆脱安全困境的要点之一。在霍布斯的世界中,安全是由国家权力来决定的,但主权原则改变了这种情况。网络主权制度可以使各国相互承认各自相应的网络监管权,国家对被潜在敌人控制的恐惧减少,国家间合作的可能性就增加。尽管网络本身具有开放性,但是网络空间里中美关系的健康发展需要强调网络主权与网络空间开放性的平衡,原因在于下述两方面。

一是,网络空间本身的性质决定了其监管需求。理论上,网络空间是没有边界的,目前没有一个终极管理者。因此,网络空间是极端个人自由主义滋生的良好场所。在网络政治参与中,相当大数量的参与者不是基于公民的责任感,不是出于对自己的权利和义务的认识,而是凭着心中激荡的冲动来参与政治,有时甚至是为了发泄心中的不满情绪,而这种参与往往超出了法律和制度的许可,表现出狂热性、发泄性、破坏性等显著特征[①]。而当政治参与中的利益无法实现时,利益表达的需求并没有消除。如果某个人或某个群体在政治沟通中经常遭受挫折,他们往往就会由和平转为对抗,以极端的形式表达不满,从而破坏正常的政治秩序,导致社会不稳定。如果任由这种无节制的状态发展下去,最后的结果不但是民主的丧失,甚至是社会失控,国家崩溃。

二是,依法管理互联网是世界各国通行的做法。通过隐性的

---

① 郭小安:《网络政治参与和政治稳定》,《理论探索》2008年第3期,第128页。

政治控制来强化国民对当局和政治典则的认同,维护政治秩序,是所有政治体系的本能反应和必然举措,对于后发展国家尤其重要。这种控制一般体现为三个方面,即国家垄断信息、控制传媒、塑造民族国家意识以及节制政治参与①。很多专家曾预测,对网络空间的政治监督行为定会失败,只可能出现两种结局:一个自由扩张、为政治权力的控制范围所不及的互联网;或者是一个被政府控制扼杀、不能实现其潜在的社会和经济利益的互联网。让这些专家不解的是,在中国这两种情况都没有发生②。中国有自己的国情和文化传统,中国对互联网坚持依法管理,既是信息自由流动的前提,也是维护信息安全、保障互联网健康有序发展的必需。对于美国而言,虽然对外提倡跨国界的自由网络进入,对内也是有自由限度的③。美国政府在鼓励"封闭社会"的人民争取互联网自由并对这些国家的政府新闻管制提出质疑的同时,也在本国设立法律封锁以缓解维基揭秘网发起的挑战。就在希拉里发表"互联网自由"演讲的那一周,联邦调查局主张扩大政府对社交网站和 Skype 等加密在线通信工具的监督权。参议院考虑进行立法,赋予司法部在取缔"流氓"网站域名方面更大权力④。因此,在国际舆论战争中,民主、人权和自由,不过是西方各国政府根据自身利益需要,贴给别人的一种新闻标签和政治标签。由于各国国情千差万别,在保障网络信息通畅流动方面不可能用一个标准来衡量,不可能

---

① 刘邦凡、王磊、李汉卿:《信息爆炸条件下的政治控制》,《新闻爱好者》2009 年第 20 期,第 4—5 页。
② George Yeo and Eric X. Li, "Rise of the Dragon: China Isn't Censoring the Internet. It's Making It Work", *The Christian Science Monitor*, January 23, 2012.
③ 蔡翠红:《试论美国信息自由的法律基础及其限度——以维基揭秘事件为例》,《国际问题研究》2011 年第 1 期,第 59—63 页。
④ Rebecca Mackinnon, "'Internet Freedom' in the Age of Assange" (February 17, 2011), *Foreign Policy*, http://www.foreignpolicy.com/articles/2011/02/17/internet_freedom_in_the_age_of_assange, retrieved September 3, 2016.

用一部法律来规范。

（二）中美网络空间战略互信的建立

在网络空间，缓解中美之间日益严重的安全困境并非易事。而对话和建立互信的措施可以有所帮助，但目前仅处于初级阶段[①]。中美两国对彼此网络行为的怀疑都与日俱增，而这种怀疑很容易影响它们对彼此长期意图的整体判断。温特认为二者或警觉或攻击，这取决于对对方意图的理解。如果一方发出的信号是威胁的，那么另一方经过接收、解读和赋予意义后，也将之理解为威胁信号，威胁感就由此而生；如果一方发出的信号是友好的，经过同样的认知过程，也会被理解成为友好，那么双方就不会产生威胁感。在没有确凿证据的情况下，美国倾向于将来自中国的黑客袭击视作"政府资助的行为"，通过炒作来自中国的"威胁"来营造和凸显中国政府对美国的所谓"敌意"，甚至认为中国满是针对美国的"网络民兵"（cyber-militia）[②]。这种宏观战略上将中国塑造成为美国的"敌人"的做法，目的之一是维护美国对网络话语权的主导权，目的之二是希望通过谴责来自他国的网络威胁，从而转移国内公众注意力，将自身疏于防范和管理的责任转嫁于他人。但它给外界受众留下的印象是，中国政府正系统地通过有组织的黑客行动窃取西方国家的机密情报，并威胁包括美国在内所有西方国家的信息安全。这种对中国黑客和中国威胁的判断，以及在此基础上形成的政策，可能构成一个呈现螺旋式互动的自我实现的预言。

[①] Adam Segal, "China's Cyber Command" (December 29, 2011), The Diplomat (Japan), http://the-diplomat.com/china-power/2011/12/29/chinas-cyber-command/, retrieved March 3, 2017.
[②] Shane Harris, "China's Cyber-Militia", National Journal, 2008, Vol.40, No.21, p.32.

美国布鲁金斯学会约翰·桑顿中国中心主任李侃如认为,中美双方的决策者和公众都必须面对如下事实,即网络领域的发展带来的是紧张关系而不是互信①。这恰恰反映了中美网络领域的战略互信的强烈需求。作为互联网的发源地,信息技术在美国整体国家发展中具有特殊重要的地位。也因为如此,面对中国日益发展的信息网络能力,无论是普通美国民众、理论研究者还是政策制定者,都会产生深刻的不安全感,并对所谓可能威胁的来源投射强烈的不信任乃至敌意。这种倾向从根本上来讲是双方缺乏战略互信的产物。美国不仅担心中国会利用不对称优势弥补其与美国的军事实力差距,还担心中国的人口规模及其中央集权化的政治制度创造出一个与外界互联网既有联系又相对独立的平行互联网,并对美国所主导的互联网形成抗衡与威胁。而美国在意识形态领域的宣传渗透,在信息技术领域所具有的优势,以及冷战后美国在历次高科技局部战争和对外军事干涉行动中的网络行动,也让中国担心"美国在操作系统中留下的后门"对中国国家安全构成严重威胁②。如何解决这些问题,并增加中美在网络空间的互信,从而减少虚拟领域的矛盾和冲突、增加合作并保持相对稳定是今后网络空间中中美关系面临的巨大挑战。

基于对上述两种稳定实践的分析,需要指出的是,无论是竞争、冲突还是合作,网络空间中的中美关系某种程度上都是实体世界中美关系的体现。由于核心利益、政治制度、意识形态、价值标

---

① Kenneth G. Lieberthal and Peter W. Singer, *Cybersecurity and U.S.-China Relations*, February 23, 2012, Brookings Institution, https://www.brookings.edu/wp-content/uploads/2016/06/0223_cybersecurity_china_us_lieberthal_singer_pdf_english.pdf, retrieved March 25, 2017.
② 沈逸:《数字空间的认知、竞争与合作——中美战略关系框架下的网络安全关系》,《外交评论》2010年第2期,第41页。

准、历史背景、文化传统和生活方式的差异,中美之间的矛盾和分歧是客观存在的,而这些矛盾和分歧必然也会在网络空间浮现。同时,信息本身的不确定性也会导致美国在潜意识中构建可能的对手,并可能导致中美网络空间安全困境的产生。而避免安全困境的途径不仅依赖于网络主权的相互确认,更在于中美在网络空间的战略互信的建立。正如中国国家互联网信息办公室副主任钱小芊在"第五届中美互联网论坛"主旨演讲中指出的,中美两国都是互联网大国,无论在促进互联网发展还是在维护网络空间安全方面,都有共同的利益和责任。互联网应成为促进中美两国互尊互信和互利共赢的桥梁,成为促进中美关系发展的积极因素而不是相反①。

二、构建中美新型大国关系的机遇与路径

共同推动网络安全成为中美构建新型大国关系的积极领域,是一个合则两利的选择。中国正在积极倡导发展以"不冲突不对抗,相互尊重,合作共赢"为特征的中美新型大国关系,中美的网络政治关系也需要置于此框架之下。"中美两国合则两利、斗则俱伤",习近平主席的这一论断同样适用于两国的网络政治关系。中美在网络空间的携手合作、求同共进,不仅会为建立新型大国关系注入新动力,而且会为全球网络治理增添正能量。

中美新型大国关系是中国倡导推动的大国关系新模式,是为了避免陷入新兴大国和守成大国由于实力变化和利益转移而必然伴随的矛盾、对立和冲突。作为信息时代世界经济社会运行的重

---

① 钱小芊:《让互联网成为促进中美两国互尊互信互利共赢的桥梁——在第五届中美互联网论坛的主旨演讲》(2011年12月9日),国务院新闻办公室网站,http://www.scio.gov.cn/ztk/dtzt/65/7/4/Document/1073781/1073781.htm,最后浏览日期:2018年12月25日。

要基础,在网络空间里能否避免重复历史上大国间争夺核心资源控制权的命运,成为一个和平、合作和共享的新型空间,也将是对新型大国关系能否解决更广泛的国际和平与发展问题的考验。

中美两国在网络空间拥有许多重要的共同利益,互联网理应成为两国重要合作领域。中国是网络用户最多的国家,美国是网络技术最发达的国家,两国在维护网络空间的安全、可靠运行方面,已成为密不可分的命运共同体。在近年来网络空间事端频发、网络安全威胁不断上升的大背景下,中美加强网络空间领域的互信与合作尤为重要。在打击网络犯罪、网络反恐、确保重要网络基础设施的可靠性等方面,中美拥有开展合作的巨大潜力。此外,中美商业界、科技界在网络空间技术标准、应用与研发、以创新促进经济发展等领域均有交集,中美合作空间亦很广阔。

中美在网络空间开展合作,不仅有利于拓展两国共同利益,更事关国际网络空间治理进程。作为在国际治理中不可或缺的大国,中美有责任加强合作,确保网络空间成为人类社会繁荣发展的推进器,而不是诱发矛盾和冲突的新源头。目前,网络空间缺乏能够为多数国家所接受的行为准则,中美双方需要发挥带头作用,弥合各方分歧,引领网络空间的规则制定和制度建设。

习近平主席多次强调,中美关系的本质是互利共赢。网络空间未来应成为拓展中美共同利益、增进合作的又一重要领域。中美在网络空间的积极互动,将进一步充实中美新型大国关系内涵,为其注入新能量。一方面,网络空间问题错综复杂,涉及政治、经济、安全、执法、外交等诸多领域,中美关系的复杂性在这一问题上彰显无遗,中美就此开展合作,有助于两国积累处理复杂难题的经验,有利于培育战略互信,为构建新型大国关系提供助益。另一方面,中美共同引领国际社会推进网络空间治理,充分反映了两国关系的全球性属性。在全球化时代各国利益高度交融的大背景下，这将是中美新型大国关系对于全人类的重要贡献。

（一）网络时代给予中美新型大国关系的机遇

1. 网络时代的整体思维对理性决策的促进

网络时代催生的整体思维可以从三个层面来理解。一是网络文化对人的整体思维的塑造。一键达全球的传播速度，穿越时间限制、地理障碍的时空跨度的互动直接引起思维方式和观念的变革，即世界是一个整体。二是网络空间本身的互联互通所带来的对行为和物质世界的整体思维。网络空间的关联态势穿透现实社会的方方面面，网络空间不仅将各国经济、社会、文化紧紧联系在一起，使各国相互依存和关联度日渐上升，而且网络空间本身的挑战如网络恐怖主义等网络安全问题也需要全球共同来应对。三是共享网络空间的脆弱性所带来的整体思维。网络空间的结构特点决定了任何一个最薄弱的环节都可能成为攻击的入口。中美之间隔着浩瀚的太平洋，地理空间有所分割，然而网络空间和太空技术的发展使中美之间重新开始共享权力空间，也使各国利益形成不可分割的整体性特点。

整体思维有助于网络时代的理性决策，也有助于大国冲突的预防。国际关系中的理性决策要求国家行为体在决策时能够确定自己的国家利益，并能排列出不同目标的轻重缓急；要求国家能够确定与战略环境相关的各种不同的行为选择方案；要求知晓执行某种方案可能带来的各种后果，包括对国家目标和利益的损益；要求国家能够按照利益最大化原则，选择出能使自己获利最大的方案[①]。而上述伴随网络时代的整体思维可以让决策者更能看清自

---

① 李智:《论外交决策中的理性决策模式》,《鞍山师范学院学报》2008年第3期,第9页。

身目标的优先次序,更能看清不同的行为选择方案,更能看清世界作为一个整体背景下任何决策可能引发的多面连带效应,从而避免作出对整体国际关系带来创伤性破坏的大国冲突选择。

2. 网络化所赋予的透明度为减少误判和时效性提供危机预防沟通的便利

《人、国家与战争》一书指出:行为科学中被广为接受的观点是意识增进各国国民之间的理解,也意味着增进和平。与之类似,通过减少失望和不安全感,进而改善对个人行为的社会调节,可以降低战争爆发的频率①。在当前高度网络化的时代,世界资讯与情报的透明度、各国战略动向和政策选择的透明度都是空前的。透明度往往包括三层含义,即政策透明、信息透明和交流透明②。网络对透明度有两方面贡献:一是主动的透明度,即当事国对其政策及相关信息和交流的主动公开;二是被动的透明度,即网络空间的大数据和海量信息所隐含的相关信息。透明度作为信任机制建设的一部分,可以减少甚至消除国际行为体之间的误解或误判的风险。

网络提供的交流和通信的实时有效手段又提供了危机预防和沟通的便利。正如格雷厄姆·艾利森(Graham Allison)教授所提到的数例没有以战争为结局的权力转移一样,交流沟通起到了非常重要的作用。危机可以分为有冲突背景的危机和偶发性危机。在当前理性思维和整体思维占主导地位的情况下,国际危机往往具有偶然性和突发性。对于有敌对冲突背景的危机,网络提供了相关方沟通核心利益和行动意图的便利,有助于相互权衡和谈判。

---

① Kenneth N. Waltz, *Man, the State and War: A Theoretical Analysis*, New York: Columbia University Press, 2001, pp.42-43.
② 滕建群:《论中国的军事透明度》,《国际问题研究》2009年第3期,第47页。

而借助网络的非官方的不间断的通信联络可以缓解国家之间的紧张局势并寻找替代解决方案。对于由偶然性意外事故所触发的偶发性危机,网络的作用更加明显。这类危机的突发性特征极其明显,需要及时作出反应。在几乎人人都有智能手机的时代,网络交流的实时性、便捷性以及音频、视频、文字的多方式选择性赋予了危机预防沟通的极大便利。

3. 网络催化的社会民众力量对中美关系的平衡

17世纪的法国作家拉·布吕耶尔(La Bruyere)认为,战争只能使皇族的利益得到实现,而和平才能使全民的真正利益得到保障[1]。托马斯·潘恩(Thomas Paine)也指出,人民的利益在于和平,君权是人类公敌和苦难的来源[2]。历史上战争的发动权都在于决策者,老百姓即人民的作用非常有限。然而,网络政治参与和网络政治动员功能催化了网络时代的市民社会的诞生。随着网络诞生的强大网络民意对决策者形成了批判和监督作用,监督国家权力并影响国家的内外政策。同时,网络也为普通大众迅捷地提供诸多外交信息,这意味着大众的权力相应提升,因为信息获取是权力的重要来源。网络还推进了自媒体的诞生,以媒体的形式影响国家决策。所有这些都说明网络时代的国家-社会关系的相互制约和牵制。

随着网络时代全球市民社会的形成,中美关系已经不再是简单的国家对国家的关系,还是社会和社会之间的关系。中美外交关系不再仅仅事关政府机构和领导人,而是牵涉广大的社会力量。中美两国政府关系出现"恶化"时会及时得到来自市民社会力量的

---

[1] 转引自 Kenneth N. Waltz, *Man, the State and War: A Theoretical Analysis*, New York: Columbia University Press, 2001, pp.97-98。
[2] Philip S. Foner, ed., *The Complete Writings of Thomas Paine*, Vol.1, New York: The Citadel Press, 1945, pp.21-29。

制约、调整和纠偏①。中美之间不会也不应该发生战争。美国国内有鼓吹走向战争或冲突不可避免的利益集团,但是中美最大的利益集团——普通民众——反战和追求和平的动力可以击碎一切特殊利益集团的小算盘②。两国普通民众之间的日益频繁深入的人文交流就像是一张巨大的网,承载着中美关系的厚重,更像是无所不在的空气,维系着中美关系的"生存"。中美关系的根基最终仍然在于"沉默的大多数"③。

(二) 网络空间中的中美新型大国关系的构建路径

结合中美之间在网络空间里已然呈现的竞合关系情势,依照竞争性递减、合作性递增的顺序,可以沿着以下三个层面的思路去探索网络空间中的中美新型大国关系④。

1. 现实主义路径:能力建设

从现实主义路径来看,在军事安全层面,在中美双方的军事互信取得实质性突破之前,中国仍须不断加强自身的网络力量建设。各方利益的严重冲突表明各方权利和责任的严重不平衡,只有在体系环境或要素本身的条件发生变化的时候才有可能改变,而其中最重要的要素便是实力。中国在网络空间的规则制定话语权最终仍然依赖于中国在网络空间实力的提升。

中国应加强网络空间防御能力和威慑能力。中国不赞成网络

---

① 金灿荣、起远良:《构建中美新型大国关系的条件探索》,《世界经济与政治》2014年第3期,第64页。
② 邓媛:《两国知名学者把脉中美关系》(2015年6月1日),新华网,http://www.xinhuanet.com/herald/2015-06/01/c_134287813.htm,最后浏览日期:2018年12月28日。
③ 王栋:《中美关系的根基在"沉默的大多数"》(2015年6月16日),环球网,http://opinion.huanqiu.com/opinion_world/2015-06/6691867.html,最后浏览日期:2015年11月2日。
④ 檀有志:《安全困境逃逸与中美网络空间竞合》,《理论视野》2015年第2期,第61—63页。

军事化的立场。但是,在全球各国都在发展网络军事化和武器化应用的国际背景下,中国也不得不做好相应的能力建设和准备。因此,习近平在2016年4月19日网信工作座谈会发言中专门提到加强网络空间防御能力和威慑能力。网络空间防御能力的增强是一个综合系统工程。它既包括加强公众教育,培养网络安全意识和树立"网络边疆"意识;也包括加强网络空间立法,做到有法可依;还包括安全技术创新、专业人才培养以及突发事件快速反应机制的建立等。

2. 自由主义路径:增强合作

从自由主义路径来看,首先,中美应不断发掘电子商务、互联网金融等新兴经济增长点以展开有深度的制度合作,继续催化经济纽带在网络时代对双边关系稳定所发挥的"弥合剂"作用,从而推进中美关系的正向发展。

其次,中美在网络安全领域也存在很大的合作空间。中美在网络空间多领域的共同利益是双方合作的基础。在网络安全方面,中美均受到恐怖主义网络袭击、恶意黑客袭击、网络犯罪等问题的严重威胁。网络安全问题的全球性特点使世界任何国家难以独善其身,不得不谋求与其他国家加强合作关系[1]。有效应对网络安全威胁需要采取技术手段、法律框架和国家合作,这三个环节缺一不可。中美单凭一己之力难以有效维护国家网络安全,采取双边甚至多边合作机制则是较可行的有效办法。

最后,中美网络空间战略互动框架是中美良好网络合作关系发展的平衡器。中美战略互动框架可以包括几个层面:加强高层互访中的网络问题交流;不断完善中美网络问题对话机制;加强中美网络安全合作以共同应对威胁。中美在习近平访美时所达成的

---

[1] 蒋丽、张小兰、徐飞彪:《国际网络安全合作的困境与出路》,《现代国际关系》2013年第9期,第52页。

网络问题的相关协议、中美打击网络犯罪及相关事项高级别联合对话机制、中美互联网论坛、中美执法与网络安全对话等互动形式都是中美战略互动框架的组成部分。中美对稳定、开放、安全的全球网络环境的共同需求,双方形成的官方与民间对话机制等,为中美开展网络空间合作提供了多元化渠道。

3. 建构主义路径:改变观念

从建构主义路径来看,中美需减少彼此间的不信任,并共同推进网络空间国际规则的制定与全球治理的深化。

中国需要塑造与提升中国的国际认同力和网络空间软实力。未来决定中国在中美网络空间战略竞争地位的主要因素,除了不断增长的网络空间力量之外,更重要的是在向网络强国发展过程中中国的战略规划、执行和运作能力,问题和挑战的应对与化解能力,以及制度、观念和政策的内在更新和进步的能力。正如汉斯·摩根索所言,国家的权力不仅依赖于外交的技术和武装力量的强大,而且依赖于它的政治哲学、政治机构和政治政策对其他国家的吸引力[1]。地缘政治竞争对手之间的信息优势获取可以分为两类战略:一是旨在提高吸引力的软权力战略;另一是旨在加强控制力的信息地缘政治。前者可促进合作和相互理解,长远而言可能产生相互的正面形象;而后者则更多可能产生冲突和相互的负面形象。从短期而言,作为一个政治行为体的国家可以两种战略并用。但是从长远看来,软权力战略更加有效[2]。

中国在历史上曾经具有强大的辐射力、吸引力和国际认同力。

---

[1] [美]汉斯·摩根索:《国际纵横策论》,卢明华译,上海译文出版社1995年版,第203页。
[2] Nerijus Maliukevicius, "Russia's Information Policy in Lithuania: The Spread of Soft Power or Information Geopolitics?", *Baltic Security & Defence Review*, 2007, Vol.9, p.153.

然而,中国当今在国际上的认同力却没有得到很好的发挥,尤其是在网络空间领域的国际认同力并不是很理想,常被西方塑造成"咄咄逼人的网络安全攻击者"以及"网络自由威胁者"的国际形象。美国以维护"网络自由"为名,多次在公开场合抨击中国是"没有言论自由"的国家,直言批判中国所实行的网络审核制度;美国方面极力渲染"中国网络威胁论",对中国进行负面宣传报道,强加给中国极为不利的国际舆论压力,直接损害中国的国际形象。对中国认同力的限度,加深了外部世界对中国"网络强国"目标的疑虑和不确定感,严重制约着中美之间的良性沟通,也增大了中国和平崛起为网络强国的成本。中国可从学者引导、事实数据、外交宣传以及成功的中国故事等各个角度改善国际形象,从而在提高国际认同上促进中美认知的正向转变。

同时,中美还应就网络安全治理的原则达成共识,建立共同遵守的网络行为规范。一个不包含中美共识的网络安全制度安排必定是不完整的,必将破坏网络空间的统一性并造成国际分裂。中美应从双方已形成共识的原则或领域着手,推动更广泛的政策协调。目前中美在共同应对网络安全问题方面已经建立了一些机制,取得了一定成效。中美 2013 年 7 月 8 日在战略安全对话框架下设立了中美网络安全工作组并举行了第一次网络工作组会议。虽然 2014 年 5 月由于美国司法部对五名中国军人的起诉问题中方决定暂时中止中美网络安全工作组活动,但毕竟中美由此开创了机制性的互动,例如,2015 年 9 月习近平主席访美后建立的"打击网络犯罪及相关事项高级别联合对话机制"和特朗普上任后中美之间新建立的"执法与网络安全对话"。此外,中美互联网论坛等交流平台也在持续进行中。这些合作对于积累中美在网络安全问题上的共同利益和合作共识,有着长期和积极的意义。

三、网络空间中的中美新型大国关系之实践要义

中国当前正在积极推进构建中美新型大国关系,这是着眼中美关系长期稳定发展的战略举措。新型大国关系适用于中美关系各个领域,"不冲突不对抗,相互尊重,合作共赢"的理念也应作为处理中美间网络安全议题的指导原则。维护和发展开放、稳定和安全的网络空间,符合中美两国共同利益,中国应积极推动两国在网络安全的理念、利益和政策上形成契合点。

首先,建立避免网络冲突与对抗的共识和机制。新型大国关系意味着客观理性看待双方战略意图,以对话合作而非对抗冲突的方式处理矛盾和分歧。中美网络安全关系的现状是共识不足和机制缺失,因此可从以下两方面作出努力以改善现状。其一,要增进共识,倡导基于共同安全的网络安全观,中美间网络安全领域的相互疑虑已经形成,但应避免继续加深及防止新的冲突,充分交流及增加透明度有助于更准确认知对方的战略意图和政策选择。中美对网络安全的认知都有一个动态发展的过程,并非完全不可调和。例如,针对中国主张的网络主权,美国也有观点认同国家主权适用于网络空间,美国战略与国际研究中心的詹姆斯·刘易斯(James Lewis)就曾表示,"国界确实存在,正是因为有了国界,所以各国的主权在网络空间上仍然是适用的",以及"需要一个针对全球的、适用于各国主权的新治理模式",对于网络安全问题上的大国合作,刘易斯也认为"需要各国达成共识,尤其是需要一些主要大国达成共识"①。中美应肯定并扩展此类共识。其二,要建立

---

① 美国战略与国际研究中心战略技术项目主任詹姆斯·刘易斯 2014 年 11 月 19 日在乌镇世界互联网大会网络空间安全和国际合作分论坛上的发言。参见乌镇世界互联网大会网站:http://www.wicnews.cn/system/2014/11/19/020368252.shtml,最后浏览日期:2017 年 12 月 6 日。

机制,规制各自网络空间的活动和行为。包括重大事项通报机制、重要政策协调机制、危机防范预警和应急处理机制,网络议题涉及科技、经贸、军事、司法等多个领域,机制建设也应在多个职能部门间同时展开,针对不同领域的网络安全问题,可利用已有双边机制,或创设新的机制。当国际合作谈判方有无法调和的立场,或相冲突的原则时,协同作用会陷入停滞。这时,各方从操作层面达成各种"临时决定"或"暂缓协议"既可以保证已达成的共识得到贯彻,又能够为将来重开谈判做好铺垫。

其次,尊重对方网络领域核心利益和重大关切。新型大国关系意味着切实尊重双方价值理念和制度选择,以兼容并行和求同存异的认知促进共同发展。中美在网络安全问题上的理念、利益和目标均存在差异甚至对立,但对于维持开放、和平、有序、安全的网络空间仍有基本共识,以网络互联互通促进各自经济社会进步是不断增长的共同利益,而不断增长的网络攻击和网络恐怖主义是双方需要应对的共同威胁。

在保证核心利益和重大关切得到尊重的前提下,双方必要的妥协可以促成国际规则的达成。协同作用是国际制度形成过程中最重要的环节。从广义上来讲,国际制度就是有关国家在某一问题上进行合作与协调的机制[①]。而协同必然伴随着妥协。无法作出妥协和让步的态度会导致协同作用的终止,使谈判陷入危机。因此,中美应从尊重对方网络领域核心利益和重大关切出发寻找协同方案。一方面要有相互尊重之心,中国对美国创建国际互联网及发展全球网络基础设施的历史贡献应予以充分肯定,对美国在网络空间已形成的主导地位或特殊利益给予适当尊重,对美国

---

① 张怿丹:《全球公域的自组织治理》,外交学院国际关系专业博士学位论文,2014年,第118—119页。

强化网络情报活动应对恐怖主义威胁的政策表达必要理解。同时,美国也应切实尊重和理解中国治理主权范围内网络事务的正当性和必要性。另一方面要有相互照顾之行,双方应不扩散可能损害对方网络安全和国家安全的软件和应用,就中国在联合国的相关呼吁达成共识,"各国应承诺不利用信息网络技术实施敌对行动,制造对国际和平和安全的威胁,不扩散信息和网络武器及相关技术"①,并妥善处理双方网络安全审查措施与双边市场开放和自由贸易承诺的矛盾,避免各自寻求自身网络安全的政策措施损害对方的主权、安全和发展利益。

最后,以共赢理念促进网络安全领域务实合作。新型大国关系意味着摒弃零和思维,在追求自身利益时兼顾对方利益,促进共同发展。作为世界上两个最重要的国家,中美共同为世界的和平与发展作出贡献、为世界提供公共产品,可以作为发展新型大国关系的一个着眼点②。网络空间的发展及其与世界经济社会各领域的不断融合,在促进各国经济增长和社会进步的同时,也逐渐形成了一个包含前所未有风险和形形色色威胁的全球共享新领域。应促使美国认识到中美在促进网络空间安全和发展上的共同利益、共同责任和共同使命,国际上任何一个公共领域的规则制定和秩序维护,莫不是由该领域主要大国主导,并由利益攸关方共同参与来达成的。

作为两个最大的互联网国家,中美在网络安全问题上的合作

---

① 中国特命全权裁军大使王群在联大一委关于信息和网络空间安全问题的讲话:《携手构建和平、安全、公正的信息和网络空间》(2011年10月20日),中国常驻联合国代表团网站,http://www.china-un.org/chn/zgylhg/cjyjk/ldyw/t869409.htm,最后浏览日期:2017年12月5日。
② 达巍:《构建中美新型大国关系的路径选择》,《世界经济与政治》2013年第7期,第70页。

空间远大于双方的矛盾和冲突,中美就网络空间安全和发展的基本原则达成共识,建立共同遵守的网络行为规范是实现建立有效的网络空间国际秩序最重要的基础。鉴于美国司法部起诉中国军人网络窃密案致中美网络工作组活动中断,且双方都难以作出实质性让步,可从如下两方面作出尝试。一方面可利用双方政府职能部门和专业组织间的双边和多边机制拓展网络安全领域务实合作,如中美刑事司法协助协定下的司法合作、中国公安部和美国国土安全部的反恐合作及国家互联网应急中心国际合作伙伴机制下的技术合作;另一方面可主动进行国际多边政策协调,如迪拜国际电信世界大会前美方代表团来华与中方协调立场的做法值得肯定,乃至提出共同创设国际多边网络安全协调机制,或共同推动将网络安全议题纳入联合国相关议程。

四、中美新型大国关系中的网络空间战略互信构建的原则与策略

网络空间战略互信是在网络空间命运共同体框架下实现中美新型大国关系的核心基础。中美网络空间战略互信是一种主观判断,不完全取决于对方的行动,很大程度上由意图及对意图的判断决定,具有相当大的主观性,也因此具备可塑性,从而给双方的努力留下了空间。

中美网络空间的战略互信的构建需要遵循以下几个原则。一是透明性。因为"决定相互信任的关键变量是能否获得有关对方动机和能力的充分信息"[1],从而消除双方战略不清晰。二是对等性。信任是一种拒绝任何控制和支配行为的对称性关系,因此确

---

[1] 牛仲君:《冲突预防》,世界知识出版社2007年版,第33页。

保信任关系最好的途径就是在交往中坚持平等原则。目前美国对网络空间的制度控制是不利于战略互信的建立的。为保持网络空间长久和平,中国应形成足以与美抗衡的网络空间力量。三是互惠性。不论哪种互信措施,其安排都"应有利于各方的共同安全而不是只有利于一国的单方面安全"①,建立信任措施的过程是认识和利用共同利益的过程。中美要在网络空间实现共赢,就必须以确保网络空间相互安全为目的,防范网络武器扩散、防范网络恐怖主义,建立"确保相互安全"的中美网络关系。四是可操作性。信任包括对对方的信任和对维持信任机制的信任两部分,而战略互信的维持状况与其机制的可操作性和效力相关。五是可持续性,也可称为渐进性。中美两国的崛起之路和"守成"任务都不轻松,双方的心理和利益调适都需要一个过程。所以在方式上,必须结合各行为主体的历史、文化和地缘等特点,建立一种彼此都能接受的行为模式。在进度上,必须坚持先易后难与逐步解决原则,从具体问题做起,做到原则性与灵活性兼顾。

基于上述原则,中美网络空间战略互信的建立和战略互疑的减少有赖于下述具体策略。

1. 推进战略对话和高层交流,减少错误认知

美国学者罗伯特·杰维斯(Robert Jervis)在《国际政治中的知觉和错误知觉》一书中指出,决策者对形势和对方意图的错误判断往往导致对对方敌意的夸大。如果双方均是如此,敌意螺旋就会不断上升,冲突也就会在双方无意冲突的情况下爆发。因此,决策者应该"最大限度地减少错误知觉",要"使别人清晰地了解自己的认识和预测","努力克服过度警惕的认知取向",尤其不要"过高

---

① 夏立平:《亚太地区军备控制与安全》,上海人民出版社 2002 年版,第 447、462 页。

估计对方敌意"①。

在中美两国的互动中,美国应改变"中国崛起必然挑战美国霸权"的陈旧观念,中国也应该避免一些过于激烈的旧有做法。中美还需要摒弃冷战思维。将中美在网络空间出现的分歧和摩擦称为"网络冷战"是不恰当的。网络空间目前尚未形成阵营分隔对抗式的"冷战"局面。美国战略与国际研究中心高级研究员詹姆斯·刘易斯认为,在网络领域,中美根本没有打仗,不管是冷战、寒战还是热战,试图将中国黑客套进过时的冷战公式中毫无益处②。

推进战略对话和高层交流的主旨就是减少错误认知,这也是透明性原则的要求。中美之间缺乏互信的一个重要原因是两国间的相互猜疑,而相互猜疑的减少只能由两国通过对话进而确保两国间的信息通畅来实现。通过对话和交流,可以让双方了解彼此的核心利益,阐明意图,缓解疑虑。目前,中美关于网络空间问题的对话机制主要还是在网络产业界和民间层面,如中美互联网论坛、中美计算机科学高峰论坛等。战略层面的高等专题对话还很少。所以,中美应就双方网络空间关系达成共识,加强高层和战略对话,保持和扩大各级别、各层次、各领域的磋商。诚然,这些对话和磋商还必须避免清谈和空谈,而需要切中要害,有针对性地解决实际问题。

2. 减少过激反应,增加积极言语方式

依据阿莱悖论,我们发现在预期效用一定的情况下,由于表述方式的不同,人们对同一事物会作出截然不同的选择。同一结果,用积极认可的方式表达,人们会倾向于配合;用消极指责的方式表

---

① [美]罗伯特·杰维斯:《国际政治中的知觉与错误知觉》,秦亚青译,世界知识出版社 2003 年版,第 432—450 页。
② James Andrew Lewis, "Five Myths about Chinese Hackers" (March 22, 2013), *The Washington Post*, http://articles.washingtonpost.com/2013-03-22/opinions/37923854_1_chinese-hackers-cyberattacks-cold-war, retrieved May 2, 2016.

达,人们便会倾向于不合作。所以,布热津斯基认为,对亚洲长远的稳定和美中关系来说,最坏的结果就是中美双方转入相互妖魔化①,因为相互妖魔化和相互敌对的意识在实践中有着"自我实现的预言"的风险。

在当前的网络攻击的争论中,美国的主流媒体基本都戴着"有色眼镜"来描述中国的网络行为,一旦有关于中国网络攻击的信息,马上放大报道。而美国政府也相应采取一些过激反应。根据美方报道,奥巴马政府已经决定采取一系列行动,以应对中国的黑客威胁。这些行动可能包括贸易制裁、外交施压、在美国法庭起诉相关中国黑客、网络攻击手段等②。对此,中国外交部发言人也表示,网络空间应该成为促进中美关系发展新的增长点与合作点,而不是相互猜疑和摩擦的源头③。当然,中国也要客观地承认美国在网络空间的积极作用,不能总认为美国只是假举"网络自由"和"民主"旗帜。双方都应该尽量用积极的言语交流方式,以增进彼此在网络空间的战略互信。

3. 加强机制建设,推进务实合作

中美对话交流只是两国增信释疑的沟通平台,并非约束两国对外行动的国际机制。战略互信最终应体现为一种长期的制度安排。当一个国家对另一国家违背原先的约定行为拥有实施有效惩罚的实力时,其信任就有了物质基础。作为维持信任的强制性手

---

① Zbigniew Brzezinski, "How to Stay Friends with China" (January 2, 2011), *The New York Times*, http://www.nytimes.com/2011/01/03/opinion/03brzezinski.html, retrieved March 20, 2017.
② Siobhan Gorman, "U.S. Eyes Pushback on China Hacking" (April 22, 2013), *The Washington Street Journal*, http://online.wsj.com/article/SB10001424127887324345804578424741315433114.html, retrieved March 24, 2017.
③ 外交部:《网络空间应成为中美关系发展新的增长点与合作点》(2013年4月25日),中国青年网,http://news.youth.cn/gj/201304/t20130425_3146497.htm,最后浏览日期:2017年12月5日。

段,制度安排替代和补充了个体信任的不充分,确保失信行为出现时,给予受损者追究和补偿的机会。所以,在不断深化和完善对话交流的过程中,要加强具有约束行为、减少不确定性、塑造积极预期等功能的国际机制建设,并形成完善的激励机制,从而确保战略互信的可操作性与有效性,为战略互信提供制度保障。

中美迫切需要在交流对话的基础上建立相关网络空间国际机制。所谓国际机制就是指在国际关系特定问题领域里的行为体愿望汇聚而成的一整套明示或默示的原则、规范、规则和决策程序。它具有约束行为、塑造预期、提供可靠信息、节约交易成本、规定行为角色、减少不确定性和惩罚机制破坏者等功能①。2013年4月,美国时任国务卿约翰·克里(John Kerry)访华之际,中美双方已经达成一致,同意建立"网络安全工作组",以缓解两国因相互指责网络攻击而引发的紧张局势②。特朗普上台后,中美之间则建立了"中美执法及网络安全对话",以替代前一机制。此外,在应对网络犯罪方面,中美已开始一系列务实合作,中美执法合作联合联络小组的成立就是一个很好的例证。此外,网络无边界的特点还要求有一个协调的全球反应机制来规范网络活动。这些切实合作举措都有助于中美网络空间互信的增强。

4. 塑造共有观念,管理共同利益

确保战略互信的关键因素还有共有观念和共同远景(vision)。"共有观念指行为体在一个特定社会环境中共同具有的理解和期

---

① 庆幸:《国内关于中美战略互信问题的研究综述》,《求知》2010年第12期,第42页。
② 《王毅同克里谈中美热点问题,同意设立网络工作组》(2013年4月13日),中国网,http://www.china.com.cn/international/txt/2013-04/14/content_28535921.htm,最后浏览日期:2017年12月3日。

望。"①共同远景是参与者对未来前程所持有的共享理念,它可以让参与者清楚"什么因素促使彼此风雨同舟",有利于促进参与者共担责任,共享利益。因此中美必须规划共有观念和共同远景,在共同前途指引下增强彼此利益的亲密性(intimacy)②。

观念往往是通过语言词汇等形式表现出来的。李侃如在他和王缉思合作撰写的著名报告《中美战略互疑》中专门提到了中美应该努力发展网络空间的共同概念、词汇和原则。对对方政府的网络空间政策加深相互了解和理解,同时逐步构建网络空间的共同词汇和原则,是防止最坏网络冲突后果的基础,也是减少目前中美在网络空间的战略疑虑的办法③。这一两年中美应该说还是在向此方向努力,一个典型的例子就是中国以前都是用"信息安全"一词,而美国多用"网络安全"。随着相互交流的增多,同时也为了更好地对话,中国这一两年已经明显更多地采纳了"网络安全"这一共同词汇。

为了增进网络空间战略互信,中美必须扩大共同网络利益。中美在维护网络安全的领域中有很多共同利益。网络空间不仅是实体空间的全息映射,而且也是人类社会全新的"命运共同体"。尤其是世界第一、第二大经济体的美国和中国,已成为网络经济的最大受益者,同时双方也都对网络依赖很深。中美网民相加占全球网民总数的三分之一。这些事实都使中美网络空间利益关切点越来越重合。

---

① [美]亚历山大·温特:《国际政治的社会理论》,秦亚青译,上海人民出版社2000年版,译者前言,第24页。
② 赵磊:《中美战略互信建设:要素、思路与原则》,《新远见》2009年第7期,第39页。
③ Kenneth Lieberthal and Wang Jisi, *Addressing U.S.-China Strategic Distrust*, Brookings Institution, John L. Thornton China Center Monograph Series, No. 4, March 2012, available at https://www.brookings.edu/wp-content/uploads/2016/06/0330 china lieberthal.pdf.

5. "改变自己"而"改变对方(态度)"

中美都是原则性很强的大国,单纯以高压的方式敦促对方作出某种改变无疑很难,而通过自我约束、自我调整可以弱化某些对立性因素,是可以有所作为的。即以"改变自己"进而"改变对方(态度)",减少因结构性因素等对战略互信的限制。

美国应该避免夸大中国网络威胁的倾向,更公正地分析和描述中国的网络空间行为。可喜的是,我们已经看到了有这样一些公正的评论开始出现。美国战略与国际研究中心高级研究员詹姆斯·刘易斯对《华盛顿邮报》坦诚表示,在涉及中国黑客的讨论中,"网络攻击"这个词被滥用了。他说,除了极个别例外,中国根本没有向美国发动网络攻击,中国黑客做的不过是"网络间谍",而这在国际法中连犯罪都算不上[1]。同时,美国应逐步改变其国内很多问题被高度政治化的倾向,克服利益集团政治、党派政治及执政团队的政策偏好对其对华政策及其公共舆论的影响。而针对中国的网络空间政策的散乱现象,中国政府也应更好地协调国内相关部门,明确战略意图并通过有效机制贯彻下去。此外,外交是内政的延续。在美国人看来影响中美关系的中国内部相关问题方面,例如,网络知识产权问题、产品安全问题、国有企业主导对外出口等,中国也可适当进行反思。

总而言之,大国可以也有必要在网络空间治理中发挥核心和主导作用。物质实力、主观意愿以及他者期望和评价等变量都促使了中国网络空间的大国责任和中国"网络大国"自我角色认知的形成。中国所倡导的网络空间命运共同体是不可逆的网络化时代

---

[1] James Andrew Lewis, "Five Myths about Chinese Hackers" (March 22, 2013), *The Washington Post*, http://articles.washingtonpost.com/2013-03-22/opinions/37923854_1_chinese-hackers-cyberattacks-cold-war, retrieved May 2, 2016.

的必然产物,是人类命运共同体的自然延伸与典型代表。网络空间人类文明的通融效应、人类利益的弥合效应、网络空间权力的分散效应以及对人类未来的捆绑效应构建了网络空间命运共同体的内在逻辑。网络空间命运共同体建设需要破解两大质疑,即"网络强国"与"中国威胁论"质疑、"网络主权"与国家理性限度质疑。网络空间命运共同体的推行路径可遵循如下思路:平等尊重基础上推动从理性主义到建构主义的共识构建;创新发展目标下推动从技术保安全到全面协同安全的安全保障;开放共享目标下推动从零和到合作共赢的行为逻辑;安全有序目标下推动从求同到求和的网络空间全球治理。

诚然,"网络空间命运共同体"和"人类命运共同体"一样,是一个过程性概念,其建设不是一蹴而就、一帆风顺的,而是一个曲折和长期的过程。网络空间是人类的共同家园,是"一荣俱荣、一损俱损"的命运共同体,网络空间各行为体需携起手来,以习近平主席的"五点主张"和"十六字方针"为指引,循序渐进,务实推进,共同构建网络空间命运共同体,让互联网更好地造福全世界,开创人类发展新未来。

中美新型大国关系是中国倡导推动的大国关系新模式,是为了避免陷入新兴大国和守成大国由于实力变化和利益转移而必然伴随的矛盾、对立和冲突乃至以战争方式完成权力格局重建的历史宿命。作为信息时代世界经济社会运行的重要基础,网络空间能否避免重复历史上大国间争夺核心资源控制权的命运,而成为一个和平、合作和共享的新型空间,也将考验新型大国关系在解决更广泛的国际和平与发展问题上的适用性。

网络安全议题事关中美新型大国关系的未来,妥善处理将形成正向推动力,处理不好则将成为重大阻力。中美元首加州会晤时就网络安全问题达成重要共识,即,要在合作共赢的新型大国关系目标框架下构建国际合作新模式,共同应对包括网络安全在内的各种全球性挑战。习近平主席指出,双方在网络安全上有共同关切,双方应消除猜忌、进行合作,使网络安全成为中美合作新亮点①。其后局势发展显然偏离了这一期待,中国应积极和坚定地以新型大国关系理念引导和处理中美间网络安全议题,实现中国建设网络强国与构建中美新型大国关系两大战略之间的良性互动。中美网络安全战略的相互影响、相互塑造是一个长期和渐进的过程,中方应当主动促进中美就网络安全议题展开对话与合作,寻求双方在网络空间的利益和关切的契合点,引导两国网络安全战略和政策相向而行,寻求并扩展两国网络安全相关经贸、政治、军事政策的兼容性,防止中美在网络空间形成新的对立和冲突,这些都是构建中美新型大国关系的应有之义。

一言以概之,未来网络空间国际秩序的建立,也在很大程度上取决于中美两个互联网大国能否在理念、利益、战略等各方面扩大共识,确立有关网络空间国际秩序的基本原则。最好的期待是,中美共同推动网络安全成为中美新型大国关系的一个积极领域,双方共同构建网络空间命运共同体,从而为更加美好的人类未来发展助力。

---

① 《习近平同奥巴马举行中美元首会晤,在新起点上开展跨越太平洋的合作》,《人民日报》(海外版),2013年6月10日。

结　语

虽然所有的国际关系都在某种程度上包含了抑或隐含抑或外显的政治含义[①]，但是，中美关系中的网络政治问题有其特殊内容和含义，因为网络问题某种程度上已经成为中美竞争的核心，成为中美关系里最为重要和敏感的议题之一，网络和政治的结合也正在从"低级政治"向"高级政治"发展，网络政治问题也因而凸显为两国关系的一个重要议题和发展影响因素。

网络政治在国内政治语境中和国际关系语境中稍有区别，但主要分析对象都是互联网在政治活动中的应用。它反应了两个过程的结合：一是围绕"何时何地何人如何得到何物"问题的人类政治交往过程，二是网络空间的形成过程。从理论上看，网络政治借助互联网的传播功能以及组织功能，通过对信息的蝴蝶效应以及收集、发表、政策对话、协调行动、直接游说决策者等网络活动主义途径模式作用于国际关系。除了财富外，网络政治在国际关系的权力、身份、规则象限中都有其存在与表现形式。网络时代的权力不仅呈现出知识化、扁平化和分散化等特点，而且权力组织结构由

[①] Nazli Choucri, *Cyberpolitics in International Relations*, Cambridge, Massachusetts: The MIT Press, 2012, p.9.

科层制向扁平化发展,由控制型向分权型发展,决策结构由垂直式向交互式方向发展。信息技术可以引起一些预见的制度变化,如日渐消失的等级界限、不断增长的跨功能团队、更加合作的文化以及更加容易跨越的组织边界等。对于国际关系而言,互联网正在改变国家间的交往规则,并引起国际关系民主化的现象。互联网的无政府状态特性、主权超越性以及技术影响不定性都呼唤着网络政治全球治理的出现,但是制度行动者的限度、组织结构的限度、制度文化的限度决定了信息技术与制度互动的有限化,从而导致了网络政治的全球治理困境。

网络空间的中美关系是竞争、冲突与合作的复合体。网络空间不仅对传统中美关系形成了冲击,而且还引发了相应的博弈与竞争,如网络空间治理方面的博弈、网络战略优势竞争,以及与之相随的网络技术优势和网络话语权竞争等。网络事务管理的主权性与网络空间运行的开放性之间的矛盾构成中美关系网络冲突的根源。网络空间的全球性及世界各国所面临的网络信息安全等共同威胁,促成了中美关系在网络空间中的合作,如在网络治理的国际制度建设、应对网络犯罪、技术合作、网络冲突控制等方面。

总体而言,笔者认为网络空间正在成为新一轮地缘政治博弈的大舞台,网络地缘政治成为中美博弈的一个分析视角,中美网络博弈初步具备了网络地缘政治特性,中美网络政治的实质是网络地缘政治的表现。网络空间组成架构的地缘属性、网络空间活动主体的地缘属性以及主权国家在网络空间日益上升的权力都构建了网络空间的地缘政治属性。中美关系中的网络地缘政治逻辑包括六大方面:地缘政治思维构建网络安全话语和政策,网络空间人造壁垒与地缘政治空间的重合,网络主权问题强化传统地缘政治理论,网络空间权力争夺重现地缘政治竞争,网络军事化趋势加强地缘政治冲突风险,以及网络问题逐渐被纳入传统地缘政治格局。

网络政治化背景下的美国意识形态扩张是中美关系中的网络政治典型案例。最初作为一种社会和经济应用的网络已经悄然发生了各种变化,不仅在军事领域被作为重要拓展空间,而且更被视为一种有效的政治工具被各国广泛使用,网络政治化现象在全球普及。在美国的网络意识形态总体战略中,除了利用其在信息、技术上所具备的不对称优势,在网络空间宣扬其价值观、树立其网络自由旗手形象、向目标国直接发起意识形态领域渗透,还通过培植目标国精英人士作为其代理人,通过目标国内部网络意见领袖的力量,在潜移默化之间开展意识形态领域扩张。同时,美国还尽力推动塑造"美国正确"和推行美国价值观的自由信息环境,并通过各种网络途径挤压竞争性意识形态的生存空间。美国意识形态扩张的网络政治化动力不仅源于美国的意识形态扩张的理论思想和实践惯例,而且还源于技术、政治心理和社会等结构性因素,同时也是美国全球民主战略和对华总体战略的现实需求。

中美关系中的网络安全和网络治理问题则是双边网络政治的核心议题。网络安全问题源于网络空间日益重要的经济价值、外交用途和军事意义。中美关系中,网络安全已经扩展到经济与贸易、政治与外交、军事与安全等诸多领域。中美关系中的网络安全源于两者对网络安全环境的不同认知。与美国以"威胁"界定网络安全环境不同,在中国的语境中,更多是以"发展"界定网络安全环境。以威胁定义网络安全是以"他者"来界定的,而发展更多是"自我"需求的延伸,两者主旨都是用来提升、扩大发展空间的网络安全环境。对美国而言,关键信息基础设施的安全、网络空间行动自由、商业技术机密安全是其网络空间核心利益。对中国而言,社会政治稳定被视为其首要网络空间国家利益,中国也相应在国内施行网络过滤和监控技术,以维护社会政治的稳定。中美双边关系中的网络安全问题包括多个方面,从经济到政治,再到外交和安全,都不同程度地与网络安全分不开。但是最主要的矛盾焦点则集中于几个方面,即网络空间监管角度的网络主权与互联网自由之辩、系统数据安全角度的黑客相互指责和网络间谍、网络经济保护角度的互设壁垒与商业纠纷政治化、网络空间治理角度的规则安排与制度模式之争。中美对于网络空间治理规则主要的争议可概括为如下几点:一是制度现状方面,维持还是改革当前网络空间全球治理的权力布局的争论;二是制度行动者方面,多利益攸关方模式和联合国主导下的治理方案的争论;三是制度延伸性方面,网络空间全新制度方案还是传统空间的制度延伸的争论;四是制度管辖范围方面,网络空间结构与内容的规制争论。中美分歧反映了将网络空间作为全球公域的如下治理困境,即主权困境、先占困境、安全困境和认知困境。

中美关系的网络政治影响因素包括多方面,其中根本原因在于中美总体实力对比和利益诉求的变化在网络空间的反映,此外还包括网络空间问题本身以及国际环境等。在本书中,笔者重点挑选了三个视角分析中美关系的网络政治影响因素,分别是战略视角、话语视角和信任视角,即中美两国的网络空间战略选择、中美处理网络问题的安全化话语(以网络战为例)以及中美网络空间的战略互信问题。

一是中美两国的网络空间战略选择。为了维持网络空间的绝对优势和不受挑战的全球领导地位,美国的网络空间战略总体上体现出先发制人的特点。该战略经历几届政府逐渐形成,其构建亦有一定步骤:第一是构建网络空间的敌人,第二是网络空间安全化,第三是制定相应政策和措施,如在安全层面、国际制度、争取盟友等方面的举措。从美国自身角度看,美国实施先发制人的网络空间战略的收益与风险参半。从国际层面看,先发制人战略将推动网络空间的军事化,破坏网络空间国际秩序的建设,挑起网络军备竞赛并增加网络空间冲突风险。从中美双边关系看,美国先发制人的网络空间战略在某种程度上导致了中美网络空间的安全困境。相对美国的网络空间先发制人战略,中国网络空间战略可以归结为渐进稳定战略,即对内依靠信息监管以保持社会稳定,对外以和平的、渐进的方式改进现有的网络框架,参与规则制定,量力而行地逐步实现网络空间的国际治理。美国的网络安全战略是以实力保安全的典型代表,其战略措施重心包括控制网络核心资源和主导运行规则、加强联邦政府和关键基础设施网络安全、保持网络空间威慑等综合实力优势、在美国国内促进政企紧密合作和在国际上打造联盟和伙伴体系。中国的网络空间战略可以理解为以治理谋安全,其战略措施重心包括强调国家信息主权和网络主权的治理原则、强调网络内容和网络结构并重治理、逐步建立中国特色的网络安全治理架构、加强自主可控的技术与产业发展模式的治理能力基础建设、致力于国家间合作及和平发展的治理国际环境。

二是以网络战叙事为例的安全化话语。安全化就是"对威胁的话语建构",言语行为是安全的核心。安全化过程中安全威胁的"被判断"和安全议题的"被提出"是一种典型的言语行为过程。叙事就是一种话语。和一般话语相比,叙事往往是对一件事或一系列事情的系统性描述。诸多利益主体正在促进网络战叙事的产生。网络战叙事会引起对外来威胁和破坏性的网络武器的焦虑,为网络空间进攻能力的发展提供理由,并可能促成具有侵略性的网络监控措施的泛滥。网络战叙事过于广泛的概念和它的任意使用引起了我们对于这种叙事产生的背后原因以及其所声称的真实性的一系列猜测。笔者从媒体、决策者和专家这三类主体角度分析网络战叙事,解释这个概念产生混淆的原因,并分析制造这些网络战叙事的利益主体表面的和潜在的动机所在。希望通过剖析这些利益主体和他们的动机对网络战问题的研究与应对带来一些启发,从而避免决策过程中的危险和错误。

三是中美网络空间的战略互信。网络空间是当前中美关系中相互敌对意识最强的领域之一。中美网络空间的战略互信问题也因此成为迫切需要研究的课题。从相关定义开始,笔者重点梳理了影响中美在网络空间战略互信上的相互认知,分析了目前战略互信不足的基础原因和激化原因。中美网络空间战略互信不足甚至战略互疑是由中美整体战略认知的状态所决定的。而网络空间的特殊性又使其成为中美战略关系中不信任情绪最容易表现并被放大的领域。网络问题并不是中美关系中的结构性问题。如果双方能够加强正确积极的认知,减少和消除偏见,完全有可能让网络空间成为中美关系的积极因素。

本书最后联系"网络空间命运共同体"和大国责任,阐述了中美关系中的网络政治前景与路径选择。中国与"两个一百年"战略目标同步推进的"网络强国"的战略部署,彰显了中国维护网络空间繁荣与安全的大国责任意识。因此,笔者不仅梳理了大国责任的概念,而且从利益、能力和治理效果角度分析了网络空间治理应该成为大国责任的原因,并从来源、类别和范畴方面分析了网络空间治理的大国责任之内涵。"网络空间命运共同体"是习近平互联网系列论述的重要组成部分。习近平主席不仅向全世界发出共同构建网络空间命运共同体的倡议,而且提出了构建网络空间命运共同体的"五点主张"和"十六字方针"。在此背景下,笔者分析了网络空间命运共同体的必然性及与人类命运共同体的关联,然后从人类文明、利益、权力与未来等角度剖析了网络空间命运共同体的内在逻辑,并提出了网络空间命运共同体在共识构建、安全保障、行为逻辑与全球治理等方面的践行路径。

总体而言,本书融合了现实主义、机制主义和建构主义的视角。网络安全、权力政治、网络冲突和网络战等都属于现实主义的范畴,书中对中美关系中的网络政治议题部分主要是从现实主义视角进行的分析。机制主义从自由主义演变而来,机制主义更加关注合作、协调以及各种正式和非正式的合作机制、国际关系中的国家行为规范机制等[1]。在分析中美关系中的网络空间治理问题时主要采纳的是机制主义视角。建构主义则强调观念、认知、价值观等主观因素。在最后一部分对中美关系的未来建议部分不仅运用了现实主义和机制主义视角,而且从建构主义视角认为,中美应该在网络空间命运共同体的总体框架下发展网络空间新型大国关系。

由美国引导的大国网络博弈的地缘政治趋势对全球网络安全形势形成了威胁,中国应与各国携手,超越地缘政治并推进"网络空间命运共同体"框架下的中美新型大国关系建设。网络问题在中美关系中的影响越来越大,折射出该问题背后两国各自不同的理念、利益诉求和战略布局,而如何在网络安全问题上克服障碍、形成合作,也是对新型大国关系能否有效处理新型矛盾和冲突的重要考验。"不冲突不对抗,相互尊重,合作共赢"的理念也应作为处理中美网络空间议题的指导原则。网络安全的"水桶理论"使得任何国家都难独善其身。维护和发展开放、稳定和安全的网络空

---

[1] Nazli Choucri, *Cyberpolitics in International Relations*, Cambridge, Massachusetts: The MIT Press, 2012, pp.14-15.

间,符合中美两国共同利益,中美应积极推动两国在网络安全的理念、利益和政策上形成契合点,从而"在相互尊重、相互信任的基础上,就网络问题开展建设性对话,打造中美合作的亮点,让网络空间更好造福两国人民和世界人民"①。

---

① 这是习近平主席 2015 年 9 月 23 日参观美国微软公司总部时的发言,《习近平参观美国微软公司总部》(2015 年 9 月 24 日),新华网,http://www.xinhuanet.com/world/2015-09/24/c_1116667179.htm,最后浏览日期:2017 年 12 月 5 日。

主要参考文献

中 文 部 分

1. [美]安德鲁·查德威克:《互联网政治学:国家、公民与新传播技术》,任孟山译,华夏出版社 2010 年版。
2. [英]巴瑞·布赞:《新安全论》,朱宁译,浙江人民出版社 2003 年版。
3. 薄澄宇:《网络安全与中美关系》,中央党校国际政治专业博士学位论文,2015 年。
4. 蔡翠红:《美国国家信息安全战略》,上海学林出版社 2009 年版。
5. 蔡翠红:《试论美国信息自由的法律基础及其限度——以维基揭秘事件为例》,《国际问题研究》2011 年第 1 期。
6. 蔡翠红:《国际关系中的网络政治及其治理困境》,《世界经济与政治》2011 年第 5 期。
7. 蔡翠红:《网络空间的中美关系:竞争、冲突与合作》,《美国研究》2012 年第 3 期。
8. 蔡翠红:《论中美网络空间的战略互信》,《美国问题研究》

2013年第1期。

9. 蔡翠红:《国家-市场-社会互动中的网络空间全球治理》,《世界经济与政治》2013年第9期。

10. 蔡翠红:《美国网络空间先发制人战略的构建及其影响》,《国际问题研究》2014年第1期。

11. 蔡翠红:《国际关系中的大数据变革及其挑战》,《世界经济与政治》2014年第5期。

12. 蔡翠红:《网络战叙事的结构分析:主体和动因》,《情报杂志》2014年第8期。

13. 蔡翠红:《网络时代的政治发展研究》,时事出版社2015年版。

14. 蔡翠红:《网络政治化与美国意识形态扩张》,吴心伯主编:《美国问题研究》(复旦大学美国研究中心创立30周年特辑),上海人民出版社2015年版。

15. 蔡翠红:《网络空间治理的大国责任刍议》,《当代世界与社会主义》2015年第1期。

16. 蔡翠红:《中美关系中的"修昔底德陷阱"话语》,《国际问题研究》2016年第3期。

17. 蔡翠红:《网络空间命运共同体:内在逻辑与践行路径》,《人民论坛·学术前沿》2017年第24期。

18. 蔡翠红:《网络地缘政治:中美关系分析的新视角》,《国际政治研究》2018年第1期。

19. 蔡翠红、李娟:《美国亚太同盟体系中的网络安全合作》,《世界经济与政治》2018年第6期。

20. 程群:《美国网络安全战略分析》,《太平洋学报》2010年第7期。

21. 达巍:《构建中美新型大国关系的路径选择》,《世界经济与政治》2013 年第 7 期。

22. 董德、侯惠勤:《911 以来美国对华意识形态输出战略浅论》,《南京社会科学》2012 年第 10 期。

23. 董青岭:《网络空间威慑研究及其关键问题》,《信息安全研究》2016 年第 10 期。

24. 杜雁芸:《美国网络霸权实现的路径分析》,《太平洋学报》2016 年第 2 期。

25. [美]弗兰克·卢斯夏诺:《数字帝国主义与文化帝国主义》,曹荣湘主编:《解读数字鸿沟:技术殖民与社会分化》,上海三联书店 2003 年版。

26. [美]汉斯·摩根索:《国际纵横策论》,卢明华译,上海译文出版社 1995 年版。

27. 何奇松:《近年美国网络威慑理论研究述评》,《现代国际关系》2012 年第 10 期。

28. 黄志雄:《论间谍活动的国际法规制——兼评 2014 年美国起诉中国军人事件》,《当代法学》2015 年第 1 期。

29. [美]简·芳汀:《构建虚拟政府:信息技术与制度创新》,邵国松译,中国人民大学出版社 2010 年版。

30. 蒋丽、张小兰、徐飞彪:《国际网络安全合作的困境与出路》,《现代国际关系》2013 年第 9 期。

31. 郎平:《从全球治理视角解读互联网治理"多利益相关方"框架》,《现代国际关系》2017 年第 4 期。

32. 李恒阳:《美国网络安全面临的新挑战及应对策略》,《美国研究》2016 年第 4 期。

33. 刘勃然、黄凤志:《网络空间国际政治权力博弈问题探析》,《社会主义研究》2012 年第 3 期。

34. 刘杨钺、杨一心:《网络空间"再主权化"与国际网络治理的未来》,《国际论坛》2013年第6期。

35. 刘杨钺:《国际政治中的网络安全:理论视角与观点争鸣》,《外交评论》2015年第5期。

36. 陆俊元:《论地缘政治中的技术因素》,《国际关系学院学报》2005年第6期。

37. 吕晶华、宋勉:《特朗普政府网络安全政策走向评估——基于美国新版〈国家安全战略〉报告的分析》,《信息安全与通信保密》2018年第4期。

38. 吕晓莉:《全球治理:模式比较与现实选择》,《现代国际关系》2005年第3期。

39. [美]罗伯特·基欧汉、约瑟夫·奈:《权力与相互依赖(第3版)》,门洪华译,北京大学出版社2002年版。

40. [美]罗伯特·杰维斯:《国际政治中的知觉与错误知觉》,秦亚青译,世界知识出版社2003年版。

41. [美]玛格丽特·凯特、凯瑟琳·辛金克:《超越国界的活动家——国际政治中的倡议网络》,韩召颖、孙英丽译,北京大学出版社2005年版。

42. [美]尼古拉斯·斯皮克曼:《和平地理学》,俞海杰译,上海人民出版社2016年版。

43. [美]帕特·华莱士:《互联网心理学》,谢影、苟建新译,中国轻工业出版社2001年版。

44. 潜旭明、倪世雄:《21世纪新地缘政治和中美关系》,倪世雄、刘永涛主编:《美国问题研究》(第六辑),时事出版社2007年版。

45. 任琳、龚伟岸:《网络安全的战略选择》,《国际安全研究》2015年第5期。

46. 沈逸:《数字空间的认知、竞争与合作——中美战略关系框架下的网络安全关系》,《外交评论》2010年第2期。

47. 沈逸:《网络安全与中美安全关系中的非传统因素》,《国际论坛》2010年7月第4期。

48. 沈逸:《美国国家信息安全战略》,时事出版社2013年版。

49. 沈逸:《以实力保安全,还是以治理谋安全?——两种网络安全战略与中国的战略选择》,《外交评论》2013年第3期。

50. [美] 索尔·科恩:《地缘政治学:国际关系的地理学》,上海社会科学院出版社2011年版。

51. 檀有志:《安全困境逃逸与中美网络空间竞合》,《理论视野》2015年第2期。

52. 王川:《网络地缘政治:定义、特征及其对中国西北边疆安全的影响》,《喀什师范学院学报》2012年第4期。

53. 王军:《网络民族主义、市民社会与中国外交》,《世界经济与政治》2010年第10期。

54. 汪晓风:《美国互联网外交:缘起、特点及影响》,《美国问题研究》2010年第2期。

55. 汪晓风:《社交媒体在美国外交中的战略定位与政策运用》,《美国问题研究》2012年第2期。

56. 汪晓风:《社交媒体在美国对华外交中的运用》,《美国研究》2014年第1期。

57. 汪晓风:《网络战略:美国国家安全新支点》,复旦大学出版社2015年版。

58. 汪晓风:《美国网络安全战略调整与中美新型大国关系的构建》,《现代国际关系》2015年第6期。

59. 汪晓风:《中美经济网络间谍争端的冲突根源与调适路径》,《美国研究》2016 年第 5 期。

60. [美]亚历山大·温特:《国际政治的社会理论》,秦亚青译,上海人民出版社,2000 年版。

61. 袁鹏:《战略互信与战略稳定——当前中美关系面临的主要任务》,《现代国际关系》2008 年第 1 期。

62. [美]约翰·米尔斯海默:《大国政治的悲剧》,王义桅、唐小松译,上海人民出版社 2008 年版。

63. 张春:《复合地缘政治的兴起与跨境安全治理的转型》,《国际安全研究》2017 年第 1 期。

64. 张昆:《大众媒体的政治社会化功能》,武汉大学出版社 2003 年版。

65. 张妍:《信息时代的地缘政治与"科技权"》,《现代国际关系》2001 年第 7 期。

66. 赵晨:《中美欧全球治理观比较研究初探》,《国际政治研究》2012 年第 3 期。

67. 赵可金:《人类命运共同体与中国公共外交的方向》,《公共外交季刊》2016 年第 4 期。

68. 周琪、汪晓风:《网络安全与中美新型大国关系》,《当代世界》2013 年第 11 期。

69. [美]兹比格纽·布热津斯基:《竞赛方案——进行美苏竞争的地缘战略纲领》,刘晓明等译,中国对外翻译出版公司 1988 年版。

70. 左晓栋:《近年中美网络安全贸易纠纷回顾及其对网络安全审查制度的启示》,《中国信息安全》2014 年第 8 期。

英 文 部 分

1. Adam Segal,"Chinese Computer Games: Keeping Safe in Cyberspace",*Foreign Affairs*,2012,Vol.91,No.2.
2. Alexander Melnitzky,"Defending America against Chinese Cyber Espionage through the Use of Active Defenses", *Cardozo Journal of International & Comparative Law*, 2012,Vol.20,No.2.
3. Cuihong Cai, "Cybersecurity in the Chinese Context: Changing Concepts, Vital Interests, and Prospects for Cooperation",*China Quarterly of International Strategic Studies*,2015,Vol.1,No.3.
4. Cuihong Cai,"Words Mightier Than Hacks: Narratives of Cyberwar in the United States and China", *Asian Perspective*,2015,Vol.39,No.3.
5. Cuihong Cai, "Global Cybersecurity Environment: Perspectives of the U.S. and China in Comparison", in Cherian Samuel and Munish Sharma, eds., *Securing Cyberspace: International and Asian Perspectives*, New Delhi: Pentagon Press,2016.
6. David Bollier,"The Rise of Netpolitik: How the Internet Is Changing International Politics and Diplomacy", A Report of the Eleventh Annual Aspen Institute Roundtable on Information Technology, Washington, D. C.: Aspen Institute,2003.
7. David J. Rothkopf,"Cyberpolitik: The Changing Nature of

Power in the Information Age", *Journal of International Affairs*, 1998, Vol.51, No.2.

8. Elizabeth Hanson, *The Information Revolution and World Politics*, Lanham, MD: Rowman & Littlefield, 2008.

9. Gearoid O. Tuathail and John Agnew, "Geopolitics and Discourse: Practical Reasoning in American Foreign Policy", *Political Geography*, 1992, Vol.11, No.2.

10. Geoffrey Parker, *Geopolitics: Past, Present and Future*, London: Pinter, 1998.

11. James N. Rosenau and Ernst-Otto Czempiel, *Governance Without Government: Order and Change in World Politics*, Cambridge: Cambridge University Press, 1992.

12. John B. Sheldon, "Geopolitics and Cyber Power: Why Geography Still Matters", *American Foreign Policy Interests*, 2014, Vol.36, No.5.

13. Joseph S. Nye, Jr. and William A. Owens, "America's Information Edge", *Foreign Affairs*, 1996, Vol.75, No.2.

14. Kenneth Lieberthal and Wang Jisi, *Addressing U.S.-China Strategic Distrust*, Brookings Institution, John L. Thornton China Center Monograph Series, No.4, March 2012.

15. Kevin A. Hill and John E. Hughes, *Cyberpolitics: Citizen Activism in the Age of Internet*, Oxford: Rowman & Littlefield, 1998.

16. Laurie R. Blank, "International Law and Cyber Threats from Non-State Actors", *International Law Studies*, 2013, Vol.89.

17. Lene Hansen and Helen Nissenbaum, "Digital Disaster, Cyber Security, and the Copenhagen School", *International Studies Quarterly*, 2009, Vol.53, No.4.
18. Munish Sharma, "The Geopolitics of Cyber Espionage", *Journal of Defence Studies*, 2015, Vol.9, No.1.
19. Nazli Choucri, "Introduction: Cyber Politics in International Relations", *International Political Science Review*, 2000, Vol.21, No.3.
20. Nazli Choucri, *Cyberpolitics in International Relations*, Cambridge, Massachusetts: The MIT Press, 2012.
21. NCAFP, "Cyberpower and National Security", *American Foreign Policy Interests*, 2013, Vol.35, No.1.
22. Ole Wæver, "Politics, Security, Theory", *Security Dialogue*, 2011, Vol.42, No.4-5.
23. Richard Clarke, *Cyber War: The Next Threat to National Security and What to Do about It*, New York: HarperCollins Publishers, 2010.
24. Ronald J. Deibert, "The Geopolitics of Internet Control: Censorship, Sovereignty and Cyberspace", Andrew Chadwick and Philip N. Howard, eds., *The Routledge Handbook of Internet Politics*, London: Routledge, 2009.
25. Sandor Vegh, "Classifying Forms of Online Activism: The Case of Cyberprotests against the World Bank", Martha McCaughey and Michael D. Ayers, eds., *Cyberactivism: Online Activism in Theory and Practice*, New York: Routledge, 2003.

26. Tim Jordan, *Cyberpower: The Culture and Politics of Cyberspace and the Internet*, London: Routeledge, 1999.
27. Will Goodman, "Cyber Deterrence: Tougher in Theory than in Practice?", *Strategic Studies Quarterly*, Fall 2010, pp. 102-135.
28. William H. Dutton, *Society on the Line: Information Politics in the Digital Age*, Oxford: Oxford University Press, 1999.

后 记

一本书的诞生过程总是漫长而痛苦的。尽管这已经是第四本拙著,但丝毫没有越来越容易和越来越轻松的感觉。相反,有种类似爬山过程中越来越难以攀登的费力感。细思其中原因,除了可能是个人精力和水平有限外,想必还有两方面因素:一是因为中美关系乃最重要最复杂的双边关系,不仅研究者甚众,而且其复杂程度和影响因素的多元使得笔者难以找到新的立足点;二是因为网络空间问题研究也开始进入学术繁荣和百花齐放阶段,一开始涉足这一领域的研究时很容易提出全新的观点,而现在随着政治学、外交学、新闻学、社会学、法学等各个领域都在快速推动网络空间相关研究,颇具新意的研究也自然越来越有挑战性。

本书最初源自笔者的国家社科基金项目"21世纪中美关系中的网络政治研究"的推动。因此,这本书的内容并不是一蹴而就的,书中的一部分章节在项目研究过程中先后公开发表过,在最后的成书过程中,笔者又根据最新发展进行了更新和补充。当然,也有相当部分是为了保持全书的体系性和逻辑性而专门撰写的。但这可能也正是本书的不足之处,即因为一些章节成文于跨度比较大的不同时期,可能会在篇幅的均衡和内容的前后衔接方面略有不足。此外，网络政治本身是一个既有广义也有狭义理解的概念，而且中美关系本身又是很复杂的多面体，因此，有很多问题可能会在有意无意中被遗漏，很多观点也可能不一定周到全面，只能作为意在抛砖引玉的一个阶段性思考和下一步研究的新起点，也希冀读者能够包涵不足。

虽然是并不完善的小书一本，但还是凝聚了多方支持和关心。感谢我的工作单位复旦大学美国研究中心提供的各种软硬件支持；感谢我的恩师倪世雄教授的谆谆教诲和他年近八十依然活跃在教学研究第一线的精神鼓舞；感谢美研中心主任吴心伯教授对笔者的不时督促以及对本书稿的总体学术把关与审读；感谢沈逸副教授对本书初稿提出的重要修改建议；感谢沈丁立教授、徐以骅教授、汪晓风副教授、涂怡超副教授、陶炜烁老师、陈丽萍老师、王小华老师等领导和同事们的关心和帮助；感谢我的师妹王芳教授带动我运动并形成习惯从而舒缓平时的工作压力；感谢我干妹妹的周到帮助和善解人意的贴心关爱；感谢许多国内外会议中遇到的同行专家们的交流火花；感谢发表我文章的期刊编辑和匿名审稿专家们的宝贵意见；感谢许多不便一一点名的朋友们的理解和支持……

最后，我还要感谢复旦大学出版社的孙程姣编辑。她不仅工作认真负责，对稿件编辑一丝不苟，而且对生活充满热情，对朋友仗义真诚，是一位不可多得的知音。

这一后记是在从肯尼亚旅行回国的飞机上起草的。在辽阔的非洲大草原上，笔者和家人一起亲眼见证了动物界的各种奇观：看到了凶猛的猎豹如何保护它的三个宝宝，不仅为它们捕获了美味的羚羊（尽管看着它们撕咬有点血腥），而且在宝宝们玩耍嬉戏爬树跳跃的时候，其在近处的小土丘顶上高度警戒地站岗放哨；看到了狮子妈妈和它的小狮子们在草原上一起或悠闲散步或休憩游戏,而且还时不时相互为对方驱赶身上的苍蝇蚊虫,似乎完全没有动物之王的威猛;看到了偶尔脱群的小象一路呼唤一路根据远方传来的熟悉声音在草原上快速挪步寻找父母和兄弟姐妹的景象;闻听了河马妈妈如何从看似温顺的慢性子突然因为对孩子们的保护意识而变为迅雷不及掩耳之势的攻击者;当然,更多的是看到了遍布草原好似千军万马的角马、各种羚羊以及偶然出现的成群斑马、狒狒、长颈鹿、疣猪、野牛、豺狼……看到这些野生动物在猎物和敌人面前或凶悍或敏捷的另一面,笔者更多感受到了它们对孩子们的爱护以及对于群体的忠诚。这也正是笔者此行的最大感悟,无论是人还是动物,只有处于家庭中或群体中,才是最安全和最幸福的。所以,我要特别感谢我的家人,尤其是爱人和孩子们,给予我的无限关爱和支持,并以此书献给他们。

蔡翠红

2018 年 8 月 15 日

图书在版编目(CIP)数据

中美关系中的网络政治研究/蔡翠红著. —上海：复旦大学出版社，2019.4 (2021.7 重印)
("21 世纪的美国与世界"丛书)
ISBN 978-7-309-14162-7

Ⅰ.①中… Ⅱ.①蔡… Ⅲ.①互联网络-应用-中美关系-研究 Ⅳ.①D822.371.2

中国版本图书馆 CIP 数据核字(2019)第 026838 号

中美关系中的网络政治研究
ZHONGMEI GUANXI ZHONG DE WANGLUO ZHENGZHI YANJIU
蔡翠红　著
责任编辑/孙程姣

复旦大学出版社有限公司出版发行
上海市国权路 579 号　邮编：200433
网址：fupnet@ fudanpress.com　http://www.fudanpress.com
门市零售：86-21-65102580　　　团体订购：86-21-65104505
出版部电话：86-21-65642845
上海春秋印刷厂

开本 890 × 1240　1/32　印张 11.25　字数 249 千
2021 年 7 月第 1 版第 2 次印刷

ISBN 978-7-309-14162-7/D・977
定价：48.00 元

如有印装质量问题，请向复旦大学出版社有限公司出版部调换。
版权所有　　侵权必究